불교설화산책

불교시대사

1992

불교설화산책

엮은이 : 宋知洪

불교시대사

엮은이 머리말

팔만대장경은 실로 설화(說話)의 보물창고다. 넓고 깊은 장경(藏經)의 바다에는 인간에 관한 없는 이야기가 없다. 사랑하는 사람에게 배신당한 여인의 한, 어리석은 사람이 부처님을 만나 깨달음을 성취하는 환희, 수많은 사람을 죽인 살인자가 참회의 눈물을 흘리는 장면, 출가승려를 사랑하다가 마침내 진리를 사랑하게 되는 여인…….이런저런 예를 들자면 끝이 없다.

대장경 속에 들어 있는 이런 많은 설화들에는 하나의 공통점이 있다. 얘기의 발단이 어떻게 시작돼, 어떻게 매듭을 짓든 한결같이 '감동'을 준다는 것이다. 그것은 두말할 나위 없이 부처님의 가르침에 감화돼 새로운 삶에 눈뜨는 모습을 보여주기 때문이다. 그래서 오랫동안 경전을 읽다 보면, 자신도 모르게 감동의 감로수(甘露水)에 몸을 적시게 된다. 경전을 읽는 재미가 바로 여기에 있다.

그러나 누구에게나 경전이 쉽게 읽혀지는 것은 아니다. 한문대장경을 번역해 '한글대장경'을 출간하고 있기는 하지만 아직도 직역(直譯)의 수준을 넘지 못하는 형편이어서 원전을 읽는 것이 조금은 부담스럽다. 또 어떤 경전은 매우 심오한 철학적 내용을 담고 있는 것도 있어서 초심자로서는 읽어내기가 용이하지 않다. 이런 까닭에 불자들은 그토록 많은 대장경의 말씀을 그저 쳐다보기만 할 뿐, 읽을 엄두를 내지 못한다. 《이솝우화》에 나오는 얘기처럼 두루미의 방문을 받은 여우가 접시에 음식을 담아 내놓은 것과 같다고나 할까.

그렇다면 이젠 부처님의 가르침을 대중에게 전달하는 방법이 좀 달라져야 한다. 두루미가 찾아오면 목이 긴 병에 음식을 담아주어야 하고 여우가 찾아오면 넓적한 접시에 음식을 담아주는 방편이 개발돼야 한다는 뜻이다. 부처님이 45년 동안 수많은 설법을 한 것도 중생의 근기와 병(病)에 따라 방편을 베푼 것이라는 점을 생각하면 더욱 그렇다.

《불교설화산책》은 엮은이가 여러 경전을 읽다가 재미있으면서도 교훈적인 내용이 담겨 있다고 생각되는 것을 가려뽑아 새롭게 윤문가 필한 설화모음이다. 경전에는 이보다 더 재미있고 감동적인 설화가 많이 있지만, 그것을 한꺼번에 다 묶을 수는 없으므로 우선 40여 편만을 골랐다.

여기에 실린 내용은 대체로 부처님이 생존해 있을 때 많은 출가대중과 재가신자들을 상대로 교화를 펼친 사연과 입멸(入滅) 후 있었던 얘기들이다. 읽다 보면 어떤 설화는 한편의 드라마를 보는 것 같은 느낌이 들기도 하고, 어떤 것은 지금 우리 주변에서 일어나는 답답한 사건을 보는 듯한 느낌이 들기도 한다. 흥미있는 점은 여러 가지 사건에 대응하는 부처님의 태도이다. 부처님은 어떤 난처한 경우나 어려운 일을 당하더라도 참으로 침착하고 슬기롭게, 그리고 한결같이 자비한 마음으로 가르침을 펼치고 있다. 그야말로 '큰스승'으로서의 면모가 여실하다.

　엮은이는 이 책에 실린 원고를 정리하면서 여러 번 자신도 모르게 빙그레 미소짓거나 안타까움으로 가슴졸인 경험을 했다. 그것은 하나의 감동이자 기쁨이었다. 이 책을 읽는 독자들도 이와 같은 감동과 기쁨을 공유할 수 있다면 엮은이로서는 더 바랄 것이 없겠다.

　문서포교의 원대한 원력으로 출판사업을 시작한 불교시대사가 투박한 원고를 예쁜 책으로 꾸며준 데 대해 깊은 감사를 드리며, 아울러 앞으로도 좋은 불서(佛書)를 출판해 이 분야에서 빛나는 금자탑을 쌓아가기를 기대한다.

불기 2536년 5월
엮은이 합장

차례

사랑과 미움의 장

수행자를 사랑한 여인
스님의 방에 숨어든 창녀
기구한 운명, 기구한 사랑
어느 창녀의 출가

수행자를 사랑한 여인 ● ● ● ●

부처님이 사위국 기수급고독원에 계실 때의 일이다.

항상 부처님을 모시고 시봉하는 제자 아난(阿難)*은 그날도 여느 날처럼 탁발에 나서는 길이었다. 그는 길을 가다가 목이 몹시 말라 우물을 찾으려고 했다. 그런데 우물은 보이지 않고 저만치에서 한 여인이 물을 지고 가는 모습을 발견했다. 아난은 반가운 마음으로 그 여인에게 다가가 물을 조금만 마시게 해달라고 부탁했다. 여인은 갑자기 수려하게 생긴 수행자가 자신에게 다가와 물을 청하자 마음이 몹시 설레었다. 그녀는 아무 말 없이 물을 아난에게 건넨 다음, 집으로 돌아왔다. 그러나 돌아오는 길에도 마음은 온통 조금 전에 만난 수행자 아난의 생각뿐이었다. 그녀는 집안에 들어서자 마자 땅에 드러누워서 목놓아 울며 말했다.

"어머니 나는 이제 어떤 남자에게도 시집가지 않겠어요. 조금 전에 물가에서 한 사람을 보았습니다. 그는 제게 점잖게 물을 청하였는데 어찌나 훤칠하게 잘 생겼던지요. 나는 그의 이름이 아난이고, 수행자 라는 것 밖에는 모릅니다. 그렇지만 전 반드시 아난에게 시집가고야 말겠어요. 그가 제 남편이 될 수 없다면, 저는 이 세상 그 누구에게도

---

*아난/부처님 10대 제자 중의 한 사람. 다문제일(多聞第一)로서 유명함. 부처님의 사촌 동생이며 데바닷타의 친동생이다. 아난타(阿難陀)라고도 함

시집가지 않겠어요."

딸의 말을 들은 마등은 딸을 어떻게 달래야 할 지 알 수 없었다. 아난은 부처님을 섬기는 거룩한 수행자에다 하늘같은 왕족의 신분이지만, 자신의 딸은 인도의 모든 계급 중에서도 가장 미천한 불가촉천민(不可觸賤民)*이라 사람 사는 마을에 발조차 들여놓을 수 없는 신분이기 때문이었다. 마등은 사랑의 번뇌에 빠진 딸에게 이렇게 타일렀다.

"애야, 아난과 같은 수행자를 신랑으로 삼겠다는 건 천부당만부당한 일이다. 차라리 하늘의 별을 따는 게 더 쉽고말고."

그렇지만 한눈에 아난에게 반한 딸은 들은 척도 하지 않고, 울기만 할 뿐 음식을 먹지도 않고 잠도 자지 않았다. 하는 수 없이 어머니 마등은 아난을 찾아갔다.

"제 딸이 당신의 아내가 되겠다고 죽기를 작정하고 부탁하고 있습니다. 어떤 방법이 없을까요?"

그러나 아난은 고개를 흔들었다.

"나는 부처님을 모시는 몸, 계율을 지킬 뿐이요. 아내를 거느릴 수는 없는 몸이오."

하는 수 없이 마등은 다시 집으로 돌아와 딸에게 말했다.

"이것 봐라 딸아, 네가 아무리 울고불고 해도 이 일은 이루어질 수 없다. 아난은 수행자라 아내를 거느릴 수가 없다고 하더라."

그러자 마등의 딸은 흐느끼면서 어머니에게 말했다.

"어머니는 남들이 쓸 수 없는 마술의 힘이 있지 않아요? 마술의 힘을 빌어서라도 아난 존자를 제 신랑으로 삼게 해주세요."

마등은 울면서 매달리는 딸을 애처롭게 바라보았다.

---

*불가촉천민 /인도에서 동일한 카스트 출신이 결집한 집단을 자티라고 하는데, 그 중 최하위에 불가촉천민이 있음. 반면에 최고 위는 브라만이 차지하고 있다. 그러한 자티는 정·부정관(淨·不淨觀)에 의해서 평가되어진 의례적인 상하관계이다.

"애야, 내가 비록 마술을 할 수 있다고 하지만, 부처님의 위력이나 수행자의 덕 앞에선 그런 마술이 태양 앞의 반딧불만큼도 되지 않는다. 도 가운데 부처님과 아라한(阿羅漢)*의 경지를 넘어서는 것은 아무 것도 없다."

그래도 딸은 자신의 뜻을 굽히지 않았다.

"그렇다면 아난 존자를 제 방까지라도 오게 해주세요. 그리고 문을 잠궈 버리면 그는 빠져나갈 수 없어, 저를 아내로 맞아들이고 말 것입니다."

그녀의 어머니는 하는 수 없이 딸의 청을 들어 주기로 했다. 아난을 청한 다음 문을 걸어 잠그고 말았다. 마등의 딸은 이제 제 뜻이 이루어질 것이란 생각에 몹시 기뻐하며 밥을 먹었다. 아난 존자는 그런 마등의 딸을 잠자코 바라보고만 있었다. 그러자 마등은 마음이 초조해져서 아난 존자를 붙들고 말했다.

"당신이 내 딸을 아내로 맞지 않겠다면 나는 당신을 불길 속에 던져버리고 말 것이오."

아난 존자는 자신이 수행자의 신분으로 이런 여인들에게 시달리는 것을 몹시 부끄럽게 여겼다. 그러나 부처님은 이런 난처한 아난의 처지를 알고 계셨다. 마침내 아난이 온갖 유혹에도 흔들리지 않고 스승인 부처님에게로 의연하게 돌아가자, 마등의 딸은 슬피 울었다. 딸을 달래며 마등은 말했다.

"내가 뭐라고 말하더냐? 부처님을 섬기는 이는 내가 행하는 마술 따위로는 이길 수 없다고 하지 않았느냐?"

어머니가 아무리 달래도 딸은 울음을 그치지 않고 오매불망 아난 존자만을 생각했다. 그래서 마침내 아난이 탁발에 나서면 남의 시선

---

*아라한 /협의로는 소승불교에 있어서 최고의 깨달음을 얻은 이를 가리키나 광의로는 대승·소승을 통하여 최고의 깨달음을 얻은 이를 가리킨다.

은 아랑곳하지 않고 아난의 뒤를 따라다녔다. 이런 일이 계속 되자 아난 존자는 남들 보기가 부끄러워 탁발에도 나가지 않게 되었다. 그나마 아난을 볼 수 없게 된 마등의 딸은 날마다 눈물로 세월을 보낼 뿐이었다. 아난 존자는 하는 수 없이 부처님에게 자초지종을 말씀드렸다. 아난 존자의 말을 들은 부처님은 마등의 딸을 가엾게 여기고 그녀를 부르셨다.

"네가 그토록 아난을 따른다니, 무엇 때문인가?"

"저는 아난 존자의 아내가 되고 싶을 뿐입니다."

"아난은 수행자다. 그는 머리를 깎았는데 만약 너도 머리를 깎겠다면, 아난을 네 남편으로 삼도록 하겠다."

마등의 딸은 기뻐하며 어머니에게 그대로 말했다.

"너는 왜 머리까지 깎고 수행자의 아내가 되려고 한단 말이냐? 제발 그러지는 마라. 내가 아난 존자보다 훨씬 더 멋진 남자를 찾아 주겠다."

아무리 마등이 말려도 그 딸은 막무가내였다. 마등은 말리다가 울면서 딸의 머리를 깎아 주었다. 마등의 딸은 머리를 다 깎고 나자 부처님에게로 왔다.

"부처님, 말씀하신 대로 저는 머리를 깎았습니다."

그 모습을 보신 부처님은 그녀에게 말씀하셨다.

"그대는 아난 존자의 어디를 사랑하느냐?"

그녀는 망설임없이 대답했다.

"저는 아난 존자의 눈을 사랑합니다. 코를 사랑하고 입을 사랑합니다. 그의 귀와 걸음걸이까지 아난 존자의 모든 것을 사랑합니다."

그러자 부처님은 말씀하셨다.

"눈에는 눈물이 흐르는 법이다. 코에는 콧물이 있고, 귀에는 귀지가 있다. 몸 속에는 오줌과 똥이 항상 흘러나와 더럽기 짝이 없고, 한번 부부의 연을 맺으면 나쁜 이슬이 있어 자식을 낳게 마련이다. 한

부처님을 시봉하는 제자 아난은 목이
말라 물을 지고 가는 여인에게
물을 청했다. 여인은 마음이 몹시
설레었다. 아무 말 없이 물을 건네고
집으로 돌아오는 여인의 마음은 온통
아난의 생각뿐이었다.

번 태어난 것은 자식이라 해도 언젠가는 죽을 수밖에 없다. 사람들은 죽음을 당하면 슬퍼하며 목놓아 울지만, 그 무슨 소용 있으랴?"

그녀는 부처님의 말씀을 듣자, 아난을 생각하는 마음에서 홀연 벗어났다. 그녀는 바로 아라한의 경지에 이르렀다. 부처님은 그녀가 깨달음을 얻었음을 아시고는 말씀하셨다.

"이제 그대는 일어나서 아난의 처소로 가라."

그 말을 들은 마등의 딸은 몹시 부끄러워하며 엎드려 부처님에게 여쭈었다.

"부처님, 제가 어리석어 아난 존자의 뒤를 쫓았습니다. 이제 제 마음이 홀연 열리고 보니, 어둠 속에서 환한 등불이 빛나는 것 같습니다. 마치 배가 파선하여 떠돌다가 안전한 언덕에 닿은 것 같사오며, 소경이 지팡이를 얻은 것 같습니다. 부처님께서는 헤매는 제게 길을 보여 주시고, 제 마음을 열어 주셨습니다."

이런 모습을 지켜 본 제자들이 부처님에게 여쭈었다.

"부처님, 이 여인의 어머니는 삿된 행동을 하는 사람입니다. 그런데 무슨 인연이 있어 이 여인은 아라한이 되었습니까?"

그러자 부처님은 전생에서부터 비롯된 중한 인연을 제자들에게 말씀해 주셨다.

"이 여인은 전생에서 오백 생 동안 아난의 아내였다. 둘은 오백 생에 걸쳐 서로 존중하고 사랑하였다. 그런데 이번 생에서 아난은 계율을 지키는 수행자가 되었던 것이다. 서로 형제같은 이들 부부가 어찌 모두 수행의 길에 나서지 않을 수 있겠느냐?"

부처님이 이렇게 말씀하시자 모든 제자들은 인연의 도리를 깊이 생각하며 모두 기뻐하였다.

《불설마등녀경》

스님의 방에 숨어든 창녀 • • • •

부처님이 사위성에 계실 때의 이야기다.

그곳에는 창녀 한 사람이 살고 있었다. 그녀에게는 금·은·보화는 말할 것도 없고, 온갖 귀한 물건들이 창고에 넘쳐나도록 많았다. 그녀가 사는 집은 으리으리하게 담장을 높이 쌓았을 뿐만 아니라 문도 몇 겹으로 꼭꼭 닫아서 도둑이 들어오지 못하도록 막고 있었다. 하루는 도둑의 괴수가 어떻게 해서든지 창녀의 물건을 훔치겠다고 작정했다. 그는 그 집에다 염탐꾼을 보내 거짓말을 시켰다.

"우리들은 성 밖에 있는 연못가에서 큰 잔치를 벌이고, 모든 창녀들을 다 초대할 겁니다. 당신도 꼭 그 자리에 참석해 주십시오. 될 수 있으면 아름답게 화장하고 좋은 옷으로 치장해 그대의 아름다움이 다른 사람들보다 더 눈에 뜨이게 하십시오."

이런 말로 여자들이 가진 아름다움에 대한 집착과 허영심을 부추겼다. 그 창녀는 제일 좋은 옷을 입고 갖가지 보물들, 금이나 은, 진주 구슬로 치장하고 다른 패물들까지 갖추어 보기만 해도 눈이 부실 정도로 아름답게 꾸민 다음 그 연못으로 갔다. 도둑의 괴수는 그녀를 반갑게 맞아들이고 여러가지 달콤한 말로 유혹했다. 그리고는 으슥한 숲 속으로 끌고 들어갔다. 그러자 창녀는 이상한 생각이 들었다.

"잔치에 초대했다는 다른 여자들은 모두 어디에 있습니까?"

도둑의 괴수는 태연하게 대답했다.

 "지금 곧 도착할 거요. 그들이 올 때까지 우리는 여기서 한 잔 마십시다."

그녀는 이 말을 듣고 험상궂은 그의 얼굴을 보자 자신이 함정에 빠졌다는 사실을 깨달았다. '이 사람은 틀림없는 도둑이다. 큰 잔치란 나를 유인하기 위한 거짓말일 뿐, 성 안에 있는 기생, 창녀들은 그 누구도 오지 않을 것이다' 라고 생각하자 그녀는 마음이 초조해졌다.

 "이만 가보겠습니다."

그녀는 도망치려 했으나 도둑의 괴수는 그녀를 잡고 놓지 않았다.

 "그렇게 급하게 서둘러 갈 것 없지 않은가? 둘이서라도 밤새 즐겁게 마시고 놀면 어때?"

그녀는 마치 고양이에게 잡힌 쥐의 신세가 되었다. 그러는 동안 그녀는 많은 사나이들을 다루던 배짱이 생겨났다. '아무리 무시무시한 도둑의 괴수라 할지라도 내 아름다움 앞에선 어쩔 수 없으리라.' 이렇게 굳은 마음을 먹고 그녀는 거짓으로 온갖 교태를 부렸다. 그리고는 자신도 그에게 반한 체하며 술을 가득가득 부어 그에게 권했다. 그러면서도 자신은 한 방울도 입에 대지 않았다. 도둑의 괴수는 창녀의 부드러운 태도가 자신에게 반한 탓이라 생각하고 기분좋게 마시고 흠뻑 취했다. 드디어 도둑의 괴수는 술에 곯아 떨어지고 말았다.

창녀는 곤드레만드레 취한 그를 이끌고 어느 작은 초가집으로 들어갔다. 그 집에 들어가자 도둑은 정신을 차리지 못하고 그대로 쓰러졌다. 그녀는 도둑에게 벗어나 옷매무새를 고친 뒤 그 집을 빠져 나왔다. 그리고는 성 안을 향해 어둠 속을 걸어갔다. 그러나 밤은 이미 깊어서 성문은 다 닫히고 들어갈 길이 없었다. 그녀는 어둠 속에서 어찌 할 길이 없어 당황했다. 때마침 기원정사 문 밖에는 작은 초막이 있었다. 그곳에는 가로 장로가 살고 있었다. 그는 침상 위에다 옷을 펴고 그 위에서 삼매에 들어 있었다. 침상 둘레에는 가로 장로의 옷이 늘어져 장막처럼 드리워져 있었다. 창녀는 얼른 그 안으로 숨어

들었다. 그러나 삼매에 빠진 가로 장로는 그런 인기척을 전혀 눈치채지 못했다. 한편, 도둑의 괴수는 한밤중에 잠이 깨자 그녀가 벌써 달아난 사실을 알았다. 그는 부하들을 모아놓고 물었다.

"너희들은 그 계집을 못 보았느냐?"

그러나 부하들은 아무도 본 사람이 없다고 그저 고개만 저을 뿐이었다. 그들은 횃불을 손에 들고 창녀를 찾아 나섰다. 그러나 그녀는 어디에 있는지 흔적조차 보이지 않았다.

"이럴 것이 아니라 그녀의 발자국을 따라 가자."

그들은 땅을 살펴 그녀의 발자국을 발견했다. 그리고는 그 발자국을 그대로 더듬어서 성문 앞까지 왔다. 그 발자국은 기원정사의 문턱까지 와서는 흔적이 사라지고 말았다.

그들은 초막에서 홀로 좌선(坐禪)*에 빠져있는 가로 장로를 보았으나 설마 하는 심정으로 지나쳤다. 이윽고 날이 밝아왔다. 새벽을 알리는 종과 북소리가 울리고 여기저기서 닭 우는 소리가 들렸다.

"벌써 날이 밝았다. 그따위 창녀에게 홀려 이렇게 우물쭈물 할 수는 없다. 그냥 돌아가자."

도둑의 괴수는 분한 마음을 참고 부하들을 이끌고 가버렸다. 아침 해가 솟으면서 성문이 활짝 열렸다. 성 안의 사람들은 하루 일과를 시작하기 위해 물건을 싣고 마차를 모는 등 성문을 분주하게 드나들기 시작했다. 그때 가로 장로의 침상 아래 숨어 있던 창녀가 살짝 기어 나왔다. 그 꼴을 본 사람들은 모두 얼굴을 찌푸렸다.

"저 꼴을 좀 보게. 수행자가 계집을 밤새도록 도량 안에 끌어들여 희롱하다니 쯧쯧. 겉으로는 청정한 부처님의 제자꼴을 하고서 어떻게 저런 짓을 할 수 있는가?"

---

*좌선/선종에서 수행하는 방법. 마음을 고요히 하고 자기의 심성(心性)을 밝혀 보려면, 앉는 것이 가장 좋으므로 좌선이라 함

가로 장로의 추문은 이내 사방에 퍼졌다. 부처님 제자들은 그 사정을 부처님에게 그대로 고했다. 그러나 부처님은 이렇게 말씀하셨다.

"제자들이여, 너희들은 가로 장로에게 그 소문의 실상을 직접 들어보라. 사람이 없는 곳에서 세 번, 사람들이 많이 모인데서 세 번, 그리고 수행자들이 많이 모인 곳에서 과연 그런 일이 있었는지, 여인을 일부러 끌어들였는지 물어보라."

이 말을 들은 가로 장로는 분명하게 대답했다.

"나는 모르는 일이다. 조금도 부끄러운 짓을 한 적이 없다."

어디서나 그의 대답은 한결같았다. 제자들은 부처님에게 나아가 가로 장로의 말을 여쭈었다. 그러자 부처님은 말씀하셨다.

"대중들이여, 가로 장로는 결백하다. 그는 죄가 없느니라."

이렇게 증명하셨다.

《마하승기율》 제13

기구한 운명, 기구한 사랑 • • • • • •

부처님이 왕사성 죽림정사에 계실 때였다.

득차실라성 안에는 부호가 한 사람 살고 있었는데, 그에게는 세상에서 제일 아름답다고 소문난 딸이 있었다. 그 딸의 몸은 황금빛으로 빛나고, 눈은 별빛처럼 아름다워 마치 꽃잎처럼 아리따웠다. 부호와 그 아내는 무남독녀인 이 딸을 금지옥엽처럼 귀하게 길렀다. 귀엽고 아름답기가 마치 연꽃같다는 뜻에서 그 이름을 청련화라고 불렀다.

청련화는 자랄수록 더욱 더 아름다워졌다. 부호는 같은 성 안의 부호 중에 아들이 많은 사람에게서 양자를 들여 사위로 삼아 딸과 함께 살았다. 그러나 청련화의 아버지는 어느날 갑자기 무거운 병에 걸려 죽고 말았다. 아버지를 잃은 청련화의 슬픔은 이루 말로 표현할 수 없었다. 그녀는 눈물을 흘리며 아버지를 장사지냈다. 그리고 채 얼마 지나지도 않았을 때였다. 청련화가 아기를 낳았는데, 그동안 친정 어머니가 자신의 남편과 정을 통했다는 사실을 발견했다. 청련화는 그런 사실을 알고 충격을 이길 수가 없었다. 그녀는 아기를 안고 남편을 향해 소리쳤다.

"이 나쁜 놈아, 장모와 정을 통하다니. 나는 내 아이도 필요없다."

그녀는 젖먹이 갓난아이를 땅바닥에 내팽개쳤다. 아이는 머리가 깨지고 많은 피를 흘렸다. 그러나 정신을 잃은 그녀는 그런 자식의 모습조차 눈에 들어오지 않았다. 그녀는 머리에다 수건을 뒤집어 쓰고 집을 뛰쳐 나왔다. 그리고는 정처없이 길을 헤매다가 어떤 행상을 따라 고향을 떠나 미도성 쪽을 향하여 발걸음을 옮겼다. 행상은 누가 자꾸 뒤를 따라오자 돌아다 보니 아름답기 그지없는 여인이었다. 행상은 청련화에게 물었다.

"당신은 누구의 부인입니까?"

그러자 청련화는 자포자기한 심정으로 대답했다.

"나는 누구의 부인도 아니고 오갈 데 없는 외로운 몸입니다. 누구든지 나를 사랑해 준다면 어디라도 따라가 그 사람을 섬기겠습니다."

행상은 청련화의 이 말을 듣자 기쁨을 누를 수 없었다. 그는 청련화에게 필요한 것을 사주고 자기의 아내로 삼았다. 그리고는 장사가 끝나자 자신의 집으로 데려갔다. 행상은 얼마가 지나자 다시 장사길에 나서 동업자들과 득차실라성으로 떠났다. 일행은 천천히 걸으면서 이런저런 이야기로 화제의 꽃을 피웠다. 그 중 한 사람이 말했다.

"아무리 재산이 많다해도 인생이란 한 번 가면 돌아오지 않는 겁니다. 즐길 수 있을 때 즐기면서 사는 게 가장 현명한 삶이 아닐까요? 당신은 언제까지나 지금 부인 한 사람만을 바라보면서 살겠소?"

그 말을 듣자 행상은 말했다.

"글쎄, 청련화처럼 아름다운 여자가 만약 있다면, 그때는 부인을 더 얻을 수도 있지."

"마침 그런 여자가 한 사람 있습니다. 당신 부인 청련화보다 몇 배나 더 젊고 아름다운 여인입니다. 한번 보시지 않겠습니까?"

청련화의 남편은 이 권유에 못이기는 척하며 따라 나섰다. 가서 직접 보니 과연 아름답기 짝이 없는 여자였다. 상인은 그 여자를 보자마자 곧 혼인을 하고 자신의 부인으로 삼아 미도성으로 데리고 돌아왔다. 그러나 청련화에게 데려갈 수는 없으므로 따로 집을 얻어 살림을 차렸다. 청련화는 남편의 태도가 어쩐지 다르고, 가져온 돈 또한 전과 달리 축이 나 있어 물었다.

"이번 장사길에선 이익이 많이 남지 않았습니까? 왜 이렇게 돈이 적습니까?"

"돌아오는 길에 강도를 만났지, 그래서 돈을 거의 다 빼앗겼소."

"그렇다면 강도를 잡아야 하지 않겠습니까?"

그 말을 들은 상인은 옳다구나 하고 이렇게 대답했다.

"아닌 게 아니라 지금 강도를 잡으러 나가려던 참이오."

그는 이렇게 거짓말을 하고 청련화의 집에서 나왔다. 남편이 강도를 잡으러 간다고 나간 후 남편의 친구가 찾아왔다. 청련화가 지금 남편은 강도를 잡으러 나갔다고 말하자 그 친구는 이렇게 말했다.

"부인 그건 거짓말입니다. 당신 남편은 지금 딴 살림을 차려 그 여자에게 간 것이오."

비로소 청련화는 남편에게 다른 여자가 있다는 사실을 알았다. 청련화는 그 이야기를 듣자 몹시 놀라면서도 질투심을 누를 수가 없었다. 그녀가 괴로워하는 동안 남편은 새 여자의 집에서 며칠을 즐겁게 지내다가 천연덕스러운 얼굴로 돌아왔다. 청련화는 남편을 보자 따졌다.

"당신은 왜 나에게 거짓말을 했습니까? 새로 맞아들인 부인을 왜 데리고 오지 않는 거지요?"

그러자 남편은 대답했다.

"한 집에 두 여자가 함께 있으면 항상 질투하기 때문에 집안이 편안하지 않은 법이라 그랬소."

"그렇지 않습니다. 이야기를 들어보니 당신이 새로 맞아들인 부인은 나이가 어리다고 하니 마치 내 자매처럼, 내 딸처럼 여기고 화목하게 살겠습니다."

청련화는 자신의 질투심을 누그러뜨리며 담담하게 말했다. 그 말을 들은 남편이 안심하고 새로 맞아들인 어린 부인을 청련화의 집으로 데려왔다. 청련화는 새 부인이 자신의 고향사람이라는 사실을 알자 친근한 마음이 들어 매우 사랑했다. 하루는 청련화가 새 부인의 머리를 빗어주다가 머리 위에 난 상처를 보았다. 그녀는 새 부인에게 물었다.

"왜 이 자리에 이렇게 심한 상처가 있지요?"

그러자 새 부인은 대답했다.

"저도 어릴 적의 일이라 기억은 없습니다만, 갓난 지 얼마 되지 않아 제 어머니가 아버지와 싸우면서 나를 내동댕이쳐 이 상처가 생겼다고 합니다."

그 말을 들은 청련화는 갑자기 옛 일이 떠올라 온몸에 소름이 끼쳤다. 그녀는 조심스레 물었다.

"당신의 집은 어느 동네였나요?"

청련화는 두근거리는 가슴을 누르며 물었다. 새 부인은 그녀의 마음은 짐작조차 못하고 자세하게 어디였다고 대답했다. 그 말을 들은 청련화는 비탄을 감출 수 없었다. 바로 이 여자가 남편과 친정 어머니의 불륜 때문에 버리고 나온 자신의 딸이라는 사실을 알게 되었던 것이다. 청련화는 가혹한 운명의 힘에 두려움을 느꼈다. 어머니와 남편의 불륜 때문에 집을 나와 상인의 아내가 되었는데 또 다시 자신과 딸, 두 모녀가 한 지아비를 섬기게 되다니… 청련화는 얼굴을 가리고 아무도 몰래 그 집을 빠져 나오고 말았다. 그녀는 자신의 의지와는 전혀 상관없이 펼쳐지는 운명이 두려웠다. 그녀는 절망에 빠져 헤매고 다니다 나중에는 광엄성으로 가서 몸을 파는 창녀생활을 시작했다. 당시 광엄성에는 많은 매춘부들이 있었지만, 청련화가 오자 남자들의 발길은 그녀에게로 몰렸다. 이 사실을 안 다른 매춘부들이 그녀를 찾아왔다.

"너는 왜 갑자기 나타나 우리들의 생활을 위협하느냐? 그럴 바엔 차라리 우리들이 있는 술집으로 오려므나."

머뭇거리는 그녀를 억지로 술집으로 끌고 와서 물었다.

“너는 도대체 어떤 비결이 있길래 많은 남자들이 너만 찾느냐?”

그러자 청련화는 이렇게 대답했다.

“나는 아무런 비결도 없습니다. 왠지 어떤 사람이라도 나를 한번 만나면 따릅니다.”

“좋다. 네가 그만큼 큰 매력이 있다면, 이 성안에 있는 청년 한 사람을 유혹하여라. 그는 향을 파는 청년인데, 깊이 삼매에 들어 여자들에게 마음이 흔들리는 일이 전혀 없는 이다. 이제껏 아무도 그 사람을 유혹할 수 없었다. 그러나 너라면 그 청년의 마음을 사로잡을 수 있을지도 모르겠다. 만약 그를 무너뜨린다면, 우리 매춘부들은 너를 존경하고 받들겠다. 그러나 그 일이 불가능하다면 너는 6만 냥의 벌금을 내야만 한다.”

“그 사람은 어떤 사람입니까?”

“그는 아주 잘 생긴 남자이다.”

그 말을 들은 청련화는 자신만만하게 대답했다.

“그러하다면 별로 걱정할 일이 아니군요. 그를 유혹하겠습니다.”

청련화는 매춘부들과의 약속을 지키기 위해 향을 파는 남자집 가까이로 이사를 갔다. 그녀는 마치 남편이 앓고 있는 사람인 것처럼 꾸미고는 극진히 남편을 간병하는 시늉을 했다. 자기 집의 식모를 시켜 그 남자에게 향을 사오고, 남편에게 주기 위한 약이라 하며 온갖 약을 구하기도 해, 동네 사람들은 청련화가 남편의 병을 고치기 위해 헌신하는 훌륭한 부인인 줄만 여기게 되었다. 그건 향을 파는 남자도 마찬가지였다. 그 남자는 사람들에게 이렇게 말하기에 이르렀다.

“저 청련화란 부인은 정말이지 정숙한 여자다. 이 세상에서 저런 여자가 과연 또 있을 것인가?”

그는 청련화를 칭찬하면서도 그녀의 처지를 동정했다. 그러다가 그녀에 대한 감정이 어느 사이 연정으로 바뀌었다. 청련화는 이런 남자의 마음을 꿰뚫어 보고 자신의 계획이 들어 맞았다고 마음 속으로 기뼈하였다. 어느 날 그녀는 향파는 남자의 집 앞을 지나면서 '남편이 죽었다'고 슬프게 통곡했다. 이 모습을 본 남자는 청련화를 사모하는 마음이 한없이 부풀어 올랐다. 마침내 그는 청련화에게 사랑을 고백하고 자신의 청정한 생활을 허물기에 이르렀다.

일이 이렇게 되자 광엄성 안의 모든 매춘부들은 청련화의 고혹적인 매력을 인정하지 않을 수 없었다. 그녀들은 청련화를 자기네 패거리의 으뜸으로 떠받들었다. 청련화는 향을 파는 남자와 함께 지내는 동안 아이를 가졌다. 그런데 광엄성에는 동쪽과 서쪽 양쪽에 각각 성문을 지키는 수위가 있었다. 그들은 서로 이런 약속을 했다.

"만약 우리 두 사람이 자식을 낳아 각각 아들, 딸이면 사돈을 맺기로 하세."

서로 그런 약속을 간직하면서 살아가고 있었다. 그럴 즈음 청련화는 아들을 낳았다. 아들을 낳자 그녀는 이렇게 생각했다. '내가 만약 이 아이를 키운다면 내 아름다움은 시들어 버리고 말 것이다. 그렇게 되면 모든 남자들은 나를 거들떠보지도 않을 것이 아닌가? 이 아이는 내가 살아가는 데 거추장스럽기만 하다. 차라리 내다 버리는 게 상책일 거다.'

그녀는 하녀를 불러 아이와 등불을 건네 주었다.

"너는 이 아이를 동문 가까이 길에다 내다 버리고, 그 옆에다 사람들이 쉽게 발견할 수 있도록 등불을 밝혀두고 오라."

하녀는 청련화가 시키는 대로 아이를 버린 다음, 누가 아이를 주워가는지 지켜보았다. 동문 수위는 등불이 밝혀진 걸 보고 오다가 아이를 발견했다. 그는 자신에게 자식이 없음을 불쌍히 여겨 하늘이 아이를 내려 주었다고 생각하며 아이를 기쁘게 품에 안고 집으로 돌아갔다. 그리고는 아내에게 이렇게 말했다.

"오늘 밤 내가 동쪽 성문 근처에서 주운 아이요. 이는 우리에게 자식이 없는 것을 불쌍히 여겨 하늘이 보낸 우리 자식인 것이요. 친자식처럼 잘 키웁시다.”

그의 아내도 매우 기뻐하며 아이를 받았다. 그들 부부는 마치 자신들이 그 아이를 낳은 것처럼 친척들을 초대하여 큰 잔치를 벌였다. 그 자리에는 서쪽 성문을 담당한 수위도 참석해 축하했다. 그리고 일 년이 흘렀다. 청련화는 다시 아이를 가져 이번에는 딸을 낳았다. 그녀는 이번에도 마찬가지로 아이를 내다 버리기로 마음먹고 서쪽 성문에다 갖다 버렸다. 이 아이는 서쪽 성문의 수위가 데려갔다. 그도 역시 많은 친지들을 불러 자신이 딸을 낳은 것처럼 하고는 큰 잔치를 벌였다. 결국 동쪽과 서쪽의 수위는 모두 아들, 딸을 각각 얻은 셈이었다. 세월이 흘러 동쪽 성문의 수위가 데려간 청련화의 아들은 열여섯살, 훤칠한 장부로 자랐다. 그는 친구들과 어울려 다니며 놀았다.

하루는 친구들이 60 냥을 내고 성안의 미인이라 소문난 청련화를 찾아가기로 하였다. 그리고는 그 자리에 참석하지 않은 친구들에겐 그 돈만큼의 벌금을 받기로 하였다. 그런데 수위의 아들만은 그 자리에 가기를 싫어했다. 그러자 친구들은 벌금을 내라고 윽박질렀다. 그는 하는 수 없이 친구들을 따라갔다. 그러나 청련화를 한 번 보자마자 마음이 흔들려 그는 그곳을 빠져 나올 엄두를 내지 못했다. 그러자 성안에는 ‘수위의 아들이 창부 청련화에게 홀리고 말았다’는 소문이 파다하게 났다. 이런 소문까지 나자 수위의 아들은 여러 사람들을 초대하여 잔치를 베풀고 그 자리에서 아예 청련화를 자신의 아내로 맞아들이고 말았다. 그러자 그의 아버지 수위는 걱정이 되어 친구인 서쪽의 수위를 찾아갔다. 그리고는 이렇게 부탁했다.

“우리 예전에 맺은 약속이 있지 않은가? 이제 자네 딸도 자랄 만큼 자랐으니, 우리 아들에게 시집보내 주게.”

그러자 서쪽 수위는 한 마디로 거절했다.

“무슨 소리, 자네 아들은 이미 창부 청련화와 결혼하지 않았는가? 그런 자에게 내 딸을 시집 보낼 수는 없네.”

그러자 청년의 아버지는 간청했다.

"남자가 아내 둘을 거느리는 것은 그리 흉이 아니지 않은가? 우리 아들이 마음을 잡을 수 있도록 제발 자네 딸을 며느리로 주게."

하는 수 없이 서쪽을 지키는 수위는 딸을 시집보내기로 했다. 이렇게 해서 결국 어머니가 청련화인 줄 모르는 채 남매는 서로가 부부의 인연을 맺고 한 집에서 살게 되었다. 하루는 목련 존자가 이 집에 와서 어린 신부에게 이렇게 말했다.

"나이어린 신부여, 네 남편의 큰 부인은 바로 너의 어머니이자 네 남편의 어머니다. 너는 이 사실을 모르는가? 너의 남편은 네 오래비다. 그러니 서로가 질투를 해서는 안 될 일이다. 만약 어머니를 향해 질투하고 미워하면 너는 이미 죄를 지은 데다 다시금 죄를 쌓는 것이 된다."

목련 존자는 이 말을 마치자 홀연히 사라졌다. 나이어린 부인은 큰 충격을 받았다. 그 뒤 얼마 지나지 않아 청련화는 다시 어린 아이를 낳았다. 나이어린 신부는 그 아이를 안고 집 앞에서 거닐고 있었다. 그때 관상을 보는 바라문이 와서 말했다.

믿음이 깊은
아름다운 여인이여,
사랑스럽게 안고 있는 아이는
그대와 어떤 사이인지 알고 있는가?

그러자 나이어린 아내는 그 사람에게 역시 게송으로 대답했다.

들어 보시오. 바라문이여,
이 아이는 내 동생이자
내 오래비의 아들이자 내 아들이기도 하다.

그런가 하면 우리 오래비의 동생도 된다.
이 아이의 아비는 내 남편,
그의 아버지는 바로 지금의 내 남편,
이렇게 어지럽게 돌아가는 인과의 수레를
부디 불쌍히 여겨 주소서.

바라문은 이 이상한 인연으로 얽혀진 모자와 형제, 모녀와 부자의 관계를 듣자 서글피 웃으며 그대로 지나갔다. 청련화는 방안에서 우연히 어린 아내와 바라문 사이에 오가는 이 말들을 들었다. 그러나 얼른 이해가 가지 않아 하녀를 불렀다.

"조금 전 나이어린 신부가 내 아이를 안고 관상보는 바라문에게 한 이야기가 대체 무슨 말이냐?"

하녀는 자기가 들어 알고 있는 대로 청련화에게 말했다. 청련화는 그 말을 듣자 기절할 듯 놀랐다. 그리고는 이렇게 한탄했다.

"나는 전생에서 얼마나 많은 악업을 지었던 것일까? 이전에는 내 친정어머니와 남편이 불륜을 저지르더니, 이제는 내가 딸과 함께 아들을 남편으로 삼게 되었는가? 이처럼 끔찍한 일이 세상에 또다시 있을까?"

청련화는 자신의 생애가 본의와는 상관없이 더럽고 추한 악연으로 이어져 있다는 사실 때문에 눈물을 흘렸다. 청련화는 너무나 부끄러워 정신없이 통곡하면서 집을 뛰쳐 나왔다. 그녀는 왕사성으로 발걸음을 옮겼다. 아름다운 창녀 청련화가 왕사성으로 왔다는 소문이 퍼지자 성안의 한량들은 모두 모여 들었다. 그들은 모두 5백 냥을 청련화에게 주고 꽃으로 꾸며진 동산으로 청련화를 불러 그곳에 살게 했다. 이곳에서도 청련화는 환락과 욕정의 나날을 지내게 되었다.

그럴 즈음 목련 존자는 불쌍한 청련화에게 부처님의 가르침을 펼 때가 이르렀다고 생각하였다. 목련 존자는 홀연 어느 날 청련화가 살고 노니는 꽃동산으로 가서 거닐었다. 이 모습을 5백 명의 한량들 중 한 사람이 보고 청련화에게 말했다.

"그대는 저 존자를 본 적이 있는가?"

청련화는 처음 본 사람이라고 대답했다. 그러자 그 사람은 이렇게 설명했다.

"저 사람은 아주 믿음이 굳건해 계율을 잘 지킬 뿐만 아니라, 수행에도 따를 자가 없다. 아무리 그대가 매력이 넘치고 수완이 좋다고 해도 저 사람의 마음을 사로잡을 수는 없을 것이다."

그 말을 듣자 청련화는 갑자기 반감이 생겼다.

"지조가 높고, 여자에 흔들리지 않는다는 평판이 자자했던 남자도 내 앞에선 여지없이 허물어졌어요. 저 사람도 아무리 계행을 잘 지킨다지만, 내 앞에선 견디지 못할 겁니다."

자신만만하게 청련화가 말하자 사람들은 고개를 흔들었다.

"향 팔던 남자를 유혹하던 일과 비교할 수는 없어. 목련 존자는 그런 남자와 비교도 할 수 없는 성자시다."

이 말을 듣자 청련화는 어떻게 해서라도 자기의 뜻을 이루겠다고 마음먹었다. 그녀는 목련 존자에게 다가가 온갖 선정적인 모습으로 유혹했다. 도발적인 교태를 부리고, 옷을 벗어 몸을 드러내면서 목련 존자에게 다가갔다. 그때 목련 존자는 신통력으로 하늘로 솟구쳐 올랐다. 그리고는 이렇게 게송으로 노래했다.

뼈와 뼈가 이어져
힘줄과 맥이 서로 연결된다.
정혈로 이루어진 이 몸뚱이
천년 만년 변함없을 듯 집착하는 일 얼마나 부질없는가.

더러운 걸 싸고 있는 가죽주머니

숨을 쉴 사이도 없이
모든 구멍마다 더러움이 차서 흐른다.
몸의 때와 더러움 자세히 보라.

어리석음과 무지 때문에
이 모든 더러움 알지 못하고
어리석음의 그늘에 덮여
하잘것 없는 미모만 자랑하는구나.

마치 더러움이 가득 쌓인 변소를 대하듯
이 몸뚱이에 대한 집착을 떨쳐 버려라.
미모만 믿는 어리석은 마음일랑
한시바삐 떨치라 청련화여.

　청련화는 이 말씀을 듣자 그동안 그녀를 둘러싸고 있던 온갖 어리
석음의 구름이 홀연히 걷히는 것 같았다. 그리고 자신이 얼마나 육욕
에 사로잡혀 죄에 가득찬 생활을 했는가를 깨달았다. 그녀는 그 모든
사실을 깨닫고 목련 존자에게 엎드려 예배했다. 그녀는 이렇게 노래
했다.

뼈와 뼈가 이어져
힘줄과 맥이 서로 연결되고
정혈로 이 몸뚱이가 이어졌으니
이제는 이 육신에 집착하지 않아야 한다는 것을 알았습니다.

온갖 더러움을 싸고 있는 가죽주머니
숨을 돌이킬 사이도 없이

모든 구멍마다 더러움이
가득찬 게 내 몸이란 걸 알았습니다.

어리석음과 무지 때문에
이 모든 더러움 알지 못하고
어리석음의 캄캄한 그늘에 덮였고
부질없는 집착임을 몰랐습니다.

성자여, 부디 저를 불쌍히 여기사 내려오소서.
더러움 떨쳐버리는 길을 닦을 수 있도록
제게 참다운 가르침을 주십시오.
저도 이제 티끌같은 세상의 집착을 없애게 하여 주십시오.

그녀의 애원을 들은 목련 존자는 허공에서 내려왔다. 그리고는 청련화가 잘 알아 들을 수 있게끔 참다운 가르침을 설했다. 드디어 청련화는 깨달음을 얻었다. 어리석음의 구름이 걷힌 그녀는 우선 한량들에게 받은 돈을 모두 되돌려 주었다. 청련화는 자신의 욕된 행동을 부끄러워하며 참회했다. 남자들도 그 모습을 보자 모두 마음이 열려 목련 존자의 발 아래 엎드려 예배했다.

목련 존자는 그녀를 이끌고 부처님에게로 가서 그간의 일들을 자세히 말씀드렸다. 부처님은 실라벌성의 대세주비구니에게 청련화를 보내 출가시켰다. 청련화는 대세주비구니에게 계를 받았다. 청련화는 그곳에서 수행하고 정진하여 드디어 참된 세계를 보고 깨달음의 경지를 들어섰다. 그녀는 신통이 뛰어나 부처님으로부터 비구니 가운데 신통제일이란 칭찬을 들었다.

《율장》 제49

어느 창녀의 출가 ● ● ● ●

부처님이 기사굴산에 계실 때의 일이다.

왕사성 안에는 아름답기로 소문난 연화녀라는 창녀가 한 사람 있었다. 연화녀의 아름다움은 나라 안에 사는 사람들이면 모르는 사람이 없었다. 그렇지만 연화녀는 날마다 술마시고 남자들과 희롱하는 생활이 지겹고 덧없다고 여겨졌다. 그녀는 그런 생활을 떨쳐버리고 출가하려는 마음을 일으켰다. 그녀는 부처님이 계신다는 기사굴산을 향하여 발걸음을 옮겼다.

기사굴산을 향하여 가는 길에는 맑은 물이 흐르고 있었다. 연화녀는 목이 말라 손으로 물을 떠서 목마름을 달렸다. 그 순간 물에 비친 자신의 모습을 들여다 보니, 고요한 물에 비친 자신의 모습은 아름답기 짝이 없었다. 맑고 그윽한 눈, 삼단같은 머리채 하며 희고 복스러운 얼굴, 자신이 보아도 아름다워 저절로 감탄이 우러나왔다. '정말 나는 아름답구나. 이 아름다운 모습을 회색 가사로 덮어버리고 출가 생활을 할 수 있을까? 잘못된 생각이 아닐까, 나는 왜 그런 생각을 했던 것일까?' 연화녀는 부처님을 향해 출가하고자 하는 뜻을 아뢰겠다던 마음이 흔들렸다. 그녀는 그대로 발길을 돌려 왕사성으로 다시 돌아왔다.

이때 기사굴산에 계시던 부처님은 연화녀의 이런 마음을 살펴 아셨다. 흔들리는 그녀의 믿음을 굳건히 다질 수 있는 때는 바로 지금이

왕사성 안에 아름답기로 소문난 연화녀라는 창녀가 있었다. 환락의 생활을 즐기던 연화녀가 어느날 너무나 아름다운 여인을 만났으나…… 이게 웬일인가? 그 여인의 치렁치렁하던 머리카락은 빠지고 이빨과 온몸은 끔찍한 모습으로 썩어들어가고 있었다.

라고 생각하신 부처님은 신통력으로 연화녀보다 몇천 배나 더 아름다운 여인을 만들어 연화녀가 돌아가는 길목에서 서로 맞닥뜨리게 하셨다. 다시 환락의 생활로 돌아가 하루하루 즐기면서 살겠다는 생각을 하며 산길을 내려가던 연화녀가 눈이 번쩍 뜨일만한 아름다운 여인을 만났다. 연화녀는 세상에 이처럼 아름다운 사람도 있었던가 하며 놀랐다. 그녀는 자신보다 훨씬 더 아름다운 그 여인을 향해 말을 붙였다.

"정말 아름다운 분이시군요. 그런데 이 산길을 혼자 오셨습니까? 달리 동행하신 분은 없으신지요?"

그러자 미인은 대답했다.

"예, 저는 성 안에 사는데, 산에 왔다가 지금 혼자서 집으로 돌아가는 길입니다. 마침 적적하던 참에 잘 된 일이군요. 방해가 되지 않는다면 서로 친구하여 왕사성까지 가면 좋겠습니다."

연화녀도 좋다고 생각했다. 두 여인은 사이좋게 산길을 내려갔다. 한참을 가다가 길가의 샘물이 나오자 목도 축일 겸 잠시 쉬어가기로 하였다. 물을 마시던 미인은 피곤했던지 어느새 연화녀의 무릎을 베고 슬그머니 잠이 들고 말았다. 곤히 잠이 든 미인을 깨우지 못하고 기다리던 연화녀는 조금 있다 이상한 기분이 들어 자신의 무릎위에 머리를 누인 미인을 내려다 보았다. 이게 웬일인가? 그 여인의 숨은 이미 끊어져 있었다. 그리고 시체가 점점 썩어들어가고 있는 중이었다. 악취가 코를 찌르고 살가죽은 터져 오장육부가 드러나고, 그 안에선 구더기가 꾸물꾸물 기어나왔다. 치렁치렁하던 머리카락은 빠지고 이빨과 온 몸이 끔찍한 모습으로 썩어 들어가는 그 꼴은 차마 눈 뜨고 보기 힘든 형상이었다.

연화녀는 이 끔찍한 모습을 보고 진저리를 쳤다. '아아 끔찍한 일이로다. 이런 빼어난 미인도 죽으면 이런 추한 모습으로 썩어 들어간다. 내가 어리석기 그지없어 스스로의 아름다움에 취해 깨달음의 길을 멀리 하다니…' 이렇게 생각한 연화녀는 다시 부처님 계신 기사굴산을 향해 올라가기 시작했다. 그녀는 부처님을 뵙자 지금까지 자신이 보고 생각한 일들을 그대로 부처님에게 여쭈었다. 그 말을 들은 부처님은 다음과 같이 말씀하셨다.

"참으로 올바른 생각을 했다. 연화녀야, 이 세상은 덧없기 그지없어 도저히 믿을 수 없는 네 가지 일이 있다. 그 네 가지란 어떤 것인가? 첫째는 젊은 사람이라도 늙어가는 일을 피할 수 없어 반드시 노인이 된다는 사실이다. 둘째는 아무리 건강한 사람이라도 죽음을 피할 수 없다는 것, 셋째는 육친이 서로 모여 즐겁게 살아가도 반드시 이별할 때를 만난다는 일이다. 넷째는 아무리 많은 재물이 있다 해도 때가 되면 흩어지고 만다는 일이다. 그러나 세상 사람들은 이런 사실을 눈 앞에 닥치기 전까지는 생각조차 하려들지 않고 그저 먹고 마시는 일에만 골몰하여 즐길 뿐이다. 진정한 행복이란 이런 헛되고 부질없는 일에서 벗어나 참된 깨달음의 가르침을 구하는 길이다."

연화녀는 이런 부처님의 설법을 듣고 모든 마음의 머뭇거림을 떨쳐버렸다. 그녀는 육신이란 길고 영원한 것이 아니고, 참으로 덧없는 껍질에 불과하다는 걸 뼈아프게 깨달았다. 그녀는 부처님에게 나아가 엎드려 예배하고 비구니가 될 것을 간청했다. 부처님은 연화녀의 청을 받아들이셨다. 그러자 치렁치렁 아름다움을 자랑하던 연화녀의 머리카락이 저절로 떨어져 삭발한 모습이 되었다. 출가의 길에 접어든 지 오래지 않아 연화녀는 아라한의 경지에 이르렀다.

《법구비유경》 제1

지혜와 어리석음의 장

국왕의 예배를 받은 천민
살인마 앙굴리마라의 귀의
바보 주리반특가의 깨달음
버리면 두렵지 않다

국왕의 예배를 받은 천민 ● ● ● ●

부처님이 기원정사에 계실 때였다.

하루는 부처님이 많은 제자들을 거느리고 사위성으로 들어오셨다. 성 안의 사람들은 부처님이 사위성에 오셨다는 소식을 듣자, 구름처럼 모여들었다. 그때 사위성에는 거름치는 니다이라는 사람이 있었다. 그의 머리는 자랄대로 자라고, 얼굴과 손발은 때에 절어 형편없이 남루한 몰골이었다. 사람들은 니다이가 거름이나 치우는 궂은 일을 하고 또 모습마저 그렇게 추한 것이 전생에서 덕을 쌓지 못했기 때문이라고 말하며, 우습게 여겼다.

그날도 니다이는 똥통을 메고 먼 곳으로 버리러 나선 길이었다. 그는 길을 가다가 저쪽에서 조용한 걸음으로 걸어오시고 있는 부처님과 맞부딪치게 되었다. 부처님의 얼굴은 맑고 깨끗하기 그지없어 찬란한 빛이 니다이의 눈을 부시게 했다. 그는 부처님을 바로 쳐다보지도 못하고, 엎드려 감탄하며 다음과 같은 게송을 읊었다.

순금빛 꽃의 색깔
붉은 가사의 향기로운 내음이여
몸차림도 단정히 찬란하시고
맑고 깨끗함은 거울같도다.

청명한 가을 하늘의 달밤
끝없고 한없는 태양처럼 빛나
모든 사람들이 부처님을 칭송함은
가히 해와 달을 우러러 봄과 같도다.

니다이는 이렇게 부처님을 찬탄한 후 자신의 모습을 돌아다 보니, 자신은 똥통이나 메는 더러운 사람이라는 사실을 새삼 깨달았다. '이처럼 누추하고 더러운 몸으로 어떻게 거룩하신 부처님을 뵐 수 있겠는가?' 니다이는 이런 부끄러움에 빠져 샛길로 숨어 부처님을 피했다. 그렇지만 부처님을 떳떳하게 뵐 수 없는 자신의 처지를 생각하자 마음은 메어질 듯 슬프기 짝이 없었다. '나는 전생에 착한 일을 행하지 못해 이런 슬픔을 맛본다. 지금쯤 다른 사람들은 부처님 가까이에서 거룩하신 모습을 뵙고 진리의 가르침을 들을 수 있겠구나. 정말 나는 안타깝고 슬프기 그지없도다.' 니다이는 샛길에서 행여나 사람들과 마주칠세라 몸을 숨기며 한없는 슬픔에 빠져 있었다.

그때 부처님은 니다이의 슬픔을 이미 알고 계셨다. 부처님은 니다이를 구제하기 위하여 신통력으로 니다이가 숨어 있는 샛길에 모습을 나타내셨다. 숨어 있던 니다이는 깜짝 놀랐다. '부처님께 누를 끼칠까봐 샛길로 들어왔는데, 이처럼 부처님을 뵙게 되다니. 이렇게 더러운 몸으로 어떻게 부처님 가까이 머물 수 있다는 말인가? 만약 한 걸음이라도 가까이 가면 반드시 큰 벌을 받게 될 것이다.' 이렇게 생각한 니다이는 다시 옆길로 빠져 부처님으로부터 멀어져 갔다. 그런데 어찌된 셈인지, 아무리 피해가도 부처님은 또 자신의 앞에 계시지 않은가?

그는 다시 생각했다. '부처님은 하늘과 땅, 그리고 모든 천신과 사람들 가운데서도 가장 높고 존귀하신 분이다. 나는 이 세상에서 가장 더럽고 밑바닥에 있는 인간이다. 이렇게 더럽고 천한 몸으로 어떻게 부처님 가까이 있을 수 있겠는가?' 니다이는 놀라고 부끄러워 허둥대

다가 그만 담벽에 부딪혀 똥통을 쏟고 말았다. 그는 남루하고 추레하던 옷마저 똥물을 뒤집어써 더럽고 냄새나기가 이루 말할 수 없는 지경이었다. 그는 더더욱 어찌할 바를 모르고 얼굴은 새파랗게 질려, 쥐구멍이라도 있으면 들어가고 싶은 심정이었다. 그는 마음 속으로 이렇게 생각했다. '삼계에서 가장 높으신 부처님께서 내 앞에 계신데, 나는 똥통을 쏟아 더러운 냄새와 모습을 감출 길 없으니, 나는 그만 죽어버렸으면 좋겠다.'

그리고 니다이는 지금 죽으나 늙고 병들어 이 다음에 죽으나 별다를 바 없을 것이라고 생각하였다. 그때 다른 사람들은 부처님이 구태여 더러운 니다이를 자꾸 따라가시는 것을 의아하게 여겼다. 한 수행자는 이렇게 말했다.

"부처님께서 다른 많은 사람들을 두고 미천한 니다이의 뒤만 쫓고 계신데는 필경 무슨 까닭이 있을 것이다."

그리고는 다음과 같은 게송을 읊었다.

니다이는 공덕의 변신이 아닐까?
부처님께서 이처럼 그의 뒤를 쫓으시는 건
똥통 속에 빠진 구슬을
애써 건지려 하심과 같지 않으랴?

부처님께서는 신분의 높고 낮음을 가리시지 않고
오직 그 사람의 마음만을 보실 뿐이다.
그 사람이 높거나 낮거나 상관하지 않고
훌륭한 가르침을 베푸실 뿐이다.

명의가 병을 잘 고치는 것은
진맥을 잘하고

그 사람의 신분을 가리지 않고
병세에 따라 올바른 처방을 하는 이유다.

부처님께서는 평등한 자비심으로
마음을 진맥하시고
그 사람의 신분을 따지지 않고
마음의 약으로 고민을 씻어 주신다.

　한편 니다이는 도저히 부처님을 피할 수 없자 그 자리에서 얼굴을
가리고 엎드렸다.
　"부처님께서 제게 오셨으나 제 몸은 냄새나고 더럽습니다. 감히 이
런 몸으로 어떻게 부처님을 대할 수 있겠습니까? 바라옵건대, 저를
이곳에서 피할 수 있도록 하여 주십시오."
　니다이의 간절한 말을 들은 부처님은 빙그레 웃으시고는 니다이에
게 다가가 말씀하셨다.
　"니다이여, 그대에겐 누구보다도 착한 마음씨가 있어서 내가 여기
왔노라. 그러니 그대는 마음을 편안히 가지고 나를 피하지 말라. 그대
의 몸이 더럽다고 하지만, 그대의 마음은 가장 착하도다. 거룩한 마음
씨의 향기가 온몸에서 풍기도다. 그러니 자신을 너무 낮추지 말라."
　니다이는 부처님에게 합장하고는 말씀드렸다.
　"부처님을 이처럼 뵈오니 믿음이 저절로 일어납니다. 부처님의 말
씀은 감로수(甘露水)*와 같습니다."
　부처님은 니다이의 마음이 참되고 착하다는 것을 아셨다.
　"니다이여, 그대는 출가하여 나의 제자가 되지 않겠는가?"

---

*감로수/천신들의 음료. 또 하늘에서 내리는 단 이슬이라 하여 감로수라 이름한다. 부처
　님의 교법이 중생을 잘 제도함에 비유하기도 한다.

니다이는 부처님의 말씀을 듣고 기쁨을 감출 수 없었다.

"부처님, 비천한 제 몸은 거룩한 출가의 길에 나서기에 적합하지 않습니다. 그러나 만약 부처님의 제자가 될 수만 있다면, 지옥에 떨어진 사람이 극락에 다시 태어나는 것과 같을 것입니다."

니다이의 기대와 불안을 살피신 부처님은 이렇게 말씀하셨다.

"니다이여, 나는 그 사람이 어떤 신분이거나 가리지 않는다. 다만 그 사람의 행동에 따라 잘잘못을 가릴 뿐이다. 모든 번뇌의 계율을 다하지 않고는 절대 해탈할 수 없다. 생로병사의 고통과 즐거움은 누구나 마찬가지로 겪어야 하는 일이다. 바라문만이 홀로 해탈하는 즐거움을 누리고, 다른 사람은 누릴 수 없다는 그런 일이 어찌 있을 수 있겠는가? 불법의 길은 자비의 마음에 어떤 차별도 없다. 빈부귀천의 구별이 없이 모든 사람을 한결같이 구하고자 하노라."

니다이는 이런 부처님의 말씀을 듣고 출가하여 곧 아라한의 경지에 이르렀다. 그런데 사위성 안의 장자와 바라문들은 이 소식을 듣자 몹시 불쾌하게 생각했다. 그들은 부처님의 가르침을 따르는 것이 자신들 신분만의 특권이라고 생각했던 것이다. 그래서 수행자들을 보고 비난하기 시작했다.

"니다이는 더럽고 냄새나는 똥푸는 인부가 아닌가? 그런 니다이가 출가하여 수행자가 된다는 일은 있을 수도 없다. 만약 공양이라도 할 때 니다이가 온다면, 우리들의 체면이 손상되는 것이다."

이런 여론이 사위성의 국왕에게도 알려졌다. 국왕 역시 니다이의 출가를 못마땅하게 생각하고 있었다.

"내가 직접 부처님을 뵙고 니다이가 출가한 것을 없던 일로 하게 하시라고 말씀드려야겠다."

국왕은 시종들을 거느리고 부처님이 계신 기원정사로 찾아갔다. 국왕이 기원정사에 이르니 똥푸는 옷을 꿰매고 있는 수행자 한 사람이 눈에 띄었다. 그런데 그의 좌우에는 칠백의 범천이 시중들고 있었다.

합장* 공경한 모습으로 실을 잡아주고 있는 범천이 있는가 하면, 바늘에 실을 꿰는 자도 있고, 각각 저마다 그 수행자를 받들고 있었다. 국왕은 그 수행자에게 말했다.

"나는 이 나라의 국왕입니다. 부처님을 뵈오려 하오니 말씀드려 주십시오."

그 수행자는 부처님에게 그 사실을 아뢰고 국왕을 부처님에게로 안내하였다. 국왕은 부처님을 뵙자 예배드리고는 물었다.

"지금 저를 안내하신 스님은 어떤 대덕이십니까? 얼마나 덕이 높으시기에 수많은 범천이 그분을 모시고 시봉하고 있습니까?"

"그는 당신들이 못마땅하게 생각하는 니다이다. 미천한 신분이라고 출가해 수행자가 될 수 없다며 그대들이 떠드는 니다이가 바로 조금 전에 본 그 사람이다."

부처님의 말씀을 들은 국왕이 너무 놀라 땅에 쓰러졌다. 그리고는 자신의 편견과 어리석음을 부끄러워하였다. 부처님은 국왕에게 다음과 같은 게송을 들려 주셨다.

진흙 속에서 푸른 연꽃이 피는 법,
누가 아름다운 연꽃을 보며 진흙을 탓하랴.
사람의 신분도 마찬가지
단지 덕행만이 그 사람을 판단하는 근거가 될 뿐이다.

이런 부처님의 말씀을 들은 국왕은 부처님과 니다이에게 절하고 아무 말 없이 사위성으로 돌아갔다.

《대장엄론》제1

---

*합장 / 두 손바닥을 합하여 마음이 한결같음을 나타내는 인도의 경례 법 중의 하나

살인마 앙굴리마라의 귀의 ● ● ● ●

사위국 파사익왕에게는 지혜롭고 살림도 풍족할 뿐만 아니라, 마음이 어질기로 소문난 대신이 한 사람 있었다. 어느 날 그의 부인은 아주 잘생긴 아들을 낳았다. 아버지가 된 대신은 갓 태어난 아들의 용모가 준수하고 총명한 기색을 보자 몹시 기뻤다. 그는 관상가를 불러 아들의 앞날을 점쳤다. 관상가는 아이의 얼굴과 손금을 자세히 살핀 뒤에 이렇게 말했다.

"이 어린아이는 복과 덕을 누릴 상입니다. 그 총명함이 누구보다 뛰어날 것입니다."

대신은 기뻐하며 좋은 이름을 지어달라고 부탁했다.

"이 아이를 태중에 가졌을 때 무엇인가 벌을 주거나 남을 해친 일은 없습니까?"

대신은 곰곰히 생각해 보더니 대답했다.

"글쎄요. 이 아이의 에미는 그리 부드러운 성품은 아닙니다. 그런데 웬일인지 이 아이를 가지고는 이상하게 성격이 부드러워지고 공손하게 변했습니다. 모든 사람들의 덕을 칭찬하고, 고생하는 이들에겐 자비를 베풀었습니다. 그리고 남의 허물도 말하기를 꺼렸습니다."

"그런 마음은 모두 이 아이의 뜻입니다. 그러니 번뇌가 없다는 뜻으로 무뇌라고 이름하는 것이 좋겠습니다."

무뇌는 사랑에 넘친 부모님의 품안에서 온갖 보살핌을 받으며 부족함없이 자랐다. 그가 청년이 되자 체구가 크고 힘 또한 장사라 혼자서도 천 명의 사람들을 거뜬히 이길 수 있을 것이라고 사람들은 감탄하며 말했다. 그는 항상 산과 들로 다니면서 뭇새와 짐승들을 잡았다. 그런 무뇌의 용맹은 천하에 널리 알려졌다.

그 당시 나라 안에는 모든 학문에 통달하고 덕이 높아 귀족으로부터 아랫사람들에 이르기까지 추앙받는, 5백 명의 제자를 거느린 바라문이 있었다. 무뇌의 아버지는 아들의 교육을 그에게 맡겼다. 바라문은 대신의 뜻을 기꺼이 받아들여 무뇌를 가르쳤다.

무뇌는 자질이 뛰어나 하나를 가르치면 열을 알았다. 그의 총명이 뛰어나고 학문이 깊어갈수록 스승은 무뇌를 더욱 사랑해 자신이 알고 있는 모든 것을 그에게 전해주고자 애를 썼다. 바라문은 그런 무뇌를 자기 그림자처럼 어디를 가든 항상 동반해서 다녔다. 그런 까닭에 다른 제자들도 무뇌를 우러러보며 존경하였다.

그런데 바라문에게는 젊은 아내가 있었다. 그녀는 무뇌의 뛰어난 재주와 아름답고 늠름한 모습을 보면 볼수록 사모의 불길이 불타올랐다. 그렇지만 남편의 제자를 유혹할 수는 없어서 그저 안타까움을 누르고 있을 뿐이었는데, 아무리 애를 써도 무뇌에 대한 감정은 사그러들 줄 몰랐다. 그녀는 자기의 마음을 고백하려 해도 항상 남편인 바라문이 그림자처럼 무뇌와 함께 있어 뜻을 이룰 수 없었다. 하루는 바라문을 따르는 신도들이 찾아와 스승과 제자들을 초청했다. 바라문은 이를 승낙하고, 아내에게 말했다.

"그대도 들은 것처럼 나는 신도들의 초청을 받아 제자들과 함께 3개월 정도 집을 떠나야 할 것이다. 그대는 혼자 남아 살림을 잘 꾸리도록 하라."

아내는 마음 속으로 생각하는 바가 있어 기뻤다.

"거절하기 힘든 초청이라 필히 가셔야 하는 건 알지만, 이 큰 살림을 저 혼자서는 감당할 수 없습니다. 그러니 믿을 수 있는 무뇌를 남겨두고 떠나십시오. 그와 함께 의논해 모든 일을 처리하겠습니다."

바라문은 아내의 말이 옳다고 생각했다. 그래서 무뇌를 불렀다.

"너도 알다시피 나는 다른 제자들과 집을 비워야만 하겠다. 그러나 너는 이 집에 남아서 나 대신 모든 일을 처리해 다오."

무뇌는 스승의 말에 따라 혼자 집에 남았다. 바라문이 다른 제자들을 데리고 집을 떠나자 그의 아내는 자신의 계략이 성공해 쾌재를 불렀다. 그녀는 짙은 화장을 하고, 유혹적인 몸짓으로 무뇌의 방을 찾아갔다. 그리고는 그를 유혹하려고 애를 썼지만, 무뇌는 스승의 아내에게 냉담한 태도만을 보였다. 그의 마음에는 조금도 동요가 없었다. 차마 내놓고 말은 하지 못하고 그저 몸짓으로 무뇌를 유혹하고자 했던 바라문의 아내는 그녀의 목적을 이룰 수 없었다. 그녀는 더욱더 맹렬해지는 욕정의 불길을 다스릴 수 없어 며칠 동안이나 망설이다가 어느 날 밤 무뇌의 방으로 찾아갔다.

"무뇌여, 나는 지금까지 몇 번이나 그대에게 고백하려고 했지만 차마 입을 열 수가 없었다. 나는 그대를 진정 사랑하고 있다. 그래서 궁리 끝에 너만 혼자 이 집에 남게 한 것이다. 무뇌여, 내 사랑을 저버리지 말아다오."

이렇게 말하며 그녀는 무뇌에게 다가갔다. 그러나 무뇌는 그녀의 손을 뿌리치고 의연하게 말했다.

"스승의 아내와 음란한 짓을 할 수는 없습니다. 그런 일은 도리에 어긋나는 일입니다. 설령 죽는 한이 있더라도 내가 배운 모든 가르침을 무너뜨리는 불륜의 죄를 범할 수는 없습니다."

바라문의 아내는 이 말을 듣자 부끄럽기도 하나 원망스러운 마음이 더 강하게 들었다. 그녀는 분한 마음을 누르고 그대로 그 방을 나와 며칠을 보냈다. 드디어 예정된 날이 지나 바라문이 돌아올 때가 되었다. 그녀는 남편이 돌아올 즈음, 자기 손으로 자기 옷을 찢고 얼굴에다 상처를 낸 험한 몰골로 땅바닥에 엎드려 통곡하면서 바라문을 맞앗다. 집으로 들어오던 바라문은 아내의 모습을 보자 깜짝 놀랐다.

"아니 이게 무슨 일인가?"

바라문이 물어도 그녀는 더욱 구슬프게 울기만 했다.

"무슨 일이 일어났기에 이런 모습인가? 대답하지도 않고 울기만 하니 정말 답답하구나."

바라문이 역정을 내자 그녀는 울면서 말했다.

"당신이 그렇게 애지중지하던 제자 무뇌가 나를 범하고 능욕하려 했습니다. 내가 그의 뜻을 받아들이지 않자, 이렇게 내 옷을 찢고 주먹으로 쳐서 폭행했습니다."

이 말을 들은 바라문은 분노를 누를 길이 없었다. 그는 억지로 숨을 돌리며 울고 있는 아내를 달랬다.

"울지 마라. 내가 꼭 보복하리라. 그렇지만 그는 천 명을 혼자서도 능히 감당할 만큼 힘이 세고, 막강한 권력을 가진 대신의 외아들이니 함부로 손을 댈 수는 없다. 그러나 내 무슨 방법을 쓰더라도 이 분함을 풀고 말리라."

바라문은 아내를 위로하고 무뇌에게 복수할 방법을 궁리했다. 그리고는 무뇌를 불렀다.

"내가 없는 동안 참으로 고생이 많았다. 너의 노고를 치하하기 위해 내가 이제까지 누구에게도 전하지 않았던 비법을 너에게만 특별히 전수하려 하노라. 내 말만 그대로 따른다면, 너는 바로 범천(梵天)*에 태어날 수 있을 것이다."

무뇌는 스승의 말에 음흉한 복수의 칼날이 숨어 있으리라곤 짐작조차 할 수 없었다. 그는 자애스럽게만 들리는 스승의 말에 감격해 무릎을 꿇고서 물었다.

---

*범천/색계(色界) 초선천(初禪天)의 주(主)인 범천왕. 색계 초선천은 욕계의 음욕을 여의어서 항상 깨끗하고 조용하다고 한다.

"스승이시여, 어떤 일이든지 시키는 대로 하겠습니다. 그 비법은 대체 어떤 일입니까?"

바라문은 천천히 입을 열었다.

"이것은 누구에게도 말해 본 적이 없는 비법 중의 비법이다. 앞으로 이레 안에 천 명의 사람을 죽여 그 손가락을 하나씩 잘라낸 뒤 천 개의 손가락으로 머리에 쓰는 관을 만드는 일이다. 그러면 범천은 너의 행동을 갸륵하게 여겨 직접 보러 내려올 것이다. 그런 다음 너는 죽은 후 범천에 태어나리라."

너무나 뜻밖의 말을 스승으로부터 들었기에 무뇌의 마음 속에서 의혹이 일어났다.

"사람을 죽이는 일은 나쁜 일이 아닙니까? 그렇게 해서 범천에 태어난다는 말은 믿을 수가 없습니다."

그러자 바라문은 소리쳤다.

"너는 내 말을 충실하게 따르는 제자가 아니냐? 스승의 말을 믿지 않으면서 어떻게 제자라고 할 수 있느냐? 만약 믿을 수 없다면, 지금이라도 당장 너를 제자로 여기지 않을테니 썩 물러가라."

바라문은 무뇌를 향해 크게 호통을 치면서 주문을 외웠다. 그리고는 칼을 땅에다 꽂았다. 그러자 갑자기 선량한 마음에 사악한 불길이 활활 타올랐다. 바라문은 무뇌에게 악한 마음이 이는 것을 느꼈다. 그는 아무말 없이 땅에 꽂은 칼을 뽑아서 무뇌의 손에 건네주었다. 무뇌는 그 순간 거의 무의식적으로 칼을 받아들고 대문 밖으로 뛰쳐나갔다. 눈에는 붉게 핏발이 서서 마치 아귀 나찰처럼 무시무시한 형상이었다. 머리칼은 산발하고 미친 사람처럼 날뛰며 성 안에 발을 들여 놓자 눈에 보이는 대로 남녀노소를 가리지 않고 사람들을 죽이고, 그 손가락을 하나씩 잘라 실에 꿰었다. 마음 착하고 총명해 장래가 촉망되던 청년 무뇌가 하루 아침에 살인마로 돌변하여 나타나자 사람들은 놀라고 두려워 떨었다. 그리고 그의 칼에 자신들도 죽임을 당할

까봐 겁내 일체 집 밖에 나오지 않아 성 안의 거리는 인적이 끊어져 한적해졌다.

무뇌에게는 앙굴리마라, 즉 손가락을 자르는 사람이란 별명이 이름처럼 붙었다. 앙굴리마라는 이레 동안 거리를 헤매며 사람들을 죽이고 그 손가락을 잘라 마치 목걸이처럼 팔과 목에 두르고 다녔다. 그의 칼날 아래 죽어간 사람들은 이미 999명이었다. 스승인 바라문이 말한 천 명에는 단 한 사람이 모자랐으나, 그 마지막 한 명은 어디에 가도 발견할 수 없었다. 아들인 무뇌가 사람들을 거침없이 죽이는 앙굴리마라로 변했다는 소식을 들은 그의 어머니는 걱정스럽기 짝이 없었다. 그러면서도 이레가 넘도록 밥도 제대로 못먹고 길거리를 헤매는 게 마음에 걸려 견딜 수 없었다. 그래서 하인들을 시켜 음식을 보내려 했으나, 하인들은 모두 무서워하며 아들에게 가려고 하지 않았다. 무뇌의 어머니는 자신이 손수 음식을 싸들고 아들을 찾아갔다. 그러나 무뇌, 이젠 이름마저 앙굴리마라로 변한 살인마는 자신의 어머니를 보고 칼을 빼들고 치려 했다. 이 모습을 본 무뇌의 어머니는 비탄에 잠겨 말했다.

"아아 내 아들아, 네가 어떡하다가 이렇게 되었느냐? 이젠 어미도 알아보지 못하고, 나를 향해 칼을 빼들다니…"

그녀는 울면서 소리쳤다. 그 말을 들은 무뇌는 담담하게 말했다.

"이레 동안 천 명을 죽여 그 손가락으로 목걸이를 만들어 걸면 하늘에 태어난다고 스승은 말씀하셨습니다. 그래서 나는 지금까지 모두 닥치는 대로 사람을 죽였지만, 999명에 이를 뿐이었습니다. 이제 단 한 사람의 목숨만 빼앗으면 모든 소원이 이루어지는 것입니다. 그러니 아무리 어머니라 해도 죽일 수밖에 없습니다."

"내 아들아, 그렇다면 내 손가락만 끊어도 되지 않겠느냐? 사람을 죽이는 일은 어마어마한 죄를 짓는 일이다."

삿된 가르침을 받아 사람을 죽이는 살인마가 된 아들일지라도, 그의 어머니는 그 아들의 소원을 이루어주기 위해 자신의 손가락쯤은 아랑곳하지 않고 이렇게 말했다. 가엾은 운명의 두 모자가 길에서 이렇게 실랑이하고 있을 때, 부처님은 이 광경을 모두 보셨다. 그리고는 앙굴리마라 모자가 있는 곳을 향해 발걸음을 옮기셨다. 그러나 많은 제자들이 부처님을 만류했다.

"부처님, 그리 가셔서는 안됩니다. 앙굴리마라는 지금 제 정신이 아닙니다. 자기 어머니마저도 죽이려 하고 있습니다."

그러나 부처님은 아랑곳하지 않고 이렇게 말씀하셨다.

"아무리 흉악무도한 도적, 살인마일지라도 나는 그를 위해 가르침을 펴리라."

부처님이 자신을 향해 다가오는 모습을 본 앙굴리마라는 실랑이하던 자신의 어머니를 밀쳐 버리고 부처님을 향해 칼을 휘두르며 달려왔다. 그러나 아무리 애를 써도 부처님과 앙굴리마라 사이의 간격은 좁혀지지 않았다. 앙굴리마라가 달리는 힘으로 따지자면, 강이라도 건너고 산이라도 한달음에 뛰어 넘을 것 같은 기세였으나, 참으로 이상한 일이었다. 그는 하는 수 없어 소리쳤다.

"잠깐 게 섰거라."

부처님은 앙굴리마라의 이 말을 듣고 이렇게 대답하셨다.

"나는 이렇게 머무는데, 머물지 못하는 것은 네 자신이다."

앙굴리마라는 게송으로 노래했다.

저 수행자는 걸어오면서 머문다고 말한다.
그러면서도 나를 보고 머물지 못한다고 타이르네.
자신은 머물지만 나는 머무를 수 없다니
수행자여, 그 뜻을 내게 일러 주소서.

그러자 부처님도 게송으로 답하셨다.

삿된 가르침을 받아 살인마가 된
앙굴리마라는 자기 어머니마저도 죽이려
했다. 부처님이 자신을 향해 다가오자 성난
앙굴리마라는 부처님을 향해 칼을 휘두르며 달려
왔다. 그러나 아무리 애를 써도 부처님과
앙굴리마라 사이의 간격은 좁혀지지 않았다.

깨달은 자는 언제나 스스로 머무는 법,
일체가 모두 그 은혜를 찬탄한다.
너는 지금 너 자신 마저도 죽이고자 하는 마음으로
어떤 악한 짓도 마다하지 않는구나.

앙굴리마라는 이 게송을 듣자 그간의 지옥처럼 불타던 마음이 구름처럼 흩어졌다. 그는 갑자기 마음이 홀연 밝아져 모든 잘못을 뉘우치고 손에 들었던 칼과 사람을 죽여 만든 손가락 목걸이를 멀리 내던졌다. 그는 마음 속에 가리워져 있던 본래의 어질고 착한 마음이 드러나 부처님에게 눈물 흘리며 엎드려 절했다.

"부처님, 제가 지은 모든 죄를 용서하시고, 불쌍히 여기사 제게도 올바른 가르침을 일러 주십시오."

그의 애원을 들은 부처님은 이렇게 말씀하셨다.

"착하도다, 무뇌여. 이제 어질던 네 마음이 다시 돌아왔구나."

부처님이 이렇게 말씀하시자 갑자기 앙굴리마라의 머리카락이 떨어지고 그에게 저절로 가사가 입혀졌다. 바라문 스승의 그릇된 가르침에 빠져 많은 사람들을 죽이고, 이름마저도 앙굴리마라로 바뀌어 악명을 떨치던 무뇌는 바로 그 순간부터 참다운 부처님의 제자가 되었다. 부처님이 그를 위해 거듭 가르침을 설하셨다. 본디 천성이 총명한 무뇌는 깨달음을 얻는 속도도 빨라 이내 아라한의 경지에 이르렀다. 부처님은 그와 함께 기타 숲으로 돌아오셨다.

그 당시 나라 안의 모든 사람들이나 짐승들은 앙굴리마라의 만행에 두렵고 놀라 제 할 일을 하지 못하고, 새끼를 밴 것은 생산조차 못하고 있었다. 그 중에 코끼리 한 마리도 마찬가지였다. 새끼를 밴 어미 코끼리가 공포 때문에 새끼를 낳지 못하고 부처님이 돌아오시던 그때까지 몹시 고통스러워하고 있었다. 부처님은 무뇌를 불렀다.

"너는 빨리 저 코끼리에게 다가가 네가 태어나서부터 지금까지 한 사람도 죽인 일이 없다고 말하여라."

"부처님, 저는 제정신이 나가 지금까지 참으로 많은 사람들을 죽였습니다. 그런데 어떻게 한 사람도 죽이지 않았다는 거짓말을 할 수 있겠습니까?"

"그렇지 않다. 무뇌여, 나는 네가 우리 법에 들어와 올바른 믿음을 갖고, 삼보에 귀의하고 난 다음부터의 일을 말하는 것이다."

무뇌는 이 말씀을 듣자 부처님 말씀대로 코끼리에게 다가가 그렇게 말했다. 그러자 코끼리는 곧 새끼를 무사히 분만했다. 한편, 무뇌가 갑자기 미쳐 날뛰며 많은 사람들을 무고하게 죽인다는 소식을 들은 파사익왕은 그를 잡으려고 출동했다. 그러나 벌써 부처님을 따라 기타 숲으로 갔다는 말을 듣고 부처님을 뵈러 왔다. 부처님은 파사익왕에게 물었다.

"대왕은 어떤 일로 많은 군사를 이끌고 왔습니까?"

"부처님, 저는 무뇌가 많은 백성들을 두렵게 하고 함부로 살해한다는 말을 들었습니다. 그래서 그를 잡으러 온 것입니다."

"대왕이시여, 무뇌는 지금 내게 귀의하여 개미 한 마리도 죽이지 않는 수행자가 되었소. 하물며 이제 사람들을 함부로 죽이는 일은 절대 없을 것입니다. 그는 이미 아라한의 경지에 이르러 모든 악행의 흔적을 버리고 말았습니다. 지금 그는 방 안에 있으니, 궁금하다면 한번 들여다 보십시오."

파사익왕은 살인마 앙굴리마라라고 비난받던 무뇌가 과연 어떤 수행자의 모습을 하고 있는지 궁금해 무뇌가 있다는 방으로 갔다. 방으로 가까이 가자 방안에 있는 무뇌의 기척이 들렸다. 그 소리를 듣고 왕은 갑자기 두려운 마음이 들어 그만 기절하고 말았다. 무뇌가 그 사실을 알고 나와 왕을 부축해 일으켰다. 얼마 후 정신을 차린 파사익왕은 부처님에게서 무뇌의 과거세 인연에 대한 여러가지 이야기를 들었다. 《현우경》제11

바보 주리반특가의 깨달음 ● ● ● ●

실라벌성(室羅筏城)*에 한 바라문이 살고 있었다. 그의 아내는 여러 번 아이를 가졌으나, 웬일인지 아이를 낳을 때마다 사산이 되고 말았다. 얼마 뒤에 다시 그의 아내가 아이를 가졌다. 남편인 바라문은 아이를 낳을 때마다 사산이 되니, 자식을 가질 수 없을까봐 걱정이 태산 같았다. 그는 시름에 잠겨 초췌한 모습으로 고민하고 있었다. 그 모습을 본 이웃의 노파가 바라문을 보고 말했다.

"바라문이여, 무슨 걱정이 그리 많아 시름에 잠겨 있습니까?"

그러자 바라문은 대답했다.

"실은 우리 집사람이 몸이 약해 그런지 지금까지 몇 번씩 사산을 하였습니다. 지금도 아이를 가졌는데 낳을 기약이 없으니, 태어나 곧 죽을 자식이라면 차라리 낳지 않음만 못하다는 생각이 들어 슬퍼하고 있는 것입니다."

노파는 이 말을 듣고 이렇게 말했다.

"바라문이여, 이번에 해산을 할 때는 꼭 저를 불러 주십시오."

바라문은 그런다고 대답했다. 노파가 그 말을 한 뒤 며칠 지나지 않아 바라문의 아내는 진통이 왔다. 남편인 바라문은 곧 이웃의 노파

---

*실라벌성 /중인도 교살라국의 도성(都城). 사위(舍衛)로 번역하기도 한다. 삼국시대에 신라(新羅)라는 국명은 여기서 옮겨온 것이다.

에게 알렸다. 노파가 해산구완을 하는 가운데 사내아이가 태어났다. 노파는 갓난아이를 깨끗하게 씻은 뒤, 하얀 모단으로 쌌다. 그리고는 하녀를 불러서 이렇게 말했다.

"너는 이 아이를 안고 사람이 많이 지나다니는 네거리로 가거라. 그곳에서 부처님 제자들이나 바라문을 만나면 공손히 인사드린 다음, 이렇게 말하라. '이 아이에게 성자의 발을 예배드리게 해 주십시오.' 그리고는 날이 저물어도 아이가 살아 있으면, 아이를 곱게 집에 데리고 오라. 만약 날이 저물기도 전에 아이가 죽는다면, 그때는 아무데나 버리고 오라."

하녀는 노파가 시키는 대로 아이를 받아들고 번화한 네거리로 나갔다. 그 길에는 하늘에 제사를 드리기 위해 지나가는 바라문들이 많이 있었다. 하녀는 노파의 말대로 그들을 볼 때마다 이렇게 말했다.

"성자님, 이 아이에게 성자의 발에 예배드리게 해 주십시오."

그리고는 갓난아이를 내밀었다. 이 모습을 본 바라문들은 모두 이렇게 축원했다.

"이 아이를 건강하고 오래 살도록 하늘의 모든 신들은 지켜 주십시오. 그 부모의 소원을 이루어 주십시오."

그리고 부처님의 제자들이 오면 그들 역시 바라문들처럼 축원을 해 주고 지나갔다. 한나절이 지나 해가 기울어 갈 즈음이었다. 해가 환한 대낮이었는데 부처님이 실라벌성 쪽으로 탁발하러 그 길을 지나실 때였다. 하녀는 부처님을 보자 온 몸을 던져 이렇게 간청했다.

"부처님, 이 갓난아이를 부처님 발에다 예배드리게 해 주십시오."

그러자 부처님은 마음 속으로 이렇게 그 아이를 위해 비셨다. '바라건대 모든 하늘의 신들이 돌보아 이 어린아이를 무병하고 장수하게 하여, 그 부모들이 슬퍼하는 일이 없도록 하라.' 하녀는 해가 기울어 날이 저물도록 노파가 시킨 대로 충실하게 아이의 축원을 빌었다. 그리고 아이를 보았더니, 아이는 아직 살아 있었다. 하녀는 불면 꺼질

세라 아이를 귀중하게 안고 집으로 돌아왔다. 그 모습을 본 집안의 모든 사람들은 다급하게 물었다.

"갓난아이가 아직 살아 있느냐?"

"그럼요. 살아 있습니다. 지금은 쌔근쌔근 잠들었을 뿐입니다."

이 말을 들은 아이의 부모는 하늘로 날아갈 듯 기뻐했다.

"대체 너는 이 아이를 데리고 어디로 갔었느냐?"

하녀는 자기가 행한 대로 대답했다. 부모들은 그 말을 듣고 친척들을 한자리에 불러 모아 큰 잔치를 벌였다. 바라문은 겨우 목숨을 건진 아들을 마하반특가라고 불렀다. 그 뜻은 길거리에 버렸다는 뜻이었다. 마하반특가는 별탈없이 자라 용모 또한 단정했다. 뿐만 아니라 모든 학문에도 뛰어난 기량을 보여 그 부모의 마음을 흡족하게 했다. 아버지인 바라문 역시 모든 학문에 통달해 마음먹기만 하면 언제라도 그 문하에 5백 명이 넘는 제자들을 거느릴 만한 사람이었다.

그는 마하반특가를 낳은 뒤에 다시 아들을 낳았다. 둘째 아이를 낳자 마하반특가를 낳았을 때처럼 하녀를 시켜 큰 길 네거리에 나가 수행자들의 축원을 받아오라 일렀다. 그러나 그 하녀는 게을러 자신이 가기 쉬운 가까운 골목길에 서 있다가 해가 지자 집으로 다시 돌아왔다. 바라문은 작은 아이가 큰 길에 나아가지 못하고 돌아온 것을 알고 주리반특가라고 이름하였다. 주리반특가는 매우 미련해 무엇을 가르쳐도 제대로 하나 아는 것이 없었다. 그러나 세월은 흘러 바라문 부부는 마침내 세상을 떠나고 마하반특가와 주리반특가, 이 두 형제는 부처님께 귀의하여 수행자가 되었다. 하루는 마하반특가가 아우 주리반특가에게 말했다.

"이 어리석은 놈아, 너처럼 미련퉁이는 세상에 다시 없을 게다. 너는 여기 있어도 아무 소용이 없으니 빨리 집으로 돌아가 버려라."

형 마하반특가의 이런 꾸짖음을 들은 주리반특가는 한 구석에서 훌쩍거리며 울었다. '이제 나는 수행을 할 수도 없고, 그렇다고 돌아갈 집도 없는 몸이다. 갈 데조차 없는 참으로 난감한 몸이구나.' 그때 부처님은 마하반특가가 있는 곳으로 오시다 울고 있는 주리반특가를 보셨다.

"너는 왜 방 밖에 나와 울고 있느냐?"

그러자 주리반특가는 더욱 흐느껴 울면서 대답했다.

"부처님, 저는 지혜롭지도 못하고 무엇하나 제대로 하는 게 없는 불쌍한 미련퉁이입니다. 그래서 지금 형에게 쫓겨났습니다."

주리반특가는 형에게 쫓겨난 사유를 부처님에게 말씀드렸다.

"주리반특가여, 네 형 마하반특가는 내 문하에서 수행하여 이제 깨달음의 길에 접어들었다. 그러니 너도 실망하지 말고 다시 한번 내 말을 믿고 수행해 봄이 어떠냐?"

그러자 주리반특가는 이렇게 사양했다.

"부처님, 저처럼 바보같은 사람은 이 세상에 다시 없을 것입니다. 이런 제가 어떻게 거룩한 부처님의 가르침을 받들 수 있으며, 그 심오한 뜻을 헤아려 깨달음의 길에 이를 수 있겠습니까?"

그러자 부처님은 주리반특가에게 이런 게송을 들려 주셨다.

어리석은 사람이 스스로를 어리석다 말하면
이런 사람이 바로 지혜로운 사람이다.
그러나 어리석으면서도 스스로를 지혜롭다고 말하면
이런 사람이 바로 어리석은 사람이다.

그리고는 부처님이 아난 존자를 불러 주리반특가를 특별히 가르치라고 말씀하셨다. 그러나 아난 존자가 아무리 애를 쓰고 주리반특가를 가르쳐도 그는 아난 존자가 말하는 내용을 제대로 이해하지 못했다. 아난 존자는 가르치다 못해 부처님에게 더는 주리반특가를 가르칠 수 없다고 말씀드렸다. 부처님은 아난 존자의 말을 듣고 주리반특가를 부르셨다. 그리고는 이런 글귀를 부지런히 외우라고 그에게 이르셨다.

"내 먼지는 내가 털고 내게 묻은 때는 내가 깨끗이 한다."

그러나 주리반특가는 이 두 구절도 기억하기 힘들었다. 그 모습을 본 부처님은 그의 어려움을 덜어 주고자 이렇게 말씀하셨다.

"너는 다른 수행자들의 신발을 닦을 수 있느냐?"

그러자 주리반특가는 대답했다.

"부처님, 그 일은 할 수 있습니다."

"그렇다면 지금부터 다른 수행자들의 신발을 닦도록 하라."

그러나 다른 제자들은 주리반특가가 이런 일 하는 것을 달가워하지 않았다. 그러자 부처님이 다른 제자들에게 말씀하셨다.

"너희들은 주리반특가의 수행을 방해하지 말라. 그는 그 일로 자신을 닦는다. 부디 그가 다른 사람들의 신발을 닦을 때, 앞에서 내가 말한 게송을 들려 주도록 하라. 그 말씀을 들은 제자들은 비로소 부처님이 주리반특가에게 그 일을 시킨 깊은 뜻을 알았다. 그래서 주리반특가가 신발을 닦을 때면 앞에서 부처님이 이르신 두 구절의 짧은 게송을 그에게 되풀이 해 들려 주곤 했다. 그 일이 거듭되자 이제 주리반특가도 혼자서 그 게송을 기억할 수 있었다.

어느 날 밤 주리반특가는 혼자 생각했다. '부처님께선 내게 두 구절의 게송을 일러 주셨다. 먼지를 털고 때를 깨끗이 한다. 이 게송의 뜻은 무엇일까? 먼지와 때는 두 가지가 있는데, 말하자면 하나는 안이요, 하나는 밖이다. 바깥의 때는 저 흙이나 모래·자갈에서 일어나는 먼지같은 것이다. 그렇다면 내 몸 안에는 또 어떤 먼지와 때가 있을까? 그건 바로 번뇌가 아닐까? 이 번뇌라는 먼지를 나는 이제 지혜로써 깨끗하게 털고 씻어야 하는 것이다.'

주리반특가의 생각은 여기까지 미쳤다. 그는 그 순간 갑자기 눈 앞이 환해지며 깨달음을 얻었다. 그러면서 그는 지금까지 전혀 알지도 못하고 이해할 수도 없었던 갖가지 부처님의 가르침이 환히 이해되었다. '결국 먼지라는 것은 모든 욕망으로부터 비롯되는 것이다. 눈에 보이는 먼지만이 더러운 것이 아니다. 지혜로운 사람은 먼저 이 욕망의 뿌리부터 다스려야 하지 않을까? 만약 그렇지 못하면 그는 부끄러움도 모르고 자기 마음이나 욕망이 날뛰는 대로 살아갈 것이다. 티끌은 욕심 가득하고, 때없이 화내고 어리석은 거친 마음을 뜻하는 거다. 진정 지혜로운 사람은 자신의 마음이 이런 더러움에 물들지 않도록 할 것이다.'

고요하게 선정에 든 주리반특가는 이런 생각을 밝혀 드디어 깨달음의 경지를 열었다. 그는 곧 아라한의 경지에 이르러 모든 어리석음을 떨쳐 버리게 되었다.

《율장》 제31

버리면 두렵지 않다 • • • •

카필라성 석가족(釋迦族)*의 귀공자들은 부처님을 따라 차례로 출가하여 수행의 길에 접어 들었다. 석가족의 아들 중에는 아나율과 마하남이란 형제가 있었다. 그들의 어머니는 아들 사랑이 지극해 그들이 잠시라도 자신의 품에서 벗어나는 것을 싫어했다. 그래서 봄·여름·가을·겨울 이렇게 계절마다 지낼 수 있게끔 별궁을 지어 많은 시녀들을 두고, 향락적인 생활을 하게 했다. 그러던 어느 날 동생 마하남이 형 아나율에게 물었다.

"형님, 지금 석가족의 남자들은 부처님을 따라 모두 출가의 길에 나섰습니다. 그들은 모두 굳은 신앙생활을 하고 있습니다. 그런데 우리 집안에서는 아직 한 사람도 출가하지 않았습니다. 만약 형님이 집안을 계승하시겠다면, 저는 모든 일을 형님께 믿고 맡기고 출가할까 합니다. 그러나 만약 형님께서 집안을 계승하실 뜻이 없다면 그일은 제가 맡을 터이니 출가하십시오."

아나율은 대답했다.

"나는 출가할 수 없으니 네가 출가하라."

마하남이 몇 번 다시 이야기했으나 형 아나율은 자신이 출가하는

---

* 석가족 / 고대인도의 한 종족의 이름. 석가모니는 석가족의 성자(聖者)라는 뜻으로 부처님을 가리킨다.

일은 거절했다. 마하남은 다시 말했다.

"만약 형님이 출가하지 않겠다면 저는 형님께 부탁을 하나 하고자 합니다. 어떻게 하든지 부리는 사람들을 시켜 집 안팎을 깨끗하게 수리해 주십시오. 그리고 많은 사람들을 사귀고 왕궁에 드나드실 때도 법식대로 위엄과 예절을 잘 지켜 주십시오."

아나율은 말을 듣다가 역정을 내며 말했다.

"왜 그렇게 말이 많은가? 내게 그런 지시는 필요없다. 나는 그저 지금처럼 놀고 지내고 싶을 뿐이다. 집안을 계승하는 일이 그렇게 번거롭다면, 차라리 가업은 네가 상속받아라. 내가 부처님을 따라 출가하겠다."

그러자 마하남은 말했다.

"그렇다면 어머니의 허락을 받아 오십시오."

아나율은 그래서 어머니에게 갔다.

"어머니, 제 말을 잘 들어 주십시오. 석가족의 아들 중 출가하지 않은 이는 거의 없습니다. 다만 우리 집에서만은 형제들 중 한 사람도 출가하지 않았습니다. 그래서 이번 기회에 제가 출가하고자 합니다. 출가를 허락해 주십시오."

그 어머니는 아들이 출가하는 것을 허락하지 않았다. 그러나 아나율의 뜻은 변함이 없었다. '어떻게 해야 아나율의 출가를 막을 수 있는가?' 그 어머니는 궁리 끝에 하나의 묘안을 생각했다.

"만약 발제의 어머니가 출가를 허락해 그 아들이 출가한다면, 나도 너의 출가를 허락하겠다."

아나율은 이 말을 듣자 바로 발제의 집으로 찾아갔다. 그러나 발제는 아나율의 뜻을 거절했다.

"발제여, 석가족의 아들들은 거의 모두 부처님을 따라서 출가했다. 출가하지 않은 것은 너와 우리 집안 형제 뿐이다. 함께 출가하지 않겠는가?"

그러나 발제는 아나율의 뜻을 거절했다.

"나는 출가하여 수도할 수 없다. 출가하려면 너나 하려므나."

아나율이 몇 번이나 권유했으나 발제의 거절은 완강했다. 그래서 아나율은 이렇게 말했다.

"너는 그렇다면 네 뜻대로 하라. 하지만 네가 출가하지 않는다면 나도 출가할 수 없다."

그 말을 들은 발제는 무슨 까닭이 있느냐고 물었다.

"발제여, 내가 출가의 뜻을 밝히자 우리 어머니는 네가 출가한다면 그때 가서야 나의 출가를 허락하겠노라고 말씀하셨다. 그러니 만약 네가 출가하지 않겠다면, 나 역시 출가할 수 없다."

이 말을 들은 발제는 마음이 변했다.

"그렇다면 나도 출가하겠다. 잠깐만 기다려 다오. 나도 우리 어머니에게 허락을 받고 오겠다."

발제는 그 어머니에게 나아가 이렇게 말했다.

"어머니, 석가족의 아들들은 모두 부처님을 따라 출가했습니다. 다만 우리 집안에선 아직까지 출가한 사람이 없습니다. 제가 출가하는 것을 어머니께선 허락해 주십시오."

그러나 발제의 어머니 역시 아들의 출가를 허락하지 않았다.

"발제야, 너는 나의 외아들이다. 나는 너와 떨어져서는 잠시도 견딜 수 없다. 무슨 아쉬움이 있어 너는 출가하려고 하느냐? 나는 죽어도 너와 헤어져서는 살 수 없다."

발제는 몇 번이나 어머니에게 출가의 허락을 구했으나 그 어머니는 끝내 허락하지 않았다. 그러나 아들의 뜻이 굳은 것을 보고 하나의 방법을 생각해 냈다.

"발제야. 만약 아나율이 자기 어머니에게 출가해도 좋다는 승낙을 받는다면, 나도 너의 출가를 허락하겠다."

발제는 기뻐하면서 아나율에게 와서 그 이야기를 했다.

"우리 어머니는 나의 출가를 허락했다. 그러나 한 가지 조건이 있다. 그래서 지금 당장은 출가 수행을 할 수는 없다. 적어도 한 7년 동안 집에 그대로 있으면서 마음껏 즐거운 생활을 누린 다음 출가하도록 하자."

그러나 아나율은 고개를 저었다.

"7년은 너무 긴 세월이다. 사람의 생명이란 무상한 것이다."

"7년이 너무 길다면, 6년·5년이라도, 아니 단 1년이라도 집에서 조금만 더 즐거운 생활을 하고 난 다음 수행자가 되는 것은 어떤가?"

"1년도 긴 세월이다. 나는 그렇게 기다릴 수 없다. 사람의 목숨은 무상하다."

"1년이 길다면 단 몇 개월이라도…"

"친구여, 나는 그럴 시간이 없다."

그러자 발제는 다시 간절하게 아나율에게 말했다.

"아나율, 정 그렇다면 우리 단 7일 동안 만이라도 마음껏 세속의 생활을 누린 다음 출가의 길로 나서자."

너무도 간절한 발제의 말에 아나율은 하는 수 없이 승낙했다.

"그러면 좋다. 7일이 지난 다음에 출가하도록 하자. 그러나 7일이 지나도 출가를 미루겠다면 나는 혼자 출가하겠다."

이렇게 해서 그들은 7일 동안 마음껏 환락에 빠졌다. 마침내 약속한 7일이 지나자 아나율과 발제, 그밖에 난제·금비라·난타·발난타·아난타·제바닷타 등 많은 석가족 아들들은 이발사 우팔리를 데리고 카필라성을 나왔다. 깨끗하게 목욕을 하고 몸에는 좋은 향을 바르고, 진주·영락으로 아름답게 단장한 그들의 모습을 본 사람들은 서로 수군거렸다.

"저 사람들은 오늘도 저렇게 아름답게 꾸미고 화원으로 놀러가는 구나."

그들은 국경까지 오자 타고온 코끼리에서 내렸다. 그리고는 비단옷과 장식물을 벗고, 코끼리에다 걸쳐 우팔리에게 주었다.

"너는 그동안 우리들의 시중을 잘 들어 주었다. 이제 우리는 출가의 길에 나선다. 이 옷과 보물들, 코끼리는 네가 가지고 앞으로 살아가는 데 필요한 밑천으로 삼아라."

그들은 아누이미니국으로 떠났다. 뒤에 남은 우팔리는 곰곰이 생각했다. '나는 이제껏 저 사람들에게 의지해서 살아왔는데, 이제 저들은 나를 남겨두고 부처님을 따라 출가했다. 나도 저 사람들을 따라 출가하겠다. 저 사람들이 도를 이루면 나도 깨달음을 얻어 도를 이룰 것이다.' 우팔리는 귀족의 아들들이 준 옷과 보물을 싸서 높은 나뭇가지에 걸쳐 두었다. 그리고 코끼리는 풀밭에다 자유롭게 풀어 둔 채 이렇게 마음먹었다. '누구든지 이것을 보는 사람들은 마음대로 가지라.'

그리고는 석가족 청년들의 뒤를 따라 출가의 길에 나섰다. 이렇게 석가족 청년들과 우팔리, 모두 아홉 명이 부처님 계신 곳으로 찾아갔다. 그들은 부처님 발에 절하고 한쪽에 물러앉아 부처님에게 여쭈었다.

"부처님, 우리들의 부모는 출가를 허락했습니다. 바라옵건대 출가를 허락해 주십시오. 우리들의 출가를 허락하신다면 우선 저 우팔리를 먼저 제도해 주십시오. 그 이유는 저희들이 아직도 교만한 마음을 다 버리지 못하고 있기 때문입니다. 이 교만한 마음을 없애기 위해서라도 우팔리를 먼저 부처님의 제자로 받아들여 주십시오."

그래서 부처님께서 우팔리를 교단에 귀의시켰고 다음에 아나율·발제·난제 등 석가족 청년들을 차례로 귀의시켰다. 그리고는 계를 주어 9인의 상좌를 만들었다. 부처님이 그들을 제도하신 뒤 점파국으로 갔다. 9인의 석가족 출신 수행자들도 부처님을 따라서 그 나라에 갔다. 그들은 부처님의 가르침을 받들어 모두 깨달음을 얻었다. 하루는 발제가 홀로 숲속에 들어가 선정에 들어 있을 때였다.

카 필라성 석가족의 귀공자들은 부처님을 따라 차례로 출가하여 수행의 길에
접어들었다. 부처님은 그들을 제도하신 뒤 점파국으로 갔다. 부처님을
따라간 9인의 석가족 출신 수행자들은 가르침을 받들어 모두 깨달음을 얻었다.

“아아 참으로 통쾌한 기분이다.”

발제의 외침을 듣고난 대중들은 이렇게 생각했다. ‘발제는 옛날 세속에 있을 때 한없는 쾌락에 빠져 세월을 보낸 자다. 저 사람은 아마 그 당시의 일을 생각하고 저런 말을 하는 것일 거다.’ 이런 대중들의 생각을 짐작하신 부처님은 다음날 발제를 불렀다. 그리고는 다음처럼 질문하셨다.

“발제여, 너는 빈 숲속에서 홀로 앉아서 통쾌한 기분이라고 외쳤다는데, 정말 그렇게 말했는가?”

“그렇습니다, 부처님.”

그 대답을 들은 부처님이 다시 질문하셨다.

“너는 무슨 뜻으로 그런 말을 했는가?”

“부처님, 제가 집에 있을 때는 항상 칼이나 막대기로 호위를 받으며 살았습니다. 그러나 오히려 외적이 호시탐탐 침범하여 제 목숨을 노렸습니다. 그래서 단 하루 단 한 순간도 편할 날이 없었습니다. 그러나 지금은 어떻습니까? 작은 손칼 하나도 지닌 게 없습니다. 빈 손으로 아무 것도 없이 홀로 나무밑에 한밤중에 앉아 있어도 아무런 두려움이 없습니다. 이것은 제가 세간의 모든 것을 다 버린 까닭입니다. 저는 이 생각을 하다가 저도 모르게, 아아 통쾌한 기분이다, 이렇게 말하게 된 것입니다.”

부처님께선 이 말을 듣고 그의 걸림없는 마음을 칭찬하셨다.

《사분율》 제4

고귀함과 미천함의 장

훌륭한 아내의 조건
이교도 가문을 교화한 며느리
말리 왕비는 종이었다
가난한 여인이 올린 등불
물 한그릇 보시한 공덕
부처님 한번 뵙기 위해

훌륭한 아내의 조건 ● ● ● ●

부처님이 사위성(舍衛城)*에 계실 때의 일이다.

그 당시 사위성에는 부처님의 가르침을 열심히 받들고 덕행 또한 높은 수닷타라는 장자가 있었다. 그는 인도에서 가장 으뜸가는 부자였다. 수닷타 장자에게는 아들이 하나 있었는데, 혼인할 나이가 되어 역시 귀족으로 유명한 집안의 딸, 옥야와 결혼시켰다. 옥야는 이 세상에서 그 아름다움을 비길 데 없다는 뛰어난 미인이었다. 게다가 친정의 문벌도 높고 부잣집 딸이라 그녀의 교만은 이루 말할 데 없었다. 남편을 우습게 아는 건 물론이고 시부모의 말조차도 어렵게 여기지 않았다. 이런 옥야를 며느리로 맞은 수닷타 장자는 마음 속으로 걱정과 근심이 태산같았다. 그러나 어떻게 해야 며느리의 태도를 고칠 수 있을지 암담한 마음뿐이었다.

그러던 어느 날, 부처님이 기원정사에 한동안 머무르시며 가르침을 펼치신다는 소식을 듣고는 이렇게 생각했다. '부처님이라면 반드시 며느리 옥야를 교화시켜서 올바르게 이끌어 주실 것이다.' 수닷타 장자는 부처님을 자신의 집으로 청하기로 마음먹고는 갖가지 공양거리를 마련하고 부처님을 기다렸다. 집안에 있는 사람들은 모두 대문간에 나와 부처님을 맞을 채비로 분주했다. 그러나 며느리 옥야만은 본

---

*사위성 /중인도 교살라국의 도성(都城). 성 남쪽에는 유명한 기원정사가 있었다.

체 만체 자신의 방안에서 한 걸음도 나오지 않고 꼼짝않고 앉아 있었다. 그때였다. 그런 옥야의 눈 앞에 찬란한 광명이 비치며 부처님의 거룩하신 모습이 나타났다. 옥야는 놀라고 두려워하며 자신도 모르게 방안에서 뛰쳐나와 부처님에게 무릎꿇고 예배했다. 그러자 부처님은 이렇게 말씀하셨다.

"옥야여, 그대는 이제야 마중나오는가? 비록 그대가 아무리 아름답다고 해도 그 사실을 믿고 자랑하거나 교만한 마음을 일으켜서는 안된다. 겉모습이 아름다운 것만으론 참된 미인이라고 할 수 없다. 마음이 올바르고, 다른 사람으로부터 사랑과 존경을 받는 사람만이 참된 미인이 될 수 있는 것이다. 지금 자신의 아름다움만을 믿고 교만하게 행동하는 사람은 다음 생에서 비천하게 태어나 남의 종노릇을 하게 되는 법이다."

부처님은 이어서 말씀하셨다.

"네가 아무리 아름답다 해도 마음의 덕을 쌓지 않는다면 지금 겉으로 드러난 아름다움이 무슨 소용 있으랴? 마음이 얌전하고 행동이 바른 것이 단정함의 근본이다. 이런 단정함은 마음을 한결같이 공손하게 가지는 일에서 비롯되는 것이다."

옥야는 부처님의 말씀을 듣자 자신의 행동을 돌아보게 되었고 뉘우치면서 묵묵히 서 있었다. 부처님은 이런 옥야를 보시고는 다시 말씀을 계속하셨다.

"세상에는 일곱 종류의 아내가 있다. 어머니같은 아내, 누이같은 아내, 친구같은 아내, 며느리같은 아내, 종같은 아내, 그리고 원수같은 아내가 있고 도둑같은 아내도 있다.

첫째, 어머니 같은 아내는 어떤 아내인가. 남편을 아끼고 생각하기를 마치 어머니가 자식을 돌보듯 하는 아내이다. 밤낮으로 남편의 곁을 떠나지 않고, 때 맞추어 먹을 것을 차리며, 남편이 바깥일을 보러 나갈 때엔, 남에게 흉 잡히지 않도록 마음을 쓰는 아내가 어머니같은 아내이다.

둘째, 누이같은 아내란 어떤 아내인가. 이는 남편을 받들어 섬기기를 마치 한 부모에게서 혈육을 나눈 형제를 돌보듯 하는 아내이다. 그러므로 그 마음에는 두 가지 정이 있을 수 없으며, 누이가 오라비를 받들듯 한다.

셋째, 친구같은 아내란 어떤 아내인가. 이는 남편을 모시고 사랑하는 생각이 지극해, 서로 의지하고 사모하는 마음이 간절하여 떠나는 법이 없다. 또 어떠한 비밀도 없이 서로 믿으며, 잘못된 일을 보면 서로 충고하고 실수하는 일을 만들지 않으며, 좋은 일에는 칭찬을 아끼지 않아 지혜가 나날이 밝아지도록 애쓰는 아내이다. 그래서 서로 사랑하고 편안하게 지내기를 어진 벗처럼 하는 아내를 이름이다.

넷째, 며느리와 같은 아내는 어떤 아내인가. 공경과 정성을 다해 어른을 받들고, 겸손과 순종으로 남편을 섬기는 아내이다. 일찍 일어나고 늦게 자며, 뜻에 어긋나는 말과 행동을 하지 않는다. 좋은 일이 생기면 다른 사람에게 돌리고, 궂은 일에는 언제나 자신이 나서 책임을 진다. 또 남에게 베풀기를 가르치고, 착하게 살기를 서로 권하며, 마음이 단정하고 뜻이 한결같아 조금도 그릇됨이 없는 아내이다. 예절 또한 어긋남이 없고 예의를 잃는 일도 없으며 오로지 화목으로 집안을 다스리니 이것이 바로 며느리같은 아내인 것이다.

다섯째, 종과 같은 아내란 어떤 아내인가. 항상 어려워하고 조심하여 교만하지 않고, 부지런히 일해 피하거나 거리낌이 없다. 공손하고 정성스러워 충성과 효도를 끝까지 지킨다. 말은 언제나 부드럽고 성격은 온화해 입에서 거칠고 간사한 말이 나오는 일이 없다. 또 몸으로는 방종한 행동을 하지 않는다. 이처럼 항상 정숙하고 선량하고 슬기로워 그를 반기지 않는 사람이 없다. 남편이 사랑해도 교만해지지 않고, 설사 박대를 할지라도 원망하는 일 없이 묵묵하게 받아들여 딴 생각을 하지 않는다. 남편이 즐기는 것을 권하고 말이나 행동에 질투가 없으며, 오해를 받는 일이 있더라도 시비를 가리느라 소란을 떨지 않는다. 아내의 예절을 힘써 닦아 옷과 음식을 가리지 않고, 다만 남편을 공경하고 정성을 기울일 뿐이다. 이처럼 남편을 공경하고 받들기를 마치 종이 상전을 섬기듯 하니, 이것이 종과 같은 아내이다.

여섯째, 원수와 같은 아내란 어떤 아내인가. 언제나 마음 속엔 성이 가득하고, 남편을 보아도 반기지 않고, 밤낮으로 헤어지기만을 생각한다. 부부라는 생각이 없이 나그네처럼 여기며, 걸핏하면 싸우려고 달려들 뿐, 조금도 어려워하고 삼가하는 마음이 없다. 흐트러진 머리로 드러누워 손끝 하나 까딱하지 않고, 집안 살림살이나 아이들을 돌보지도 않으며, 바람을 피우면서도 부끄러워하는 일이 없다. 그런 모습이 마치 짐승과도 같으며 온 집안을 욕되게 하니, 이것이 원수같은 아내이다.

일곱째, 도둑과 같은 아내란 어떤 아내인가. 밤낮으로 잠도 자지 않고 성을 내며, 무슨 수를 써서라도 떠나려고만 궁리한다. 남편에게 독약을 먹이자니 남이 알까 두려워서 못하고 친정이나 이웃에 가서 그들과 짜고 재산을 빼내려고 하며, 정부를 두고는 틈만 나면 남편을 죽이려고 하는 아내이다. 급기야는 남편의 목숨을 억울하게 빼앗고야 말 것이니, 이것이 바로 도둑과 같은 아내이다.

세상에는 이와 같은 일곱 종류의 아내가 있다. 이들 가운데 앞에서 말한 다섯 종류의 착한 아내는 항상 그 이름을 널리 떨치고 세상 사람들이 사랑하고 공경한다. 그러나 나중에 든 두 종류의 아내는 항상 비난을 받아 몸과 마음이 고달프고 늘 병에 시달리며, 눈을 감으면 악몽에 떤다. 그리고는 횡액을 당해 죽은 뒤에는 삼악도에 떨어져 헤어나올 기약조차 없는 것이다."

부처님이 이렇게 말씀하시자 옥야는 눈물을 흘리며 부처님에게 엎드려 자신의 허물을 뉘우쳤다.

"부처님, 제가 참으로 어리석기 그지없어 나쁜 짓을 했습니다. 이

세상에는 일곱 종류의 아내가 있다. 이 가운데 다섯 종류의 착한 아내는 세상 사람들이 사랑하고 공경한다. 그러나 두 종류의 아내는 항상 비난을 받아 몸과 마음이 고달프고 늘 병에 시달리며, 횡액을 당해 죽은 뒤에는 삼악도에 떨어져 헤어나올 기약조차 없다.

제부터는 잘못을 뉘우쳐 교만을 부리지 않겠습니다. 저는 종과 같은 아내가 되어 시부모와 남편 받들기를 하늘같이 하겠습니다.”

부처님은 옥야에게 말씀하셨다.

“사람 중에 누가 허물이 없겠는가. 마음을 돌려 새 사람이 되기만 한다면 그보다 좋은 일은 없을 것이다.”

옥야는 이날부터 어진 아내가 되었다.

《옥야경》

이교도 가문을 교화한 며느리 ● ● ● ●

부처님이 사위성 기수급고독원에 계실 때였다.

그곳에는 급고독장자로 널리 알려진 아나빈저가 살고 있었다. 아나빈저에게는 수마제라는 딸이 있었는데, 아름답고 덕이 높기로 유명했다. 하루는 아나빈저 장자의 절친한 친구인 만재 장자가 그 집을 찾아왔다. 수마제녀는 아버지의 친구인 만재 장자에게 나가 절한 후 다시 자신의 방으로 돌아갔다. 수마제녀를 본 만재 장자는 감탄하며 친구인 아나빈저 장자에게 말했다.

"자네는 참으로 아름다운 딸을 두었네 그려. 그러고 보니 내겐 아들이 있는데 아직 배필을 정하지 못했다네. 자네 딸을 내게 며느리로 주지 않겠는가?"

그 말을 들은 아나빈저 장자는 망설이기만 할 뿐 대답을 선뜻 하지 않았다. 그러자 만재 장자는 몸이 달아서 아나빈저 장자에게 물었다.

"아니 무슨 까닭으로 내게 딸을 며느리로 주는 일에 그리 망설이는가. 문벌로 따지나 재산으로 따지나 이처럼 마땅한 혼사가 또 어디에 있겠는가?"

아나빈저 장자는 친구인 만재 장자에게 자신이 선뜻 그 혼담에 응하지 못하는 이유를 이렇게 말했다.

"여보게, 문벌과 재산으로 따진다면야 이처럼 서로 걸맞는 혼사가 어디 또 있겠는가. 그러나 내가 자네의 말에 망설이는 것은 다른 이유가 있네. 내 딸은 독실하게 부처님의 가르침을 따르는 불제자이지만, 자네의 집안은 부처님을 섬기지 않는 외도가 아닌가? 그래서 자네의 뜻에 응하지 못하는 것이네."

이 말을 들은 만재 장자는 자신의 뜻을 굽히지 않고 말했다.

"아니 그게 무슨 문제가 되겠는가. 우리 집안은 따로 제사를 지내고, 자네 딸 역시 따로 공양하면 그뿐이지 않는가?"

만재 장자가 이렇게까지 나오자 아나빈저 장자는 하는 수 없이 다음과 같은 이유를 둘러대었다.

"내 딸이 만약 자네 집으로 시집가게 되면 나는 귀한 보물을 수없이 내어야 할 것이네. 또 자네도 마찬가지로 귀한 보물들을 내야 할 것이네."

아나빈저 장자는 자신이 이렇게 말하면 만재 장자가 물러서리라고 생각했다. 그러나 만재 장자는 얼마나 되는 양의 재물과 보화가 필요하느냐고 되물었다. 아나빈저 장자는 궁리끝에 아주 많은 액수를 부르기로 했다.

"적어도 황금 6만 냥은 필요하겠네."

그 말을 들은 만재 장자는 두말없이 6만 냥의 황금을 내놓았다.

마음 속으로 아나빈저 장자는 생각했다. '내가 임시 방편으로 저 친구의 청을 거절하기 위해 6만 냥의 황금을 부른 것인데, 이렇게 되면 막을 수가 없겠구나.' 아나빈저 장자는 하는 수 없이 친구 만재 장자에게 다음과 같이 말했다.

"여보게 친구여, 내가 만약 자네 아들에게 내 딸을 시집보낸다 할지라도 먼저 부처님께 가서 여쭈어 본 다음, 부처님의 가르침에서 벗어나지 않으면 그리 하겠네."

이렇게 말하고는 바로 부처님을 뵈러 갔다.

"부처님, 제 딸 수마제녀가 만부성 안에 사는 만재 장자의 아들로부터 청혼을 받았습니다. 그런데 그 집안은 외도를 믿고 있어서 제 딸을 출가시키기가 꺼려집니다. 이 청혼을 허락해야 합니까, 말아야 합니까?"

이 말을 들은 부처님은 이렇게 말씀하셨다.

"아나빈저여, 만약 수마제녀가 만부성 만재 장자의 집안으로 시집을 간다면 많은 백성들이 이로울 것이다. 수마제녀를 그 집안으로 출가시켜라."

부처님의 말씀을 들은 아나빈저 장자는 부처님이 수마제녀의 혼담을 반기시는 데는 거룩한 뜻이 있으리라는 것을 짐작했다. 그는 돌아와 만재 장자에게 딸을 며느리로 주겠다고 말했다. 보름이 지난 후 아나빈저 장자는 딸 수마제녀를 곱게 단장시키고 향을 뿌린 후 만재 장자의 아들을 맞이하러 나갔다. 만재 장자 역시 며느리를 맞아들이기 위해 아들을 거느리고 자신의 성을 나섰다. 그들은 중간 지점에서 마주쳤다. 예를 서로 갖춘 후 수마제녀는 이제 아버지의 슬하를 떠나 시집으로 들어갔다.

이즈음 만부성에는 이상한 법이 있었다. 그 법은, 이 성안의 여자가 다른 나라로 시집을 가면 무거운 벌을 받고, 또 다른 나라에서 아내를 맞아들여도 역시 무거운 벌을 받는 일이었다. 그러한 벌을 받지 않으려면, 그 나라에 있는 육천 명의 범지(梵志)*에게 공양을 해야만 했다. 만재 장자는 비록 바라던 며느리를 맞았지만, 자신이 나라의 법을 어겼다는 것을 알고 있었다. 그래서 육천 명의 범지를 한 자리에 청해 공양하기로 하고 범지들이 즐기는 구운 돼지고기와 고기국, 잘 빚은 술 등의 음식을 준비했다. 범지들은 만재 장자의 공양준비가 다 되었다는 것을 알고, 몸에다 한 쪽만 옷을 걸치고 들어섰다. 장자는 범지들이 들어서자 황송하게 맞아들였다. 육천 명이나 되는 범지들이 자리에 앉자 만재 장자는 며느리인 수마제녀에게 말했다.

---

*범지/ 범사(梵士)라고도 함. 인도의 바라문을 일컫는 말

"며늘아, 거룩한 스승들께서 오셨다. 너는 어서 몸을 단정히 하고 나와서 예배드리도록 하여라."

시아버지의 말을 들은 수마제녀는 다음과 같이 말했다.

"그럴 수 없습니다. 아버님, 저는 벌거벗은 사람들을 향해 예배드릴 수는 없습니다. 부처님께서는 부끄러움을 모르는 자는 짐승과 다를 바 없다고 가르치셨습니다. 저렇게 몸을 거의 다 드러낸 이들이 어찌 부끄러움을 안다고 할 수 있겠습니까? 저는 이런 이들에게는 예배드릴 수 없습니다."

아내의 말을 듣고 있던 수마제녀의 남편이 화가 나서 아내인 수마제녀를 다그쳤다.

"아버님의 분부가 아닌가? 그대는 다른 소리를 하지 말고 우리의 스승들께 예배하여라. 이 분들이야말로 우리가 섬기는 하늘이다."

그래도 수마제녀의 태도는 변함없었다.

"사람이 부끄러움을 알지 못하면 개나 돼지와 다를 게 무엇이겠습니까? 저는 그런 이들을 향해 예배드릴 수는 없습니다."

완강한 수마제녀의 태도에 육천 범지는 큰 소리로 말했다.

"만재 장자여, 무슨 까닭으로 이런 여자에게 우리를 욕보이는 것이요? 기왕 우리를 청하였으면 어서 음식이나 가져 오시오."

만재 장자와 그 아들은 준비한 음식을 범지들에게 대접했다. 그들은 음식을 먹고난 다음 돌아갔다. 그러나 만재 장자의 마음은 무겁기만 했다. '내가 공연히 수마제녀를 데려와서 우리 집안을 욕되게 하였구나.' 만재 장자가 이렇게 근심하고 있을 때, 신통력이 있는 수발이라는 범지가 이 사실을 알았다. 그는 만재 장자를 찾아와 물었다.

"장자는 무엇 때문에 그리 근심에 싸여 있는가?"

만재 장자는 자신의 걱정거리를 수발 범지에게 털어놓았다.

"실은 며느리를 맞아들였는데, 다른 성에서 데려와 국법을 어기게 되었습니다. 그래서 범지들을 청하여 공양하고, 처벌에서 벗어나려

하였으나, 며느리가 스승들께 예배드리지 않아 이젠 집안이 망하게
되었습니다.”

만재 장자의 말을 들은 수발 범지는 며느리가 어느 집안 출신이냐
고 물었다. 만재 장자는 자신의 절친한 친구인 사위성의 아나빈저 장
자의 딸, 수마제녀가 바로 문제의 며느리라고 말했다. 수발 범지는
이 말을 듣자 몹시 반가워하며 말했다.

“정말 잘된 일이군. 아직도 자네 며느리가 목숨을 끊지 않고 있다
면 그지없이 다행한 일일세. 자네 며느리가 섬기는 부처님이야말로
성현 중의 성현이시네.”

수발 범지의 말을 들은 만재 장자는 어리둥절했다.

“아니 수발 범지께서는 무슨 까닭으로 다른 외도인 부처님을 그렇
게 높이 여기십니까?”

그러자 수발 범지는 차분하게 자세를 가다듬고 말하기 시작했다.

“내가 수행을 할 적에 부처님의 가장 젊은 제자와 맞닥뜨린 일이
있네. 그런데 그의 신통력은 도저히 내가 이때까지 보고 들은 적도
없는 경지였다네. 부처님의 가장 젊은 제자가 그러할진대, 하물며 큰
제자나 부처님이야 다시 말할 것 있겠는가? 세상의 어떤 가르침도 부
처님의 정각에는 미칠 수 없네.”

이 말을 들은 만재 장자는 수발 범지에게 부처님을 어떻게 하면 볼
수 있겠느냐고 물었다. 수발 범지는 며느리 수마제녀에게 말하면 되
지 않느냐고 대답했다. 시아버지로부터 부처님을 청할 수 있겠느냐는
말을 들은 수마제녀는 뛸 듯이 기뻤다.

“원컨대 음식을 준비하소서. 내일이면 부처님께서 제자들을 거느
리시고 도착하실 것입니다.”

드디어 다음 날이 되었다. 만재 장자는 수마제녀가 말하는 대로 음
식을 준비하고 부처님을 기다렸다. 부처님은 여러 제자들을 거느리시
고 마치 기러기가 허공을 나는 것처럼, 저 만부성을 향하여 나아가셨

다. 이때 만재 장자가 부처님이 자신의 집을 향하여 오시는 모습을 보았다. 그 거룩한 모습은 세상에 없는 바, 깨끗하기가 천금같았다. 32상과 80종호 부처님의 모습은 마치 수미산의 여러 산 위에 우뚝 솟은 것 같고, 찬란한 광명이 저절로 온 세상을 비치는 듯했다. 만재 장자는 엎드려 예배하며 게송으로 찬탄했다.

하늘과 세상 사람 중에 가장 높으시며
여러 귀신들을 다스리시며
여러 외도들을 물리치시니
오늘 제가 엎드려 귀명합니다.

만재 장자가 이렇게 부처님에게 예배드리는 것을 안 육천의 범지는 서로 이렇게 말했다.
"이제 우리는 영영 다른 곳으로 떠나야 하겠다. 이제 이 나라에서 우리를 섬기는 자는 없어졌다."
그리고는 아주 멀리 떠나버려 다시는 만부성에 모습을 나타내지 않았다. 부처님은 만재 장자의 집으로 들어서시고, 가르침을 설하셨다. 부처님께서 고·집·멸·도의 사성제와 모든 죄가 마음에서 일어난다는 것을 설하시자 그 자리에 모인 사람들은 참된 진리의 기쁨을 맛보았다. 만부성 사람들은 수마제녀가 자신들을 위해 거룩하신 스승 부처님을 모셔왔다고 몹시 기뻐했다. 그로부터 만부성에서는 부처님의 가르침이 널리 펼쳐졌다.

《수마제녀경》

말리왕비는 종이었다 ● ● ● ●

사위성에는 아약달이란 바라문 장자가 살고 있었다. 그는 많은 재산과 땅을 가지고 있을 뿐만 아니라, 창고마다 귀한 보물들이 가득 넘쳤다. 게다가 위세 또한 사위성에서 비길 자가 없었다. 그는 사위성 교외에 말리원이란 공원을 가지고 있었다. 그곳에는 황두라는 이름을 가진 젊고 마음씨 고운 하녀가 있었다. 황두는 말리원에서 일하면서도 항상 '어떻게 하면 이 괴로운 하녀의 신분에서 벗어날 수 있을까' 하는 고민에 빠져 있었다.

그러던 어느 날, 황두는 그날 먹을 양식으로 꿀로 빚은 건반을 받아 주인집에서 말리원으로 돌아오고 있었다. 그녀는 우연히 가사를 입고 바루를 든 스님 한 분이 길에서 탁발을 하고 있는 모습을 보았다. '지금 내가 먹을 이 건반을 스님에게 바치자. 그러면, 나도 언젠가는 이 괴로운 하녀의 신분에서 벗어날 수 있을 것이다.' 이렇게 생각한 황두는 건반을 아낌없이 스님에게 바쳤다. 스님은 고맙다고 말한 다음 그대로 돌아갔다. 황두는 기꺼이 보시한 기쁜 마음으로 말리원으로 돌아가 자기가 맡은 허드렛일을 계속했다.

하루는 사위국 파사익왕이 많은 신하들을 거느리고 사냥을 나왔다. 신하들은 각기 흩어져 사슴떼를 쫓고 있었다. 왕도 그들의 뒤를 따랐지만, 날이 몹시 무더워 온 몸이 피로했다. 왕은 말리원이 보이자 수레를 몰아 그 안으로 들어섰다. 황두는 왕의 행차를 보자 이렇게 생각했다. '저기 오시는 분은 예사 사람이 아니구나.' 그녀는 달려 나가 파사익왕을 공손하게 맞아들였다.

"잘 오셨습니다. 이리 오셔서 편안히 앉으십시오."

그녀는 자기가 입고 있던 옷을 벗어 자리에 깔고 그 위에 왕을 앉게 했다. 그녀는 공손하게 물었다.

"발을 씻으시겠습니까?"

"발 씻을 물을 떠다 주겠느냐?"

파사익왕이 부탁하자 황두는 커다란 연잎으로 만든 그릇에 물을 넘치도록 떠와서 왕에게 바치고는 두 발을 씻어주었다. 그런 다음 다시 물을 떠와서 왕의 얼굴도 깨끗하게 닦아주었다. 그리고 그녀는 다시 물었다.

"목이 마르시다면 드실 물을 가져 오겠습니다."

왕은 몹시 목이 마르던 참이라 황두의 말이 반가왔다. 그리고 황두가 가져온 물을 달게 먹고 난 다음 자리에 누웠다. 황두는 왕이 피로를 풀 수 있게 팔과 다리를 주물렀다. 파사익왕은 쌓인 피로가 사라지자, 마음 속으로 이렇게 감탄했다. '어떻게 이처럼 총명한 여자가 있을까? 나보다도 내 마음을 훨씬 더 잘 아는 것 같구나.'

왕은 황두에게 물었다.

"너는 누구의 딸이냐?"

왕의 물음에 황두는 고개를 들지 못하고 대답했다.

"저는 장자 아약달의 하녀입니다. 말리원을 지키면서 허드렛일을 하는 것이 제가 맡은 일입니다."

황두가 이렇게 말하고 있을 때 파사익왕의 신하들이 왕의 수레바퀴 자국을 보고 말리원으로 들어왔다. 왕은 그들에게 명령했다.

"그대들은 빨리 장자 아약달을 이곳으로 불러오너라."

왕의 명령을 들은 신하들은 급히 장자 아약달을 불러왔다.

아약달은 왕에게 엎드려 절하고 분부를 기다렸다. 왕은 아약달에게 물었다.

"황두는 그대의 하녀인가?"

"그렇습니다."

"나는 이 여자를 왕비로 삼겠노라."

아약달을 비롯한 모든 사람들이 이 말을 듣고 깜짝 놀랐다.

"대왕이시여, 하녀이던 미천한 신분의 여자를 어떻게 왕비로 삼으시겠습니까?"

그러나 파사익왕의 뜻은 완강했다.

"나는 이 여자가 아무리 낮은 신분이라도 상관이 없다. 이 여자의 몸값은 얼마인가?"

"황두의 몸값은 십만 냥입니다. 그러나 어떻게 그 돈을 제가 대왕께 받을 수 있겠습니까? 그냥 데리고 가십시오."

"그렇지 않다. 아약달이여, 황두의 몸값을 치르지 않고는 이 여자를 데리고 가지 않겠노라."

왕은 대신에게 명령해 황두의 몸값을 치르게 했다. 그리고는 왕궁으로 사람을 보내 구슬장식과 아름다운 옷, 치장할 물건들을 가지고 오게 했다. 그런 것들이 오자 왕은 황두를 아름답게 꾸며 마차를 함께 타고 신하들과 함께 왕궁으로 돌아갔다. 황두는 하루 아침에 미천하기 짝이 없는 종의 신분에서 왕비가 된 것이다. '이 분이 바로 파사익왕이었던가?' 왕궁으로 돌아가는 마차 안에서야 비로소 황두는 자기가 맞은 사람이 그 나라의 대왕이었다는 사실을 깨달았다.

그녀는 자신의 행복이 꿈이 아닌가 싶었다. 왕궁으로 들어온 그녀는 여러가지 기예를 닦고 교양을 쌓았다. 어느 것 하나 뛰어나지 않은 것이 없었다. 사람들은 황두를 말리원에서 왔다고 하여 말리부인이라고 불렀다. 그녀는 궁중에 있는 5백 명의 후궁들 중에서 가장 왕의 사랑을 많이 받았다. 말리부인은 항상 이렇게 생각했다. '나는 무슨 인연으로 하루 아침에 하녀의 천한 몸에서 고귀한 왕비가 되었을까? 정말 알 수 없는 일이다.' 이런 생각을 하던 중에 문득 하루 먹을 양식을 그대로 보시한 스님 생각이 나게 되었다. 그녀는 자기를 시중하는 시녀들에게 그 스님에 대해 자세히 물었다. 말리부인의 말에 시녀들은 대답했다.

"그분이 바로 석가모니 부처님이십니다. 모든 어리석음을 끊고 참된 진리의 길을 모든 중생들에게 보여주시는 어른입니다."

말리부인은 그 말을 듣자 몹시 기뻐하며 왕의 앞으로 나아가, 부처님에게 예배드리게 해달라고 부탁했다. 그녀는 5백의 수레에 5백 명의 시녀를 거느리고 왕궁을 나와 기원정사로 향했다. 기원정사의 문앞에서 말리부인은 수레에서 내려 걸어 들어갔다. 그 안에는 위엄 넘치는 부처님이 거룩하게 앉아계셨다. 그곳은 맑은 연못처럼 청정한 기운이 감돌았다. 말리부인은 부처님을 뵙자 기쁨에 넘쳐 공손하게 예배했다. 그리고 이렇게 말했다.

"부처님, 같은 여자라도 어떤 사람은 얼굴이 추하고 가난해 남에게 천대 받습니다. 그런가 하면 얼굴이 못나도 재물은 넉넉한 사람도 있고, 얼굴이 잘 생기지는 못하였어도 부귀를 누리는 사람도 있습니다. 그런가 하면 얼굴도 아름답고 재물도 넉넉해 모든 사람들에게 존경을 받는 사람도 있습니다. 이런 모든 것은 어떠한 인연 때문입니까?"

"말리부인이여, 여자들 가운데는 마음으로 항상 화를 내고 그 노여운 마음을 겉으로 드러내 남을 괴롭히는 일로 기쁨을 삼는 자가 있다. 또 사문이 오거나 바라문이 오거나 거지가 오거나 고아나 노인이 와도 아무 것도 보시하지 않는 자도 있다. 그런가 하면 남이 이익을 얻는 것을 시기하고 질투하는 자가 있다. 마음 속에 화를 품고 노여워하는 여자의 얼굴은 추하고, 보시하지 않는 여자는 재물을 얻을 수 없으며, 시기와 질투를 일삼는 여자는 얼굴이 추한 것은 물론이요, 재물도 없고 항상 남에게 천대를 받는다. 또 마음 속에 화를 품고 있으면서 질투를 하기도 하지만 보시를 하는 여자는 얼굴이 추하고 남에게 천대를 받기는 해도 재물은 넉넉하다. 또 마음 속으로 화를 내고 있으면서도 보시를 행하고 질투하지 않는 여자는 비록 얼굴은 추할지라도 재물은 넉넉하고 남에게 존경을 받는다. 그런가 하면 마음으로 화를 내는 일도 없고, 보시를 행함에도 망설임 없으며, 질투하지 않는 여자는 얼굴도 아름답고 재물도 넉넉할 뿐만 아니라 모든 사람들에게 존경받는 것이다.

말리부인이여, 사람에 따라 누리는 복덕이 다 틀린 것은 이처럼 각자가 행한 일과 마음 씀씀이가 다 다르기 때문에 자신이 지은 업에 따라 누리는 과보가 나타나느니라."

말리부인은 부처님의 말씀을 듣자 이렇게 말했다.

"부처님이시여, 저는 과거세에 항상 마음 속으로 화를 품어 남을 괴롭혔던 모양입니다. 왜냐하면 제 몸과 얼굴은 지극히 추해 남의 호감을 받지 못하기 때문입니다. 그렇지만, 저는 과거세에 사문이나 바라문, 거지나 고아, 노인 이 모든 사람들에게 보시하는 일은 아낌이 없었던 모양입니다. 왜냐하면 저는 재물로 인한 궁핍은 느끼지 않기 때문입니다. 그리고 저는 과거세에 남의 이로움을 보고 질투한 일은 없었던 모양입니다. 왜냐하면 저는 지금 파사익왕의 왕비로 남들이 우러러보는 지위에 있기 때문입니다. 저는 이제부터 결코 마음 속으로 화를 내거나 노여운 마음을 품지 않겠습니다. 또 이제부터 더욱 열심히 보시하고 질투하지 않겠습니다. 저는 지금부터 진실한 우바이(優婆夷)*로, 평생동안 삼보에 귀의하고 오계를 지키겠습니다."

부처님은 말리부인을 위하여 여러가지 방편으로 가르침을 설하셨다. 그러자 부인은 법안이 열려 깨달음을 얻게 되었다.

《사분율》제18

---

* 우바이 /세속에 있으면서 불교를 믿는 여자. 청신녀(淸信女)라 번역. 남자는 우바새(優婆塞)라 하며 청신사(淸信士)라 번역한다.

가난한 여인이 올린 등불 ● ● ● ●

부처님이 사위성 기수급고독원에 계실 때의 일이었다.

그 나라에는 난타라는 과부가 살고 있었다. 난타는 자식도 없었을 뿐만 아니라 별달리 가진 것도 없어 구걸을 하면서 살아갔다. 하루는 모든 나라가 웅성거렸다. 국왕과 신하들, 나라의 많은 백성들이 부처님의 거룩한 덕을 기려 공양하느라 그런 것이었다. 그 모습을 본 난타는 슬퍼하며 이렇게 생각했다. '나는 전생에 무슨 죄를 지었는가. 가난한 집에 태어나 한 점 혈육도 없이 이렇게 하루하루를 구걸하며 살아가야 하는가. 거룩하신 스승 부처님이 이 땅에 계시지만 가진 것 없어 복밭에 심을 씨앗 하나 없으니…'

난타는 이렇게 괴로워하다가 구걸길에 나섰다. 그날 따라 하루 종일 지나도 겨우 돈 한 닢을 얻었을 뿐이었다. 난타는 한 닢의 돈을 손에 넣자 마자 기름집으로 달려갔다. 기름을 팔라는 난타에게 주인은 물었다.

"한 닢의 돈으로 기름을 사봐야 얼마나 되느냐. 너무 적어 쓸 데도 없을 그 기름을 사서 대체 무엇을 하려는가?"

그러자 난타는 단 한 닢의 돈일지라도 등불을 밝혀 부처님에게 공양하고자 한다는 자신의 심정을 자세히 이야기하였다. 이 말을 들은 기름집 주인은 난타를 가엾게 여겨 돈보다 갑절이나 되는 기름을 주었다. 그렇지만 여전히 아주 적은 양이었다. 난타는 그 기름을 얻자 한없이 기뻐하며 등불을 밝히고는 부처님 계신 곳으로 갔다. 그녀는 등불을 부처님 앞에 밝히고 다음과 같은 서원을 세웠다.

"부처님, 저는 가난해 이 작은 등불 하나밖에는 공양(供養)*할 수가 없습니다. 그렇지만 이 공덕으로 다음 생에는 지혜와 공명을 얻게 하십시오. 그리하여 모든 중생의 어두움을 없애게 하여 주십시오."

난타는 이렇게 서원을 하고 예배드린 후 물러났다. 이윽고 어두운 밤이 찾아왔다. 다른 등불들은 다 꺼졌으나, 난타가 밝힌 등불만은 홀로 창연하게 빛을 밝히고 있었다. 그날은 목건련이 등불을 살피는 차례였다. 이미 날이 밝자 공양한 등불을 치우려던 목건련은 이상한 광경을 발견하게 되었다. 다른 등불들은 다 기름이 닳아 꺼졌는데, 아주 작은 등불 하나만은 그대로 불을 밝히고 있었다. 목건련은 비록 기름이 남아 있다 해도 밝은 대낮에 등불을 켜두는 건 소용이 없으리라는 생각에 그 불을 껐다가 밤이 되면 다시 켜려고 하였다.

목건련이 손으로 그 등불을 끄려고 했으나 등불을 밝히고 있는 불꽃은 흔들리지조차 않았다. 목건련은 이상하다고 여기면서 이번에는 옷자락을 흔들어 그 등불을 끄려고 했으나, 이번에도 역시 불꽃은 꼼짝하지 않았다. 목건련이 난타의 등불을 끄려고 애쓰는 모습을 본 부처님은 이렇게 말씀하셨다.

"목건련이여, 비록 그 등불은 기름이 적다 해도 성문(聲聞)*의 경지에 이른 자로서는 끌 수 없으리라. 비록 네가 사해의 바닷물을 그 등불에다 쏟아 붓거나, 거센 바람을 불러 일으킨다 해도 그 등불만은

---

*공양/음식 · 옷 따위를 삼보 · 부모 · 스승 · 죽은 이 등에게 공급하여 자양(資養)하는 것. 공양물의 종류, 공양의 방법, 공양의 대상에 따라 여러가지로 분류됨. 六種供養은 香 · 花 · 茶 · 果 · 飯 · 燈을 말함

*성문/소리를 듣는 사람이란 뜻으로 제자라고도 번역함. 부처님의 말씀을 듣고 깨닫는 것을 가리킴. 원래는 부처님의 음성을 들은 불제자를 말하지만, 연각 · 보살에 대해 열거할 때에는 자기 혼자만 해탈하는 것을 목적으로 하는 출가의 성자를 뜻함

어 두운 밤이 찾아왔다. 이미 다른 등불들은 다
기름이 닳아 꺼졌는데 아주 작은 등불 하나만은
홀로 창연하게 불을 밝히고 있었다. 이상하게 여긴
목건련이 손으로 그 등불을 끄려고 했으나 등불을
밝히고 있는 불꽃은 흔들리지조차 않았다.

끌 수 없을 것이다. 왜냐하면 그 등불은 모든 중생들을 건지려고 큰 마음을 일으킨 이가 보시한 것이기 때문이다."

부처님이 이렇게 말씀하시자 가난한 여인 난타는 부처님에게로 나아가 황송해 하며 엎드려 예배하였다. 부처님은 난타에게 수기를 주셨다.

"너는 이 다음 세상에 이르면, 두 아승지와 백 겁 동안에 부처가 되리라. 그리하여 이름은 동광이라 하고, 여래가 갖출 열 가지 호를 드러내리라."

이런 부처님의 수기를 받은 난타는 한없이 기뻐하며 그 자리에 꿇어 앉아서 출가하기를 원하였다. 부처님은 기꺼이 난타의 출가를 허락하셨다. 난타는 그 자리에서 비구니가 되었다. 지혜롭다고 칭송받는 부처님의 제자 아난과 목건련은 가난한 여자 난타가 부처님께 수기를 받고 한순간에 발심하여 출가 수행자가 되는 모습을 보고, 부처님께 예를 갖추고는 이렇게 여쭈었다.

"부처님, 가난한 여인 난타는 전생에 무슨 죄를 지어 오랜 세월 동안 구걸하며 구차스럽게 목숨을 이어야 했습니까? 또 무슨 행으로 말미암아 부처님을 만나 출가하고, 이 다음 생에는 반드시 깨달음을 얻어 부처님이 되리란 수기를 받을 수 있습니까?"

아난과 목건련의 질문에 부처님은 다음 이야기를 들려주셨다.

과거세에 카사파라는 부처님이 계셨다. 그때 어떤 거사의 부인 한 사람이 있었는데, 그녀는 몸소 부처님을 뵙고, 부처님과 여러 제자들을 한 자리에 청하였다. 그러나 부처님께선 거사의 아내보다 먼저 어떤 가난한 여인의 공양을 받겠다는 허락을 하신 연후였다. 그 가난한 여자는 이미 아나아가아민의 경지에 이른 사람이었다. 그러나 거사의 아내는 자신의 재산이나 사회적 지위가 더 나은 것을 믿고 가난한 여인을 업신여겼다. 그래서 거사의 아내는 부처님께서 가난한 여인에게 먼저 공양

받으신다는 사실을 마음 속으로 몹시 불쾌하게 여겼다. 그녀는 부처님께 이렇게 여쭈었다.

"부처님께선 제 공양을 먼저 받으시지 않고, 어떻게 저 보잘 것 없고 가난한 여자의 청을 먼저 받아들이셨습니까?"

거사의 아내는 이런 교만한 마음 때문에 그 뒤로 5백 년 동안 언제나 몸을 바꿀 때마다 가난하기 짝이 없는 거지로 태어났다. 그러나 그녀는 훗날까지 부처님과 제자들을 공양하고 공경하는 마음에는 변함이 없었기 때문에 지금 이 자리에서 부처가 되리라는 수기를 받고, 모든 사람들에게 부러움을 받았느니라.

그때 모든 대중들은 부처님의 이 말씀을 듣고 모두 기뻐하였다. 가난한 여인 난타가 진실한 마음으로 등불 하나를 바쳐 깨달음을 얻을 것이란 수기를 부처님께 받았다는 소문은 이내 나라 곳곳에 퍼졌다. 사람들은 이 소문을 듣자 너나없이 더욱 깊은 믿음을 일으켰다. 사람들은 저마다 자신들이 가진 것 중 귀하고 좋은 것이라 여겨지는 것들을 아낌없이 보시했다. 또 많은 사람들은 남녀노소, 부자나 가난한 이를 막론하고 향유와 등불을 준비해 부처님 계신 기수급고독원으로 갔다. 그들은 난타처럼 등불을 밝혀 공양했다. 기수급고독원은 수많은 사람들이 밝힌 등불로 마치 밤이면 별들이 하늘에서 반짝이는 듯했다. 이런 사람들과 등불 공양의 행렬이 무려 이레나 지났을 때였다. 아난은 매우 기쁜 마음으로 부처님의 여러가지 공덕을 찬탄한 다음 이렇게 여쭈었다.

"알 수 없는 일입니다. 부처님께선 지난 세상에서 어떤 착한 일을 하셨길래 이처럼 한량없는 등불 공양을 받으십니까?"

그러자 부처님은 또 다음과 같은 이야기를 해주셨다.

먼 옛날 두 아승지겁의 91겁 전의 일이다. 잠부드비이파라는 큰 나라가 있었는데 왕의 이름은 파새기였다. 그는 이 세계의 8만 4천이나 되는 작은 나라들을 다스리고 있었다. 그러다 어느 날 태자를 낳았는데, 몸은 자금빛으로 빛났다. 또 서른 두 가지의 거룩한 모습이 나타나고 여든 가지의 깨달은 이가 갖추어야 할 형상이 저절로 드러났다. 그 정수리에는 아름다운 보배가 있어 휘황한 광명이 빛나니, 보는 이들의 눈을 부시게 하였다. 파새기왕은 관상을 잘 보는 사람을 불러 왕자의 상을 본 다음 이름을 지으라고 하였다. 관상장이는 태자의 상을 보자 손을 들면서 크게 외쳤다.

"아아 참으로 거룩하신 왕자님이시다. 이제 세상에서는 이 분을 짝할 이가 없을 것이다. 만약 세간에 있으면 전륜성왕이 되실 것이요, 출가하시면 스스로 깨달음을 얻어 부처님이 되실 분이로다."

관상장이는 파새기왕에게 물었다.

"대왕이시여, 태자께서 태어나실 때 기이한 일들은 없었습니까?"

"갓난아이의 정수리에 빛나는 보배가 저절로 솟아나 있었노라."

그래서 태자는 보배상투를 가졌다는 뜻의 늑나식기란 이름을 갖게 되었다. 태자는 성장하자 수행자가 되겠다고 결심했다. 그는 왕궁을 떠나 깨달음을 얻어 부처님이 되었다. 그는 발길 닿는 곳마다 사람들을 깨달음의 길로 이끌어 수많은 사람들을 제도하였다. 그 소식을 들은 늑가식기 태자의 부왕인 파새기왕은 이젠 부처님이 된 아들과 스님들을 청하여 석달 동안 공양하였다.

그때 아리밀라라는 비구가 있었다. 그는 석달 동안 공양하는 시주를 위해 날마다 성 안으로 들어가 모든 사람들에게 기름과 등불을 켤 수 있는 재료를 구했다. 하루는 비구 아리밀라가 등불을 공양하기 위해 이곳 저곳 다니며 사람들에게 시주를 청하는 모습을 왕궁의 공주 무니가 우연히 다락에 올라갔다가 보게 되었다. 무니 공주는 그 모습을 보고 존경스러운 마음이 일어나 사람을 보내 아리밀라 비구에게 물었다.

"그렇게 힘써서 기름과 등불을 구하는 것은 무슨 까닭이십니까?"

아리밀라 비구는 공주의 질문에 이렇게 대답했다.

"나는 지금부터 석달 동안 부처님과 여러 대중스님들을 위해 등불을 밝혀 공양하려고 합니다. 그래서 시주할 사람을 찾는 것이지요. 성 안에 들어가 여러 사람들을 찾아 다니면서 등불을 밝힐 준비를 하고 있는 겁니다."

심부름 보냈던 사람이 왕궁에 돌아와 아리밀라 비구의 말을 그대로 무니 공주에게 전했다. 공주는 그 말을 듣고 아리밀라 비구를 찾아가 이렇게 전하라고 다시 사람을 보냈다.

"비구여, 다시는 돌아다니면서 구걸하지 마십시오. 부처님께 공양할 등불과 소용되는 기름은 제가 모두 바치겠습니다."

그 다음부터 무니 공주는 부처님께 바칠 등불과 기름을 정성껏 준비해 보내곤 했다. 아리밀라 비구가 이처럼 몸소 나서 등불을 밝혀 공양하고, 모든 중생들을 제도하겠다는 서원을 세워 정성이 지극하자 부처님께선 그에게 수기(受記)*를 주셨다.

"너는 다음 세상 아승지겁이 지난 후 부처가 되리라. 이름은 정광이라 할 것이요, 깨달은 자가 갖출 열 가지 호를 반드시 얻으리라."

아리밀라 비구가 부처가 될 수기를 받았다는 소식을 들은 무니 공주는 이렇게 생각하였다. '사실 따지고 보면 부처님께 바치는 등불은 모두 내 것이 아닌가? 아리밀라 비구는 단지 주선하기만 했을 뿐이다. 그럼에도 아리밀라 비구는 수기를 받았는데, 나는 수기를 받지 못했다.' 무니 공주는 이렇게 생각하자 부처님을 찾아가 자신의 심정을 호소하였다. 무니 공주의 하소연을 들은 부처님은 그녀에게도 수기를 주시면서 말씀하셨다.

"너는 다음 세상 두 아승지겁(阿僧祇劫)*의 91겁 뒤에 깨달음을 얻

---

*수기 / 부처님으로부터 당래(當來)에 반드시 부처가 된다는 기별(記別)을 받는 것을 말함
*아승지겁 / 계산할 수 없이 무한히 긴 시간. 셀 수 없이 많은 수를 아승지라고 함

고 부처가 될 것이다. 그때의 이름은 석가모니다. 너도 열 가지, 깨달음을 얻은 이가 가진 호를 얻게 되리라.”

무니 공주는 부처님의 말씀을 듣자 기쁨에 넘쳐 나오는 길에 갑자기 남자로 변하였다. 그는 거듭 부처님께 엎드려 예배하고는 제자가 되기를 간청했다. 부처님은 기꺼이 승낙하셨다. 남자가 된 무니 공주는 수행자가 되어서는 더더욱 열심히 수행하고 정진했다.

부처님은 이어서 아난에게 말씀하셨다.

“그때 아리밀라 비구는 바로 과거세의 정광여래 부처님이시다. 그리고 무니 공주는 바로 지금의 나이다. 나는 그때 등불을 보시한 공덕으로 수많은 겁을 지나는 동안 천상에 태어나거나 인간으로 태어나거나 한없는 복을 누렸고, 몸은 다른 사람보다 아름답게 거룩한 형상을 갖추었으며, 지금은 깨달음을 이루었느니라. 이 모든 것이 다 그때 등불을 보시한 공덕이다.”

그 자리에 모인 대중들은 부처님의 말씀을 듣고, 각자 자신의 경지에 따라 마음이 환히 열리고 온갖 더러운 번뇌를 여의었다. 그래서 어떤 사람은 연각(緣覺)*의 보살(菩薩)*이 되기도 하고, 더 이상 위 없는 아뇩다라삼먁삼보리(阿耨多羅三藐三菩提)*의 경지, 바르고 참된 도를 구한 이도 있었다. 아난과 다른 모든 대중들은 땅에 엎드려 부처님을 예배하고 기뻐하면서 가르침을 받들어 행하였다.

《현우경》제3

---

*연각 /부처님의 가르침에 의지하지 않고 스스로 도를 깨달은 이

*보살 /무상보리(無上菩提)를 구하여 衆生을 이익케 하고 모든 바라밀의 행을 닦아서 미래에 불타의 깨달음을 열려고 하는 사람

*아뇩다라삼먁삼보리 /무상정등정각(無上正等正覺)이라고 번역. 위 없이 높고 바르고 평등·원만한 깨달음을 일컬음

물 한그릇 보시한 공덕 ● ● ● ●

아리제란 나라에 부자라고 소문난 장자가 살고 있었다. 그는 창고마다 가득차고 넘치도록 수많은 재물을 쌓아 두고 있었지만, 세상에 둘도 없는 구두쇠였을 뿐만 아니라, 남들에게 베풀 줄 모르는 냉혈한이었다. 그에게는 나이 많은 여종이 한 사람 있었다. 그녀는 동이 트기도 전인 새벽부터 한밤중까지 쉬지 않고 일했지만, 조금이라도 실수를 하면 기다리고 있는 것은 장자의 무자비한 매질뿐이었다. 그뿐만 아니라 장자는 그녀에게 추위를 견딜 옷도 제대로 주지 않고, 배불리 먹이지도 않고, 개나 돼지보다도 못하게 취급하며 심하게 부려먹기만 할 뿐이었다.

하루 이틀도 아니고 평생토록 이런 대접을 받으며 뼈가 빠지게 일했기 때문에 여종은 나이가 들어갈수록 점점 쇠약해졌다. 자살하려고 마음먹었던 적도 여러 번이었다. 그렇지만 그것도 뜻대로 되지 않고 혹독한 매질만 더 늘어날 뿐이었다. 그러던 어느 날, 하루는 병을 들고 냇가에 물을 길러 나갔다. 그녀는 자신의 처지를 생각하고 저절로 설움에 겨워 냇가에 주저앉아 큰 소리로 통곡했다. 때마침 그 길을 자주 지나다니던 부처님의 제자 가전연이 그녀가 통곡하고 있는 모습을 보았다. 가전연은 그녀에게 다가가 물었다.

"노파여, 왜 이런 곳에서 그리 슬피 울고 있소?"

"스님, 보시는 것처럼 저는 늙고 병들었습니다. 그런데도 남의 집

종의 신분에서 벗어나지 못하고 새벽부터 밤중까지 개, 돼지처럼 쫓기며 부림을 당합니다. 먹는 것도 입는 것도 부실해 항상 헐벗고 굶주림에 시달립니다. 이런 저런 제 신세를 돌아보니, 하도 기가 막혀 눈물이 절로 납니다.”

노파는 자신의 처지를 호소했다. 그 말을 들은 가전연은 말했다.

“그대가 그렇게 살기가 힘들고 고통스럽다면 왜 고통을 남에게 팔지 않는가?”

이 말을 들은 노파는 이해가 가지 않아 되물었다.

“아니 이 세상에서 가난과 고통을 어떻게 사고 팔 수 있습니까?”

“그렇지 않다. 마음먹기만 한다면 얼마든지 사고 팔 수 있다.”

“그렇기만 하다면야 저는 기쁘게 팔겠습니다. 그 방법을 가르쳐 주십시오.”

그러자 가전연은 노파에게 말했다.

“그대가 그럴 의향이 있다면 내가 말하는 대로 하여라. 먼저 이 냇물에 깨끗이 목욕을 하여라.”

노파는 그 말에 따라 냇물에 목욕을 했다. 노파가 물에서 나오자 가전연은 다시 말했다.

“몸이 깨끗해졌으면 이제 보시(布施)*하여라.”

“스님, 보시를 하는 게 좋은 일인 줄은 알지만, 제가 가진 건 아무것도 없습니다. 이 가난한 신세로 무엇을 보시할 수 있겠습니까? 지금 제가 들고 있는 이 병도 주인집 물건입니다.”

노파는 점점 당황했다. 그러자 가전연은 자기가 가진 병을 노파에게 주고는 이렇게 말했다.

“이 병에다 깨끗한 물을 조금 떠오너라.”

---

*보시 /베푸는 것. 보시의 행위·내용·태도·목적에 따라 여러가지 분류가 있다. 보시를 베푸는 물건에 기준을 둘 것이 아니라 베푸는 마음 그것을 표준으로 해야 한다.

노파는 그 병에다 아주 맑은 물을 떠서 가전연에게 바쳤다. 가전연은 그 물을 받아 노파에게 마음으로 베푸는 법을 말하고, 염불하는 공덕에 대해 설법했다.

"그대는 매일 밤 어디에서 자는가?"

"제가 자는 곳은 일정하지 않습니다. 어떤 때는 방앗간에서 자기도 하고 어떤 때는 마굿간에서 잡니다. 때로는 추운 겨울에 처마밑에서 잠들기도 합니다."

"노파여, 그렇다고 해도 결코 주인을 원망하거나 원한을 품지는 말아라. 주인집 사람들이 다 잠들고 나거든 기척을 살펴 가만히 문을 열고 문 안에 깨끗한 자리를 펴고 앉아 염불을 하라. 가장 중요한 것은 미워하고 증오하는 마음을 내지 않는 일이다."

"가전연 스님, 정말 제게 참다운 가르침을 베풀어 주시니 그지없이 감사합니다."

노파는 가전연에게 마음 속으로부터 우러나오는 감사를 드린 다음 주인집으로 돌아가 그 가르침을 실행에 옮겼다. 그리고 노파는 그날 밤 자는 듯이 염불(念佛)*을 하는 자세대로 앉은 채 세상을 떠났다. 그녀는 바로 도리천에 태어났다. 날이 밝아오자 사람들은 그녀가 숨을 거둔 것을 발견했다. 무자비한 주인은 매우 화가 났다.

"이 늙은이가 이제까지 문 안에서 자는 이런 방자한 짓은 한 적이 없었다. 하필이면 여기서 자다가 죽었단 말이냐?"

그는 고래고래 고함을 치면서 다른 하인들에게 명령하여 노파의 시체를 새끼줄로 묶어서 길가에다 내다 버리라고 말했다. 도리천에 태어난 노파는 자신이 왜 천상에 있는지 그 까닭을 몰라 어리둥절했다. 그런 한편, 길가에다 내다 버린 노파의 시체를 본 5백의 천인들은 하늘에서 내려와 그 시신에다 꽃을 뿌리고 향을 사르며 공양했다. 그러

---

*염불 / 불도 수행의 기본적 행법의 하나로서 부처님을 생각하는 것

자 하늘의 거룩한 광명이 온 천지에 빛났다. 마음이 악한 장자는 어디선가 성스러운 광명이 비치자 그 빛을 따라가 보았더니 바로 노파의 시신이었다. 하늘의 천인들이 내려와 보잘 것 없는 여종의 시신에다 공양을 드리고 있지 않은가?

"아니 천인들이여, 이 미천한 여종의 시체에다 무슨 꽃이며 향으로 공양을 드립니까? 이 노파는 살아서도 천하기 그지없는 종이었을 뿐입니다."

장자가 이렇게 말하자 천인들은 그의 악행을 나무라며, 노파가 깨끗한 마음으로 닦은 공덕으로 인해 이미 도리천(忉利天)*에 태어났다는 사실을 알려주었다.

《현우경》제5

---

*도리천 /욕계 육천(六天)의 제2천. 남섬부주의 위에 8만 유순되는 수미산 꼭대기에 있다. 부처님이 도리천에 올라가서 어머니 마야부인을 위해 석 달 동안 설법한 것으로 유명함

부처님 한번 뵙기 위해 • • • •

부처님이 사위국 기수급고독원에 계실 때였다.

사위국의 파사익왕에게는 금강이란 공주가 있었다. 그녀는 나이가 들어도 시집을 못가고 혼자 살고 있었다. 파사익왕 부부는 혼자 있는 딸을 무척 사랑해 금강공주를 위해 훌륭한 별궁을 지어주고, 5백 명이나 되는 시녀를 주어 즐겁게 살도록 했다. 그 시녀들은 모두 춤과 노래에 뛰어난 미인들로 그들 중 나이가 지긋한 도승이란 시녀는 언제나 시장에 나가 분이나 화장품, 향과 꽃 같은 일상용품을 구해오는 일을 맡았다. 하루는 도승이 시장에 나가니 많은 사람들이 손에 향과 꽃을 들고 성 안으로 들어가고 있었다.

"대체 여러분들은 향과 꽃을 들고 어디로 가고 있습니까?"

도승은 한 사람을 잡고 물어보았다.

"우리들은 삼계에서 가장 거룩하신 스승, 부처님을 뵈오러 가는 길입니다. 그분은 많은 수행을 닦고 깨달음을 구하시어, 모든 중생들을 다 이롭게 하는 가르침을 펴고 계십니다."

이 말을 들은 도승은 마음 속에 기쁨이 가득 찼다. '나같은 사람도 부처님의 말씀을 들을 수 있다면, 얼마나 큰 복일까. 아마 그럴 수 있다면 지난 과거세에 심은 선근의 결과이리라.' 도승은 이런 생각을 하며 향과 꽃을 사서 다른 사람들의 뒤를 따라 부처님 계신 곳에 이르렀다. 그리고 꽃을 뿌리고 향을 사른 뒤 합장 정례한 후 일심으로 설법을 들었다. 그녀의 마음이 간절한 탓이었는지, 도승의 향과 꽃에선 더욱 아름다운 향기가 널리 퍼졌다. 도승이 부처님의 가르침을 듣고 궁전으로 돌아오자 금강공주와 시녀들은 그녀가 늦은 것을 탓했다. 도승은 자신이 왜 늦었는지 그 이유를 숨김없이 설명했다.

"지금 세간에선 삼계에서 가장 거룩하신 스승 부처님께서 모든 중생들에게 이로운 법을 펴고 계십니다. 그 진리의 북은 삼천대천세계를 울리고 있습니다. 이렇게 고귀한 법문을 듣고자 부처님 계신 곳으로 달려가는 사람들의 수는 헤아릴 수 없이 많습니다. 저도 사람들 틈에 끼어 예배하고 법문을 듣느라 돌아오는 시간이 늦었습니다."

금강공주와 여러 시녀들은 도승의 이런 말을 듣자 자신들도 모르게 마음이 기쁘고 즐거웠다.

"도승이여, 우리들은 죄가 많아 그 거룩한 부처님의 법문을 들을 수 없었다. 그렇지만 네가 들은 말씀을 그대로 우리에게 전해줄 수는 없겠는가?"

"공주님, 저더러 말씀하라고 하시지만, 제 몸은 천하고 입도 더러워 그 귀한 말씀을 그대로 전할 수는 없습니다. 그러나 꼭 듣고 싶으시다면 다시 한번 저를 부처님 계신 곳으로 보내주십시오. 제가 명심하여 듣고 와서 그대로 말씀드리겠습니다."

금강공주는 흔쾌하게 허락했다.

"그렇다면 그대는 다시 한번 부처님께로 가서 잘 듣고 와 그 말씀을 우리에게 전하라. 그리고 나서 잘 설해 다오."

도승은 다시 부처님 계신 곳으로 갔다. 공주의 별궁에서는 모든 사람들이 도승이 돌아오기만을 목이 빠지도록 기다리고 있었다. 마침내 도승이 부처님의 말씀을 듣고 돌아오자, 시녀들은 모두 자신들의 옷을 하나씩 벗어 그 옷을 쌓아올려 도승이 앉을 자리를 만들었다. 도승은 몸을 단정히 하고 부처님의 위신력으로 그 자리에 올라 법문을 설했다. 금강공주와 5백 명의 시녀들은 가르침을 듣자, 모든 의혹을 풀고 마음 속에 남아 있는 악을 깨뜨리고 이내 수다원의 경지에 이르렀다. 도승의 설법은 매우 훌륭해 듣는 사람들은 모두 무아지경에 빠져 있었다. 그래서 궁중에 불길이 마구 번지고 있다는 사실도 깨닫지 못했다. 불길은 삽시간에 번져 궁전을 다 태우고 법문을 듣고 있던 공주와 시녀들도 재로 변하게 하고 말았다. 금강공주의 별궁에 불이 났다는 소리를 들은 파사익왕은 많은 신하들을 이끌고 달려 갔으나 한 사람도 구할 수 없었다. 그러나 공주와 시녀들은 깨달음을 구한 공덕으로 천상에 다시 태어났다. 파사익왕은 딸의 모습을 찾을 수 없자 슬픔을 가누지 못하고 부처님께 들렀다. 그는 부처님께 합장하고 절한 다음 이렇게 말했다.

"부처님, 제 딸 금강공주는 아주 불행하게 살았습니다. 기녀와 시녀들은 미처 불길이 번진다는 사실을 알지도 못하고 엉겁결에 일어난 화재로 타죽고 말았습니다. 저는 지금 막 장례를 치르고 오는 길입니다. 대체 그들은 무슨 죄업으로 이런 끔찍한 일을 당해야만 합니까? 바라옵건대 부처님께서는 말씀해 주십시오."

이 말을 들은 부처님은 파사익왕을 위하여 다음과 같은 과거세의 인연을 말씀하셨다.

옛날 파라나성에 장자의 부인 한 사람이 살고 있었다. 그녀는 5백 명의 시녀들을 거느리고 성 안의 큰 사당에 나가 제사를 드렸다. 그 제사는 여자들만이 행하는 것으로 어떤 사람일지라도 이성, 심지어 아버지나 아들이라도 남자들은 접근해서는 안되는 제사였다. 만약 그 규정을 어기면 불 가운데 내어던지는 참혹한 벌을 받아야만 했다. 그때 가라라고 불리우는 벽지불(辟支佛)*이 있었다. 그는 산중에서 수도하다가

---

*벽지불/구역에는 연각(緣覺), 신역에는 독각(獨覺)이라 함. 꽃이 피고 잎이 지는 등의 외연(外緣)에 의하여 스승 없이 혼자 깨닫는 이를 말한다.

저자로 내려와 걸식하고 있었는데, 무심코 사당 가까이 다가갔다.

　이 모습을 발견한 장자의 부인은 화를 내어 다른 사람들과 함께 그 벽지불을 불길 가운데로 내던지고 말았다. 가라는 온 몸에 화상을 입었으나 신통력으로 허공 중에 날아올랐다. 이 광경을 본 5백 명의 여자들은 비로소 가라가 성현임을 깨달았다. 그리고 자신들의 과격한 행동을 눈물 흘리며 참회했다. 그녀들은 모두 무릎 꿇고 고개를 숙인 다음, 이렇게 말했다.

　"우리들이 어리석어 성인을 몰라보고 오히려 잘못을 범했습니다. 우리들이 저지른 태산같은 죄를 생각하면 두렵기 한이 없습니다. 바라옵건대 높으신 덕으로 이 무거운 죄를 소멸하게 해 주십시오."

　벽지불 가라는 이 참회의 소리를 듣고 허공에서 천천히 땅으로 내려와 열반에 들었다. 5백 명의 여자들은 힘을 합해 탑을 세우고, 사리를 공양했다. 이때 장자의 부인이 바로 금강공주요, 그때의 시녀들이 도승을 비롯한 5백 명의 시녀들이다.

《법구비유경》제2

부귀와 빈곤의 장

왜, 어디에다가 절하는가
파사익왕의 살빼기 방법
부귀보다 더 소중한 것
깨달으면 죽음도 두렵지 않다
사랑이 생기면 슬픔도 깃들고
아나빈저 장자의 일곱아들 교화
권세보다 훌륭한 지혜

왜, 어디에다가 절하는가 ● ● ● ●

부처님이 왕사성 기사굴산에 계실 때였다.

하루는 부처님이 탁발(托鉢)*을 하러 성안으로 들어가시다가 선생 (善生)이라는 이름의 어떤 장자의 아들을 만나셨다. 선생은 이른 아 침부터 성을 나와서 깨끗하게 목욕하고 몸이 채 마르기도 전에 동서 남북과 상하 여섯 방향을 향해 두루 예배하고 있었는데, 부처님이 이 모습을 보고 그에게 다가가 이렇게 말씀하셨다.

"선생이여, 그대는 무슨 까닭으로 이른 아침부터 집을 나와서 목욕 을 하고, 모든 방위를 향해 예배드리는가?"

그러자 선생은 다음과 같이 대답했다.

"우리 아버지께서는 돌아가시면서 제게 이르시기를, 모든 방위를 향해 예배드리라고 유언하셨습니다. 그래서 저는 그 유언을 실행하는 것입니다."

그 대답을 들은 부처님이 다시 이르셨다.

"여섯 방위(六方)에 예배한다고 해서 그 일이 무슨 공덕이 되겠느 냐. 참된 진리의 가르침은 그런 것으로 공덕을 쌓는 법이 아니다."

부처님의 말씀을 들은 선생은 다시 여쭈었다.

"그렇다면 바라옵건대, 부처님께선 저를 위하여 바른 가르침을 일

---

*탁발 /수행자가 발우(鉢)를 가지고 시중에 나아가서 음식을 얻는 것

러 주십시오."

부처님은 잠시 생각을 가다듬고 이렇게 말씀하셨다.

"선생이여, 잘 들으라. 만일 장자의 아들이나 장자가 네 가지 결업(結業)을 알고, 네 곳에서 악행을 짓지 않는다면 참으로 착하다고 할 수 있을 것이다. 또 여섯 가지의 손재업을 안다면 그 역시 착하다고 할 것이다. 마찬가지로 사람들이 네 가지 악한 행동을 떠나 육방을 예경한다면, 그는 이승에서도 착하고 저승에서도 착한 갚음을 얻을 것이요, 이승에서도 뿌리를 내리고 저승에서도 선한 뿌리를 내릴 것이다. 바로 지금 이 순간에 지혜를 얻은 이가 말한 대로 세상의 한 과를 얻으면 다음 세상에선 분명히 좋은 곳에 태어날 것이다.

선생이여, 네 가지 결행이란 무엇인가? 첫째는 살생이요, 둘째는 도둑질이요, 셋째는 음탕이요, 넷째는 거짓말이다. 또 어떤 것이 네 곳인가? 첫째는 욕심이요, 둘째는 성냄이요, 셋째는 두려움이요, 넷째는 어리석음이다. 만일 이런 네 가지의 악한 일을 행하는 사람은 반드시 손해를 볼 것이다.

그렇다면 여섯 가지 손재업은 무엇인가? 첫째는 술에 빠지는 것이고, 둘째는 노름에 빠지는 것이며, 셋째는 방탕에서 헤어나지 못하는 것이다. 넷째는 기악에 정신을 빼앗기는 일이며, 다섯째는 악한 벗을 만나는 일이다. 그리고 여섯째는 게으름이니, 이를 여섯 가지 손재업이라 한다. 이런 일들을 올바로 아는 것이 육방을 공양하는 일이다.

선생이여, 내 말을 명심하라. 술을 마시면 여섯 가지 손실이 있다. 첫째는 재물을 없애고, 둘째는 병을 얻으며, 셋째는 남과 시비하여 다투게 된다. 넷째는 나쁜 이름이 퍼지고, 다섯째는 항상 마음이 화를 내게 되어 사나워지며, 여섯째는 지혜가 날로 줄어들게 마련이다.

선생이여, 노름에 빠지면 여섯 가지 손실이 있다. 첫째는 재산이 날로 줄어들고, 둘째는 비록 노름에서 이긴다 하더라도 원한을 사게 된다. 셋째는 지혜로운 사람에게 나무람을 듣게 되고, 넷째는 사람들을 공경하거나 믿는 마음을 잃는다. 다섯째는 그를 보는 사람마다 꺼리고, 여섯째는 도둑질할 마음이 생기는 것이다. 바로 이것이 노름으로 인한 여섯 가지 손실이다.

방탕에도 여섯 가지 손실이 뒤따른다. 첫째는 자기몸을 지키지 못하고, 둘째는 재물을 날리며, 셋째는 자손들을 보호하지 못한다. 넷째는 항상 놀라고 두려움에 떨며, 다섯째는 모든 악한 것과 괴로움이 그 몸에서 떠나지 않는다. 여섯째는 마음 가득 허망한 심정뿐이다.

선생이여, 기악에도 여섯 가지 종류가 있다. 첫째는 노래를 찾고, 둘째는 춤을 찾으며, 셋째는 거문고와 비파를 찾는다. 넷째는 손뼉치고 즐기며, 다섯째는 북을 두드리고, 여섯째는 이야기에 정신을 잃게 된다.

악한 벗을 만나도 여섯 가지 손실이 있다. 첫째는 수단을 써서 남을 속이고, 둘째는 으슥한 곳을 좋아하며, 셋째는 남의 집 사람들을 홀린다. 넷째는 남의 물건을 탐내고 훔치며, 다섯째는 재물의 이익을 따른다. 여섯째는 남의 허물을 드러내기를 즐기게 되니, 이런 것이 악한 벗의 여섯 가지 손실이다.

게으름에도 여섯 가지 손실이 있다. 첫째는 부유하고 즐거우면서도 일하기를 싫어하게 되고, 둘째는 가난하고 궁하다면서도 부지런히 일하지 않는다. 셋째는 춥다는 핑계로 부지런히 일하지 않으며, 넷째는 덥다는 핑계로 일하지 않는다. 또 다섯째는 때가 이르면 이르다고 일하지 않고, 여섯째는 늦으면 늦다고 일하지 않는 것이다.

선생이여, 사람들이 두려워해야 할 네 가지 원수가 있다. 첫째는 두려워 엎드리는 일이고, 둘째는 아름다운 말이고, 셋째는 공경하고 순종하는 척하는 것이며, 넷째는 악한 벗이다. 두려워 엎드리는 일이란 무엇인가? 그것은 먼저 주었다가 뒤에 가서 빼앗는 일, 적은 것을 주고 많은 것을 바라는 일, 두려워하므로 억지로 친하는 일, 이익을 구하기 위해 친하는 일이다.

아름다운 말의 네 가지는 어떤 것인가? 선악을 가리지 않고 다 따르고, 어려움이 있으면 버리고, 겉으로 착한 척하면서 방해하는 일, 그리고 위태로운 일이 생기면 배척하는 일이다. 이런 일들이 아름다운 말로 인한 네 가지 손실이다.

공경하고 친하는 척하는 일에도 네 가지가 있다. 첫째는 먼저 속이는 일이고, 둘째는 뒤에 또 속이는 일이며, 셋째는 현재 눈앞에서 속이는 일이고, 넷째는 조그마한 허물을 보아도 덮어두지 못하고 매질하는 일이다.

악한 벗과 사귀는 데도 이런 네 가지 일이 있다. 첫째는 술마실 때의 벗이고, 둘째는 도박할 때의 벗이며, 셋째는 음탕한 행동을 할 때의 벗이고, 넷째는 노래하고 춤출 때의 벗이다."

이런 말씀 끝에 부처님은 선생에게 모든 사람들을 이롭게 하는 네 가지 일, 사사(四事)에 대해 말씀하셨다. 그것은 사람들이 악한 일을 하는 것을 보면 급히 말리고, 사람들에게 정직한 도리를 보여주며, 사람들을 사랑하는 마음과 가엾게 여기는 마음을 갖는 것이라고 말씀하셨다. 선생의 아버지가 유언으로 남긴 육방이란 한갓 방향에 속한 것을 뜻하지는 않는다는 말씀이었다. 마지막으로 부처님은 다음과 같이 말씀하셨다.

"선생이여, 잘 들으라. 어떤 것을 일러 육방이라 하는가. 부모는 동방이요, 스승은 남방이다. 아내는 서방이요, 친척은 북방이다. 아랫사람들은 하방이요, 덕이 높은 수행자들은 상방이다. 육방을 예경하는 데는 바로 이런 이들을 제대로 받들고 공양하겠다는 다짐이 들어 있는 것이다."

선생은 비로소 자신이 왜 육방을 향해 예경하는지 부처님의 말씀을 듣고서야 깨달았다.

"과연 옳으신 말씀입니다. 부처님의 가르침은 거룩하시어 제 아버지의 뜻을 더욱 깊게 알려 주셨습니다. 저는 이제 부처님께 귀의하고 교단에 귀의하겠습니다. 제가 올바른 신도가 될 수 있도록 도와 주십시오. 저는 오늘 이 순간부터 살아있는 목숨을 해치지 않겠습니다. 도둑질하지 않고, 음탕한 행동을 하지 않으며, 남을 속이지 않겠습니다. 그리고 술을 멀리 하겠습니다.”

  선생은 이렇게 다짐하고 부처님께 엎드려 절한 뒤 기뻐하며 돌아가 가르침을 받들었다.

《선생경》제1

파사익왕의 살빼기 방법 ● ● ● ●

부처님이 사위국에서 가르침을 펴실 때의 일이다.

그때 나라를 다스리는 왕은 파사익(波斯匿)*이었다. 그는 사람됨이 교만하고 방탕해 항상 아름다운 여인들을 탐하고 맛있는 음식과 온갖 쾌락을 탐닉하는 생활을 즐겼다. 특히 산해진미같은 기름진 음식을 배불리 먹고도 만족하지 않는 습관 때문에 아무리 많은 음식을 먹어도 다시 주방에 명령하여 더 맛있는 음식을 준비하라고 호통치곤 했다. 그 결과 왕은 몸이 뚱뚱해져 마침내 수레를 타거나 걷는 일도 힘들었다. 뿐만 아니라 앉고 서거나 눕기조차 힘들어 숨이 가쁘고 답답해져 편안한 잠도 이룰 수 없었다. 밤낮 끙끙거리며 신음하면서도 왕은 배를 채우는 일을 멈추지 않았다.

어느날 왕은 괴로움을 견디다 못해 신하들에게 명령하여 부처님을 찾아 뵙기로 했다. 그는 부처님 앞에 이르자 비대한 몸을 굽혀 겨우 인사 드린 다음 이렇게 말했다.

"부처님, 저는 요즘 몸이 아무래도 가볍지 않아 마음대로 움직일 수 없어 그동안 제대로 문안드리지도 못했습니다. 이렇게 건강하신 모습을 뵈오니 기쁘기 한량없습니다. 도대체 저는 무슨 과보로 이렇

---

*파사익 /범수왕(梵授王)의 아들로서 부처님과 같은 날 태어났다고 함. 부처님께 귀의하고 교단의 외호자가 되었다.

사람됨이 교만하고 방탕해 항상 아름다운 여인들을 탐하고 맛있는 음식을 즐기던 왕은 몸이 뚱뚱해져 마침내 수레를 타거나 걷는 일마저 힘들었다. 눕기조차 힘들어 편안한 잠을 이룰 수 없게 된 왕은 괴로움을 견디다 못해 부처님을 찾아 뵙기로 했다.

게 몸이 비대해집니까? 이 괴로움은 어디에다 비할 수도 없사옵니다. 어떻게 하면 이 괴로움에서 벗어날 수 있겠습니까?”

부처님은 파사익왕이 이 말을 하는 중에도 숨이 차서 헐떡거리는 모습을 가엾게 보시고 이렇게 말씀하셨다.

“대왕이여, 사람이 살이 찌는 데에는 다섯 가지 원인이 있습니다. 첫째는 과식하는 것입니다. 그리고 둘째는 수면을 탐내고, 셋째는 즐거움만을 탐내고, 넷째는 마음을 괴롭히지 않는 일입니다. 다섯째는 할 일이 없는 것입니다. 이런 다섯 가지 이유로 몸이 비대해지고 살이 찌는 것입니다. 그렇지 않으려면, 음식을 줄이고 부지런히 일을 하십시오. 살은 자연히 빠질 것입니다.”

이렇게 말씀하신 끝에 부처님은 다음과 같은 게송을 읊으셨다.

먹는 것을 줄이고 부족함을 원하라.
그러면 자연히 고통도 없어져
몸은 한결 가볍고 목숨도 길다.
이 일을 명심할지어다.

왕은 이런 부처님의 게송을 듣고 기쁜 마음으로 신하를 불렀다.

“그대는 지금 들은 부처님의 이 게송을 잘 외워 두었다가 내가 음식을 먹을 때마다 반드시 들려 주시오.”

궁전으로 돌아온 왕은 식사 때가 되면 이 게송을 들으면서 먹는 음식의 양을 줄여 나갔다. 이렇게 먹는 음식의 양이 줄어들자 그의 몸도 자연히 가벼워지고, 살이 빠져 몸도 마음도 가뿐해졌다. 파사익왕은 이 기쁨을 부처님께 고하고자 이번에는 발걸음도 가볍게 혼자 걸어서 부처님 계신 곳으로 향했다.

부처님은 파사익왕을 보시자 자리를 권하신 다음 질문하셨다.

“대왕은 수레나 말을 얼마든지 부릴 수 있는데, 어찌하여 오늘은 몸소 걸어서 오셨습니까?”

“부처님이시여, 저는 부처님의 가르침에 따랐더니 지금은 몸과 마음이 가볍고 편안해졌습니다. 그래서 제 자신의 힘으로 얼마든지 걸어올 수 있었습니다. 그런 까닭에 오늘은 말도 수레도 타지 않고 온 것입니다. 이는 오로지 부처님의 가르침에 힘입은 것입니다. 마음 깊이 감사드립니다.”

“대왕이여, 참으로 좋은 말씀을 하셨습니다. 세상 사람들은 맛있는 음식만이 아니라 모든 욕정도 마음대로 하는 것이 행복이라고 생각합니다. 그러나 사람이 죽으면 정신은 사라지고, 그 몸은 해골이 될 뿐입니다. 그런 생각을 한다면, 결국 자신의 욕망에만 따르는 것은 단지 해골을 기르기 위함이 아니겠습니까? 지혜로운 사람은 모든 힘을 정신을 기르는 데 쓰고, 어리석은 사람은 다만 그 육체만을 위할 뿐입니다.”

파사익왕은 부처님의 이런 간곡한 말씀을 듣고서 홀연 마음이 활짝 밝아졌다.

《법구비유경》 제3

부귀보다 더 소중한 것 ● ● ● ●

　교살라국(憍薩羅國)*에 담마세질이라는 장자가 있었다. 그는 지위
도 높고 권력 또한 마음껏 누릴 수 있을 뿐만 아니라 물질적인 풍요
로움도 아쉬울 것이 없었다. 그러나 단 한 가지 큰 걱정이 있었는데
그것은 대를 이을 아들이 없다는 것이었다. 그래서 그는 천지신명에
게 아들을 낳게 해달라고 빌었다. 그의 정성이 헛되지 않았던지 얼마
지나지 않아 그의 아내에게 태기가 있었고, 마침내 아들을 낳았다.
장자는 관상을 보는 사람을 불러 아들의 앞날을 일러 달라고 말했다.
관상가는 그 아들이 매우 훌륭한 인물이 되리라고 말하며 이름을 단
미리라고 지어 주었다. 장자의 부부는 오랜 소망 끝에 낳은 아들이
훌륭한 인물이 될 것이라는 말에 기쁨을 누를 길 없었다.

　세월이 지나면서 단미리가 자라고 그 아버지 담마세질 장자는 마침
내 세상을 떠났다. 파사익 국왕은 단미리가 그 아버지의 지위와 모든
재산을 물려 받도록 하였다. 그는 왕의 봉록을 받아 아버지의 대를
이어 저택에서 남부러울 것 없이 살았다. 그런데 그 집이 갑자기 칠
보로 변하고, 창고마다 여러 가지 보배가 가득차는 불가사의한 일이
일어났다. 그때 파사익 국왕의 왕자 유리가 열병을 앓고 있었다. 온

---

* 교살라국 / 남인도 옛 왕국의 이름. 파사익왕의 영지였다. '코살라'라고도 하는데 부처님
　당시 마가다국과 함께 2대 강국이었다.

갖 약과 처방으로 치료를 해도 별 차도가 없자 하루는 의사가 우두전단을 몸에 발라야 열이 내릴 것이라고 진단했다. 이 말을 듣고 왕은 전국에 명령을 내렸다.

"우두전단을 구해 오는 사람은 천금의 값을 주리라."

그러자 어떤 사람이 국왕에게 말했다.

"국왕이시여, 단미리 장자의 집에는 우두전단이 많이 있습니다."

파사익왕은 이 말을 듣자마자 말을 달려 단미리 장자의 집으로 갔다. 국왕의 행렬이 문앞에 닿자 문지기는 안으로 들어가 단미리 장자에게 고했다.

"장자님, 지금 국왕께서 도착하셨습니다."

단미리 장자는 기뻐서 국왕을 집안으로 모셨다. 국왕은 대문에서부터 백금·황금·은으로 휘황찬란한 것을 보고 놀랐다. 대문 안에 들어서자 은실로 짠 옷을 입은 여인들이 나와 시중을 들었다. 왕은 그 여자들이 누구인가 물었다.

"국왕이시여, 이 여인들은 안내를 하는 여종들입니다."

다시 중문 안으로 들어서니 그 문은 감색 유리로 만들어졌고, 그곳에는 열두 명의 여자들이 시중들고 있었다. 중문을 지나 안으로 들어가니 그곳에는 황금으로 만든 문이 나오고, 금실로 짠 찬란한 옷을 입은 아름다운 여인들이 40명이나 시중들었다. 잠시 후 집안에 들어서니 청룡수(淸瀧水)와도 같은 유리연못이 있는데, 벽에는 여러 가지 모양의 상이 조각되어 있었다. 칠보전에는 단미리 장자의 부인이 유리상 위로 국왕을 청했다. 그런데 단미리 장자 부인의 눈에는 눈물이 가득 고여 있었다. 그 모습을 본 국왕은 이상한 생각이 들어 물었다.

"그대는 무엇 때문에 눈물 흘리는가?"

"대왕의 행차가 저희 집에 이르신 것은 참으로 무한한 영광입니다. 다만 대왕의 옷에서 가는 연기가 나와 자연히 매운 기운에 눈물이 났습니다. 결코 다른 까닭이 있어서가 아닙니다."

"그렇다면 그대의 집에서는 불을 때지 않는가?"

"그렇습니다."

"그렇다면 무엇으로 음식을 만들어 먹는가?"

"식사 때가 되면 갖가지 맛있는 음식들이 저절로 하늘에서부터 날아옵니다."

"어두운 밤에 불을 켜지 않는다면 어떻게 물건을 보고 생활할 수 있는가?"

"대왕이시여, 저희는 마니주(摩尼珠)*라는 구슬을 쓰기 때문에 아무리 캄캄한 한밤중이라도 마치 대낮처럼 밝습니다."

파사익왕은 자신의 궁전보다도 더 훌륭한 단미리 장자의 집안 생활에 놀라지 않을 수 없었다. 그때 장자가 국왕에게 여쭈었다.

"대왕께서는 무슨 일로 누추한 제 집까지 몸소 납시었습니까?"

"유리 왕자가 심한 열병을 앓고 있노라. 우두전단향을 몸에 발라야만 나을 수 있다고 의사가 진단했는데 들으니 그대의 집에는 우두전단이 있다고 하기에 구하러 왔노라."

"그렇다면 제가 직접 창고로 모시겠습니다."

장자는 몹시 기뻐하면서 국왕을 자신의 창고로 안내했다. 창고 안에는 여러 가지 보물을 비롯해 왕이 구하고자 하는 우두전단도 있었다. 단미리 장자는 우두전단을 가리키면서 이렇게 말했다.

"대왕이시여, 필요한 대로 가져 가십시오."

"단 두 냥만 있으면 충분하다."

장자는 왕의 요구대로 두 냥의 우두전단을 사자를 시켜 먼저 궁중으로 보냈다. 왕은 단미리 장자에게 물었다.

"그대는 부처님을 뵌 적이 있는가?"

"저는 부처님이 어떤 분이신지 아직 들은 바가 없사옵니다."

---

*마니주 /주옥(珠玉)의 총칭. 불행·재난을 없애주고 탁수를 맑게 하는 덕이 있다고 함

"카필라성의 정반왕에게 싯달타라는 왕자가 있었다. 그분이 출가하여 수행한 뒤 깨달음을 이루고 32상 80종호*를 갖추시니, 신통지혜와 위신력이 이 세간에서 비할 바가 없다. 그분을 일러 세존이라고도 하고 부처님이라고도 한다."

단미리 장자는 부처님이란 말을 처음 들었으나 그 말을 듣자마자 존경스럽고 기쁜 마음이 가득했다.

"그분이 계신 곳은 어디입니까?"

"부처님께선 지금 왕사성 죽림정사에서 법을 설하고 계시노라."

이렇게 말하고 파사익왕이 왕궁으로 돌아가자, 장자는 부처님을 찾아 나섰다. 마침내 직접 부처님을 뵙고 예배드리자 마음 속엔 환희심이 끓어 올랐다. 그리고 부처님이 단미리 장자를 위해 법을 설하시자 그는 곧 발심하여 출가를 결심했다. 그는 고·집·멸·도 사제의 법문을 듣고 모든 번뇌를 여읜 뒤 바로 아라한의 경지에 이르렀다.

《현우경》제12

---

*32상 80종호 /불·보살의 몸에 갖추고 있는 특수한 용모형상 중에서 현저하여 알 수 있는 32가지를 32상(相)이라 한다. 미세하고 은밀하여 알 수 없는 80가지를 80종호(種好)라 한다. 대개 32상과 80종호를 합하여 상호라고 일컫는다.

깨달으면 죽음도 두렵지 않다 ● ● ● ●

부처님이 기원정사에 계실 때의 일이다.

수닷타 장자는 무거운 병에 걸려 목숨이 위태로운 지경에 빠졌다. 그는 하인을 불러서 이렇게 말했다.

"너는 지금 부처님을 찾아가 뵈어라. 그리고 병이 든 나 대신 안부를 여쭈어 다오."

그리고는 수닷타 장자는 힘겹게 다시 말을 이었다.

"부처님께 문안을 드린 다음에는 사리불 존자에게도 문안을 드려라. 마치 부처님께 예배하듯 그분에게도 문안드린 다음, 이렇게 말하라. '저의 주인 수닷타가 지금 여러날째 병석에서 앓고 있습니다. 목숨이 위태로운 지경입니다. 그래서 부처님과 사리불 존자님께 예배드리고 싶어도 움직일 수 없어, 제가 대신 이렇게 왔습니다. 사리불 존자시여, 외람된 말씀입니다만, 병자를 불쌍히 여기시어 그에게 방문해 주실 수는 없사옵니까?' 이렇게 간절히 부탁드리고 오너라."

수닷타 장자의 하인은 주인이 시키는 대로 부처님과 사리불께 예배한 다음, 수닷타의 소망을 전했다. 부처님은 그 하인의 말을 듣고 제자인 사리불을 돌아다 보셨다. 사리불은 아무 말 없이 수닷타 장자의 소망을 받아들였다. 하인은 황송해 하면서 집으로 돌아갔다.

다음날 아침, 사리불은 가사를 갖추어 입고 수닷타 장자의 집을 찾았다. 수닷타 장자는 멀리서 사리불이 오는 것을 보고는 자리에서 일어나 마중하려고 했다. 그러자 사리불은 병자를 그 자리에 가만히 있게 한 후, 대좌해서 앉았다. 사리불은 수닷타 장자를 보고 물었다.

"장자여, 병세는 좀 차도가 있습니까? 식사는 제때 하시는지요?"

수닷타 장자는 사실대로 자신의 처지를 이야기했다.

"사리불 존자여, 이렇게 힘든 걸음을 하시게 해서 정말 죄송합니다. 그렇지만 제가 병이 심해 식욕은 없고, 아픔은 점점 더해질 뿐이라 움직이기조차 힘들어 정말 괴롭습니다."

"수닷타 장자여, 그렇다고 너무 괴로워하지 마십시오. 깨달음을 얻지 못하고 마음을 닦지 않은 사람은 목숨이 다하면 지옥에 떨어지고 맙니다. 그러나 참되고 올바른 믿음을 가지고 바른 길을 따라 살아온 사람은 그렇지 않습니다.

수닷타 장자 당신은 평생을 정성껏 부처님의 가르침을 받들고 행하면서 살았습니다. 당신은 이 세상에서 목숨이 다한다 해도 안락을 얻을 것이 분명합니다. 또한 당신은 전생과 이생, 내생을 통틀어 모든 어리석음을 끊고 성자의 자리인 수다원의 경지에 이른 분입니다. 그러므로 이 세상을 떠나면 좀더 오묘한 깨달음을 얻게 될 것입니다.

정작 죽음을 두려워 할 사람들은 따로 있습니다. 하는 일마다 나쁜 짓을 저지르는 사람, 참된 가르침에 귀를 기울이지 않는 사람, 무자비한 사람, 모든 일을 나쁜 쪽으로만 보는 사람, 항상 좋지 않은 생각을 마음 속에 품고 있는 사람, 옳지 않은 잔꾀를 부리는 사람 등은 죽어서 지옥의 고통을 두려워해야 할 것입니다. 그렇지만 당신의 삶은 어떠했습니까? 항상 바른 마음으로 부처님의 가르침을 받드셨고, 남에게 아낌없이 베풀지 않았습니까? 또 올바른 가르침을 소중하게 여기고 이해하고, 지혜롭기도 비길 데 없었습니다. 그런 분이 무엇을 근심하십니까? 지금 병으로 고통받고 계시지만 반드시 고통에서 벗어나 더 깊은 믿음과 깨달음을 얻게 될 것이 분명합니다."

사리불 존자의 차분한 설법을 들은 수닷타 장자는 마음이 가라앉았다. 그는 병을 떨치고 일어나서 사리불 존자에게 엎드려 절하며 말했다.

"존자여, 저는 당신의 말씀을 듣자 아픔이 깨끗하게 가셨습니다. 저는 이제 어떤 병이나 죽음의 고통도 두렵지 않습니다. 이처럼 좋은 가르침을 제게 일러 주시니 참으로 감사합니다."

수닷타 장자는 예전에 사리불의 인도로 부처님을 뵙고 공양하던 일, 기원정사를 부처님께 바치던 일, 자신의 믿음이 깊어지던 일들을 이야기하며 즐거워했다. 그는 병석에서 일어나 부처님과 사리불, 또한 많은 비구스님들을 청해 공양하고 설법을 들으며 자신의 믿음을 굳건히 했다.

《중아함경》제7

사랑이 생기면 슬픔도 깃들고 ● ● ● ●

부처님이 기원정사에 머무르실 때였다.

한 사람의 바라문이 있었는데 그는 눈에 넣어도 아프지 않을 정도로 자신의 아들을 애지중지 사랑했다. 그런데 그 아이가 갑작스레 병에 걸리더니, 그만 제대로 손을 쓰기도 전에 세상을 떠나고 말았다. 바라문(婆羅門)*의 슬픔은 너무 커서 옆에서 보기에 딱할 정도였다. 그는 제대로 먹지도 않고 날마다 아들의 무덤을 찾아가 목놓아 울기만 하였다. 그러던 어느날 바라문은 생각다 못해 부처님을 찾아갔다. 한없이 슬픔에 잠긴 바라문을 보신 부처님은 심경이 어떠냐고 질문하셨다.

"부처님, 저는 요즘 슬픔 때문에 제 정신을 차릴 수가 없습니다. 내 목숨보다 더 사랑하던 자식이 어이없이 세상을 떠났습니다. 제 마음은 비통하기 짝이 없습니다. 슬픔 때문에 밥 한술도 제대로 삼키지 못합니다. 아름다운 옷, 향기로운 꽃도 제 마음을 달래지 못합니다. 저는 날만 새면 아들이 묻힌 무덤을 찾아가 해가 질 때까지 목놓아 울 뿐입니다."

바라문은 이 말을 하면서도 눈물을 뚝뚝 흘렸다.

---

*바라문 /인도의 4성(姓)계급 중에서 최상의 지위를 차지하고 있는 계급. 경전에는 자주 바라문의 얘기가 나오는데, 어떤 때는 신분적 계급을 나타내는 경우도 있고, 어떤 때는 외도(外道) 수행자를 가리킬 때도 있다.

"그대의 슬픔은 부모된 자로서 당연한 것이다. 그대가 자식을 얻고 기뻐하던 바로 그 순간부터, 그 슬픔 역시 함께 붙어 있었던 것이다. 사랑이 생기면 동시에 걱정과 슬픔, 괴로움과 번민, 온갖 번뇌가 뒤따르는 법이다."

부처님의 말씀을 들은 바라문은 그 말씀의 뜻을 이해할 수 없었다.

"부처님, 사랑이 생기면 동시에 걱정과 슬픔, 괴로움과 번민이 따른다는 말씀을 알 수 없습니다. 오히려 사랑이 생기면 기쁨과 즐거움이 따라야 당연하지 않습니까?"

부처님께서는 그렇지 않다고 말씀하셨다. 바라문은 그래도 이해가 가지 않아 다시 물었으나 부처님의 말씀은 변함이 없었다. 그래서 바라문은 이렇게 생각했다. '부처님의 말씀도 때로는 틀린가 보다. 아무리 생각해도 사랑이란 기쁨과 즐거움이 아닌가 말이다.' 바라문은 이런 생각을 하며 부처님의 말씀에 고개를 흔들고는 떠나갔다.

길을 가던 그는 기원정사로 향하는 마을 어귀에서 여러 사람들이 도박에 정신을 팔고 있는 모습을 보았다. 그는 이렇게 생각했다. '노름꾼들만큼 세상물정에 밝은 사람들도 드물 것이다. 부처님의 말씀이 옳은지 그른지 저 사람들에게 한번 물어봐야겠다.' 그는 도박판으로 가서 노름꾼들에게 부처님의 말씀을 들려주고는 어떻게 생각하느냐고 물었다. 노름꾼들은 입을 모아 말했다.

"아니 그럴 리가 있습니까? 사랑이 생기면 당연히 기쁨과 즐거움이 따르는 법이지요."

역시 자신의 생각과 같다는 것을 확인한 바라문은 두 말 없이 그 자리를 떠났다. 이 이야기는 사람들의 입에서 입으로 전해져 온 나라에 퍼졌다. 마침내는 국왕의 귀에까지 들어갔다. 하루는 왕비와 함께 있던 국왕이 이 이야기를 꺼냈다.

"왕비여, 부처님께서는 사랑이 슬픔과 괴로움을 가져온다고 말씀하셨다 하오. 그대의 생각은 어떻소?"

왕비는 가만히 생각하더니 이렇게 대답했다.

"제 생각으로는 부처님의 말씀이 옳은 것 같습니다. 그 말씀이야말로 참된 진리의 가르침입니다."

그러자 국왕은 고개를 흔들며 이렇게 말했다.

"왕비여, 그대는 독실한 부처님의 제자가 아닌가? 그러니 스승의 말이라 무조건 받아들이는 것일 테지. 어떻게 사랑에 따르는 것이 기쁨과 즐거움이 아니고, 슬픔과 괴로움일 수 있는가?"

그 말을 들은 왕비는 국왕에게 말했다.

"대왕이시여, 그렇다면 부처님께 사람을 보내 왜 그런 말씀을 하셨는지 일러 달라고 청하심이 어떠하오리까?"

국왕은 좋은 생각이라고 여겼다. 당장 신하를 불러 부처님을 찾아뵙고 그런 말씀을 하신 이유를 알아 오라는 명령을 했다. 왕의 명령을 받은 대신은 부처님을 찾아뵙고, 국왕의 뜻을 전했다. 그러자 부처님은 이렇게 말씀하셨다.

"지금부터 내가 하는 말을 잘 새겨 들으라. 가령 어떤 사람이 자신의 어머니를 몹시 사랑했는데, 그 어머니가 그만 세상을 떠났다고 하자. 그는 너무나 큰 슬픔 때문에 정신이 나가버려 옷을 벗고 알몸으로 큰 길을 뛰어다니면서 이렇게 외칠 것이다. '사람들이여, 우리 어머니를 못보셨습니까?' 그가 하루종일 이렇게 외치면서 다닌다고 하더라도 이런 행동은 자신의 어머니를 사랑했기 때문에 생긴 걱정, 근심, 슬픔과 괴로움 탓이 아니겠는가? 또 어떤 여인이 사랑하는 자기 자식을 잃었다고 하자. 그녀는 슬픔 때문에 발광하여 머리를 풀어 헤치고 길을 헤매면서 자기 자식을 살려 내라고 외칠지도 모른다. 하지만 이런 행동 역시 사랑 때문에 생기는 것이 아니겠는가?

예전에 이런 일이 있었다. 아주 금실이 좋은 부부가 살고 있었는데, 부인의 친정에선 사위를 마땅치 않게 생각했다. 하루는 부인이 친정을 방문하자 친정식구들은 그 틈을 타서 그녀를 다른 남자에게 시집보내려고 했다. 부인이 그 사실을 눈치채고는 놀라서 남편의 곁으로 달려왔는데, 자초지종을 말하자 남편은 헤어진다는 생각이 두렵기도 하고 슬프기도 했다. 남편은 울면서 아내의 손을 잡고 이렇게 말했다. '어떤 일이 있어도 우리가 헤어질 수는 없지 않소? 우리 차라리 저승에 가서 다시 만나 여한없이 살기로 합시다.' 이렇게 말하고는 칼을 빼들고 아내를 죽이고 자신도 그만 목숨을 스스로 끊고 말았다. 이들 부부 역시 오히려 사랑 때문에 근심과 걱정, 슬픔과 괴로움을 맛본 것이 아니고 무엇이겠는가?"

부처님의 말씀을 들은 대신은 왕에게로 달려와 그대로 전했다. 그러나 왕은 건성으로 듣기만 할 뿐 제대로 깊이 이해하지 못하는 눈치였다. 그 모습을 본 왕비는 국왕에게 물었다.

"대왕이시여, 신하 중에 가장 귀중하게 믿고 총애하시는 경호대장에게 만일 무슨 변이 생긴다면 어떻게 하시겠습니까?"

"왕비여, 그런 말은 입 밖에도 내지 마시오. 만약 그에게 나쁜 일이 생긴다면 나는 서럽고 비통함을 금할 수 없을 것이오. 정말이지 생각만 해도 괴로운 일이오."

그 말을 들은 왕비는 다시 물었다.

"대왕이시여, 그렇다면 만약 이 나라에 무슨 일이 생긴다면 어떤 마음이시겠습니까?"

그러자 국왕은 생각조차 할 수 없다고 대답했다. 그때 왕비는 다음과 같이 말했다.

"그것 보십시오. 부처님의 말씀대로가 아닙니까? 사랑하는 마음이 생기는 곳에는 반드시 온갖 번민과 고통이 함께 하지 않습니까? 대왕께서는 저를 어떻게 생각하고 계십니까?"

"나는 왕비인 그대를 누구보다 깊이 사랑하고 있소."

"그런 저에게 만약 무슨 변이 생겨, 내일이라도 병이 들거나 세상을 떠나게 된다면 어떻겠습니까?"

국왕은 말만 들어도 끔찍한 듯 고개를 설레설레 저었다.

"왕비여, 생각만 해도 소름끼치는 일이오. 만약 그런 일이 벌어진다면, 나는 슬픔과 한숨으로 나날을 보낼 것이고 내 목숨을 잃는 것보다 더 한스러운 생각이 들 것이오."

"부처님께서 말씀하신 것도 바로 그런 것입니다. 그래서 사랑이 생기는 곳에 반드시 걱정과 슬픔, 괴로움과 고통이 따른다고 말씀하신 것입니다. 부처님의 말씀은 언제나 진실하여 추호의 그릇됨도 없습니다."

국왕은 왕비의 말을 듣고 비로소 자신의 어리석음을 깨달았다. 그날로부터 그는 신심깊은 부처님의 제자가 되었다.

《중아함경》 제60

아나빈저 장자의 일곱 아들 교화 ● ● ● ●

부처님이 사위국 기수급고독원에 계실 때의 일이다.

그 나라에는 아나빈저(阿那邠邸) 장자*가 살고 있었는데, 그는 부처님의 가르침을 독실하게 따르는 이였다. 그런데 그 장자와는 달리 아들 일곱은 하나같이 부처님의 가르침을 우습게 여겼다. 그래서 살생을 서슴지 않고 행할 뿐만 아니라 남의 물건을 훔치는 일, 다른 사람의 아내를 취하는 일, 함부로 말하고 술마시고 경거망동하는 일도 꺼리는 법이 없었다. 어느날 아버지인 아나빈저 장자는 고심하다가 일곱 아들을 불러서 말했다.

"너희들은 지금이라도 늦지 않으니 부처님의 가르침에 귀의하라."

일곱 아들들은 말하였다.

"우리들은 부처님의 가르침에 따를 생각이 전혀 없습니다. 왜냐하면 그 가르침을 지킬 수가 없기 때문입니다."

아나빈저 장자는 다시 아들들을 향해 말했다.

"너희들은 내 말을 잘 들으라. 만약 부처님의 가르침에 따르기만 한다면, 나는 너희들에게 황금 천 냥을 줄 것이다."

일곱 아들들은 황금 천 냥을 아버지에게서 받자 부처님의 가르침대

---

*아나빈저 장자 /사위국 급고독(給孤獨) 장자의 이름. 아나타핀디카(Anāthapiṇḍika)를 소리대로 옮겨 아나빈저라고 하고, 뜻옮김을 하면 '가난한 사람을 돕는 사람'이 된다.

아 나빈저 장자의 일곱 아들들에게 부처님이 상세히
설법하시자 그들은 바로 그 자리에서 모든
번뇌를 없애고, 법안을 얻었다. 뿐만 아니라 부처님의
깊고 오묘한 법을 해득하였으므로 더이상 머뭇거리거나
두려움 없이 참된 수행의 길로 나아갔다.

로 살겠다고 말했다. 아나빈저 장자가 이렇게 힘들게 아들들을 부처님께 귀의시켜 삼귀의례와 오계를 받게 한 후 부처님을 찾아뵙고는 예배드렸다.

"부처님이시여, 제가 한 가지 청을 드리고자 합니다. 부처님과 제자들께 공양을 드리고자 합니다. 이 공양은 아직 참된 진리의 깨달음에 도달하지 못한 제 일곱 아들들을 위해서입니다."

부처님은 아나빈저 장자의 청을 받아들이시기로 하고, 제자들을 거느리고 아나빈저 장자의 집으로 가셨다. 아나빈저 장자의 일곱 아들들은 부처님 계신 곳에 가까이 다가와 머리를 숙여 절하고 물러나 한 곳에 앉았다. 이윽고 아나빈저 장자가 부처님에게 말씀드렸다.

"부처님, 저의 일곱 아들들입니다. 각각 천 냥의 황금을 주어 부처님께 귀의하게는 하였습니다만, 아직까지 바른 소견을 얻게 하지는 못하였습니다. 이제 원하옵나니 부처님이시여, 제 자식들이 부처님의 가르침을 받아 바른 소견을 얻게 하여 주십시오."

부처님은 아나빈저 장자에게 말씀하셨다.

"그렇게 하도록 하지."

아나빈저 장자와 일곱 아들들은 부처님이 공양을 다 마치시고 발우를 거두시는 것을 보았다. 아나빈저 장자는 부처님 앞으로 가서 예배드리고 설법을 청하며 한쪽으로 물러나 앉았다. 부처님은 장자의 아들들에게 차근차근 불법의 도리를 설명하시기 시작했다. 방탕한 마음으로 함부로 생활하던 아들들이 부처님의 말씀에 한결같이 지극하게 귀를 기울이는 것을 살핀 부처님이 드디어 고·집·멸·도 사성제의 가르침을 그들에게 설하셨다.

부처님이 아나빈저 장자의 일곱 아들들에게 이처럼 상세히 설법하시니, 그들은 모두 바로 그 자리에서 모든 번뇌가 없어지고, 더러운 것을 떨쳐버리고 법안을 얻었다. 또한 이미 법을 보았으므로, 의심없이 걸림없는 마음을 일으켰다. 뿐만 아니라 부처님의 깊고 오묘한 법을 해득하였으므로 이제는 머뭇거리거나 두려움 없이 참된 수행의 길로 나아갔다. 마침내 그들은 참다운 믿음을 일으켜 다시 부처님께 귀의하고, 부처님의 가르침에 귀의하고, 스님들께 귀의한 후, 오계(五戒)*를 받겠다고 말했다.

부처님은 아나빈저 장자의 일곱 아들들에게 거듭 설법을 하시고는 돌아가셨다. 그리고 아나빈저 장자의 아들들은 아버지의 간절한 소원대로 부처님의 말씀을 믿고 따르는 독실한 불제자가 되었다.

《아나빈저경》제1

---

*오계 /재가불자가 지켜야 할 다섯 가지 계   ①중생을 죽이지 말 것 ②훔치지 말 것 ③음행하지 말 것 ④거짓말 하지 말 것 ⑤술 마시지 말 것

권세보다 훌륭한 지혜 ●●●●

구염미국 우타연왕은 빈두로(賓頭盧) 존자*를 매우 존경했다. 왕은 매일 아침 존자를 방문하는 것으로 하루를 시작했다. 하루는 왕의 신하 중에 평소에 불교를 믿지 않는 바라문 한 사람이 왕에게 말했다.

"어찌하여 대왕께서는 매일 아침 저 보잘것 없는 거지중을 방문하십니까? 그럼에도 불구하고 그는 대왕을 보고도 자리에서 일어나지도 않습니다."

귀가 여린 왕은 그 말을 듣자 갑자기 빈두로 존자가 자신을 업신여기는 것이 아닌가 하고 기분 나쁜 생각이 들었다.

"그런가? 그렇다면 내일 아침에도 나를 보고 자리에서 일어나지 않는다면, 한칼에 베어 버리기로 하자."

그 다음날 아침이 되자 왕은 또 빈두로 존자를 찾아갔다. 존자는 멀리서부터 왕이 오는 모습을 보았다. 그리고는 이렇게 생각했다. '왕이 오늘은 사나운 마음을 품고 오는구나. 내가 만약 자리에서 일어나지 않는다면, 반드시 나를 죽일 것이다. 만약 나를 죽인다면 왕은 반드시 지옥에 떨어지리라. 그러나 내가 일어서면 왕은 왕좌를 잃게 될 것이다. 왕을 지옥에 떨어지게 할 것인가, 왕좌를 잃게 할 것인가?'

---

*빈두로 존자 / 부처님의 제자로서 성은 파라타(頗羅墮)이다. 흰 머리와 길다란 눈썹을 가진 나한. 어렸을 때 불교에 귀의 출가하여 구족계를 받고, 여러 곳으로 다니며 전도했다.

이런 생각을 하던 빈두로 존자는 비록 왕이 왕좌를 잃는 한이 있더라도 지옥에 떨어지게 해서는 안되겠다고 마음먹었다. 그는 자리에서 일어나 왕을 맞았다.

"대왕이여, 아주 잘 오셨습니다."

왕은 언제나 자리에 앉아서 자신을 맞던 빈두로 존자가 일어서서 반갑게 자기를 맞자 여차하면 칼로 베어 버리겠다던 악심이 스르르 풀리고 말았다.

"단 하루도 자리에서 일어서는 법이 없던 존자께서 오늘은 어떤 까닭으로 몸소 일어나 저를 맞아 주십니까?"

그러자 존자는 대답했다.

"당신을 위해서입니다."

그러자 그 말을 이해하지 못한 왕이 다시 물었다.

"그렇다면 어제까지는 어째서 일어서지 않았습니까?"

"대왕이여, 어제까지 내가 당신을 보고도 가만히 자리에 앉아 있었던 것도 모두 당신을 위해서였습니다. 대왕이여, 어제까지의 당신은 착한 마음을 품고 나에게 왔습니다. 그러나 오늘은 악심을 품고 온 것입니다. 만약 내가 자리에서 일어나 당신을 맞지 않았다면, 당신은 나를 죽였을 것입니다. 당신이 내 목숨을 죽였다면, 당신은 반드시 지옥에 떨어질 것입니다. 그러나 내가 일어나 당신을 맞는다면, 당신은 왕좌를 잃게 됩니다. 어제까지는 내가 당신이 왕좌를 잃지 않도록 하는 마음에서 앉아서 맞았지만, 오늘은 비록 왕좌를 잃는 한이 있더라도 지옥에 떨어지게 하고 싶지 않아 이렇게 일어선 것입니다."

왕은 이 말을 듣자, 자신의 행동을 부끄럽게 여기는 것보다 왕좌를 잃는다는 일이 더 충격이었다. 그는 두렵기까지 했다.

"빈두로 존자여, 정말 나는 왕좌를 잃어버려야만 합니까?"

"그렇습니다."

왕은 낙담하여 다시 물었다.

“내가 왕좌에서 물러나는 것은 며칠 뒤의 일입니까?”

“지금부터 7일 뒤의 일입니다.”

이 말을 듣고 왕은 부리나케 왕궁으로 돌아왔다. 그는 성곽을 수리하고, 참호를 파고, 양식을 모았다. 그리고 군대를 다시 정렬하고 혹시 적군이 쳐들어 오더라도 대비할 수 있도록 만반의 준비를 하고 대기상태로 기다렸다. 그러나 7일이 지나서도 아무런 조짐이 보이지 않았다.

“빈두로 존자는 내게 거짓말을 한 것이다.”

왕은 7일이 지나자 마음을 놓고 아름다운 시녀들을 거느리고 성 밖을 나와 강위에 배를 띄우고 노래하고 춤추며 환락을 즐겼다.

그때 이웃나라인 위선국에서는 7년 동안 가뭄이 계속되어 한 방울의 비도 내리지 않았다. 사람들은 굶주리고 찌들어 온 나라가 도탄에 빠졌다. 위선국의 왕 파라수제는 마갈타국의 빔비사라왕이 비를 마음대로 내릴 수 있는 신기한 구슬을 가지고 있다는 말을 들었다. 파라수제왕은 군사를 거느리고 왕사성을 공격했다. 그러나 왕사성은 워낙 견고해 별별 수단을 써도 함락시킬 수 없었다. 그는 왕사성을 포위하고 물과 양식이 다 떨어질 때까지 기다리는 수밖에 없었다. 그때 왕사성에는 아주 지혜로운 재상이 한 사람 있었다. 그는 빔비사라왕에게 이렇게 진언했다.

“대왕이시여, 파라수제왕은 우리 성 안의 모든 사람들이 물이 다 떨어지고 양식이 떨어져 손을 들고 나오기를 기다리고 있습니다. 그러니 아직도 우리에게 물이 풍부하고 양식도 넉넉하다는 것을 보이면, 그는 우리를 공격할 것을 단념하고 돌아갈 것입니다. 그러니 우리는 대표자를 한 사람 뽑아 이런 제안을 하는 것이 어떠하오리까? 칼이나 창으로 싸우는 일을 잠깐 멈추고, 우바라 · 발두라 · 구두마 · 분타리 같은 연꽃으로 싸우는 방법을 제안해 보는 것입니다. 만약 그들이 동의한다면 우리도 준비하겠다고 말입니다. 또 화살을 쏘는 대신 주먹밥을 서로 던져 싸우는 것은 어떤가 하고 저 나라의 왕에게 물어보는 것입니다. 그가 동의만 한다면, 우리들이 주먹밥을 준비하는 것입니다. 긴 농성의 피로도 풀고 그쪽이나 이쪽 병사들의 사기도 돋굴 겸 이렇게 싸움의 형식을 바꾸어 보자고 제의하는 것입니다. 우리가 과감하게 이렇게 말한다면, 저쪽에서는 아직 우리 성안에는 모든 물자가 넉넉한 줄 알고 스스로 물러갈 것입니다."

빔비사라왕은 지혜로운 재상의 말이 타당하다고 생각했다. 그는 곧 사신을 파라수제왕이 있는 성 밖으로 내보냈다. 그리고 재상이 말한 대로 새로운 싸움의 방식을 제안했다. 그랬더니 파라수제왕은 재상의 계략대로 싸울 뜻을 잃고 스스로 물러갔다. 그는 빔비사라왕에게 이렇게 말을 전했다.

"나는 이 성을 무너뜨리기 위해 공격한 것이 아닙니다. 우리나라는 7년 동안 비가 오지 않아 큰 가뭄에 빠져 있습니다. 그래서 빔비사라왕이 가지고 있는 비를 마음대로 내리게 한다는 구슬을 얻으러 온 것입니다."

사신이 파라수제왕을 만나고 돌아와 말을 전했다. 그러자 빔비사라왕은 이렇게 말했다.

"그렇다면 처음부터 그 구슬이 필요하다고 말했으면 좋지 않았는가? 그 구슬이라면 얼마든지 줄 수 있는데… 그에게 전하라. 구슬은 사람을 시켜 보낼 터이니 군사를 이끌고 돌아가라고."

그 말을 들은 파라수제왕은 왕사성을 둘러싼 포위망을 풀고 군대를 거느리고 귀국길에 나섰다. 파라수제왕이 구염미국 항하사강에 이르자 어디선가 흥겨운 풍물소리가 들려왔다. 왕은 신하들을 시켜 그 소리가 어디서 나는지 알아오라고 시켰다. 살피고 온 신하는 왕에게 이렇게 보고했다.

"대왕이여, 저 소리는 구염미국의 왕 우타연이 아름다운 여자들을 데리고 강물 위에서 노는 소리입니다."

이 말을 들은 파라수제왕은 자신의 병사들에게 소리내지 말고 숲속에 숨으라고 일렀다. 그런 다음 왕은 자신이 가장 사랑하는 흰 코끼리를 강가에 풀어 놓았다. 구염미국의 신하가 코끼리를 발견하고는 우타연왕에게 말했다.

"대왕이여, 보기 힘든 흰 코끼리가 지금 강가에 있습니다."

우타연왕은 코끼리를 잘 부리기로 소문난 이였다. 그는 반가워하면서 말했다.

"코끼리가 놀라 도망가지 않게 소리내지 말고 배를 강가에 대라."

신하들은 왕의 명령대로 배를 강기슭에 대었다. 왕은 배에서 혼자 내려 언덕으로 올라갔다. 그리고는 입으로 가락을 흥얼거리며 거문고를 타면서 코끼리에게 다가가니, 그만 흰 코끼리는 왕에게 잡히고 말았다. 바로 그 순간 코끼리를 다루는 파라수제왕의 신하가 나타나 우타연왕의 손을 잡았다. 귀한 코끼리를 끌고 가려다 예기치 않은 사람이 나타나자 깜짝 놀란 우타연왕에게 파라수제왕의 신하가 말했다.

"우타연왕이시여, 너무 놀라지 마십시오. 지금 파라수제왕께서 당신을 기다리고 계십니다."

이 말을 들은 우타연왕은 파라수제왕이 자신을 죽이고야 말 것이라고 여기면서 빈두로 존자의 예언이 이제사 들어맞는구나 생각했다. 파라수제왕의 신하는 두려움에 떨고 있는 우타연왕을 코끼리 등에다 잡아 묶고는 파라수제왕의 앞으로 나아갔다. 파라수제왕은 우타연왕에게 말했다.

"우타연왕이여, 너무 그렇게 겁내지 말라. 내 왕자 구파라에게는 코끼리 길들이는 법을 알려주고 내 딸에게는 거문고 타는 법을 가르쳐 다오."

우타연왕은 꼼짝없이 파라수제왕에게 끌려 위선국으로 잡혀가는 몸이 되었다. 그는 7년이란 긴 세월을 그 나라의 인질로 쓰라린 나날을 보내야만 했다. 우타연왕의 왕비 사미발제는 남편의 불행을 슬퍼했다. 그녀는 좋은 방도가 없을까 궁리하다가 발난타 비구에게 부탁해 위선국에 잡혀있는 우타연왕에게 몰래 소식을 전할 수 있었다. 우타연왕은 발난타 비구의 인편에 사미발제 왕비에게 자신의 근황을 알리는 답신을 보냈다.

그러나 이 사실을 알게 된 부처님이 세간 사람들을 위해 출가 수행자인 비구(比丘)*가 편지 심부름을 하는 일은 옳지 않다고 발난타 비구에게 이르셨다. 이렇게 해서 소식을 전하지도 못하게 된 우타연왕은 위선국의 왕자 구파라에게 코끼리 길들이는 법과 왕녀에게 거문고 타는 법을 가르치면서 목숨을 이어 나갔다. 그렇게 날들이 흘러가는 동안 우타연왕과 파라수제왕의 딸은 사랑에 빠지고 말았다. 구파라 왕자는 이 사실을 눈치채고 있었으나, 만약 아버지인 파라수제왕이 알게 되면 우타연왕의 목숨은 남아나지 못할 것이란 걱정 때문에 비밀을 지키고 있었다. 구파라 왕자는 이렇게 생각했다. '그는 내 스승이다. 모든 고통을 무릅쓰고 자신이 갖고 있는 훌륭한 재주를 내게 가르쳐 주었다. 그 은혜를 원수로 갚아서는 안 될 일이다. 그뿐인가. 지금 그가 비록 갇혀있는 몸이라 해도 그는 당당한 한 나라의 왕이다. 왕녀를 사랑한다 한들 부끄러울 일이 없는 사람이다. 그가 왕녀의 남편이 되지 말라는 법이 어디 있는가?'

천성이 너그럽고 우타연왕을 존경하는 구파라 왕자는 이렇게 생각하고 아무에게도 말하지 않고 지냈다. 한편 우타연왕은 기회를 엿보아 위선국을 빠져 나가야겠다고 마음먹었다. 그는 아무도 모르게 먼 길을 달릴 만한 암코끼리 한 마리를 끌어내 달아날 준비를 했다. 구파라 왕자는 모든 일들을 알고 있었지만 아무런 내색도 하지 않았다. 드디어 우타연왕은 위선국 왕녀를 데리고 코끼리를 타고 위선국 왕궁

---

*비구/남자로서 출가하여 구족계를 받은 자. 여자로 출가하여 구족계를 받은 자는 비구니(比丘尼)라고 한다.

을 빠져 나왔다. 그들은 달리다가 목이 마르면 유리병에 든 물을 마셨다. 코끼리가 어찌나 빨리 달리는지 그 유리병 속에 든 물이 다 떨어지기도 전에 두 사람은 구염미국에 도착했다. 기나긴 7년 동안의 볼모생활이 끝난 것이다. 우타연왕은 왕궁에 들어서자 눈물을 흘리는 사미발제 왕비를 보고 기뻐했다.

"사미발제 왕비여, 걱정해 준 덕으로 나는 무사히 내 나라로 돌아왔다. 내가 위선국에 갇혀있을 때 무사히 내 나라로 살아 돌아온다면 여덟 명의 거룩한 바라문을 초대하고, 그들에게 필요한 것이 있다면 무엇이거나 아낌없이 주겠다고 했다. 나는 이제 이 맹세를 실천해야만 한다. 왕비는 빨리 이 일을 준비하라."

사미발제 왕비는 우타연왕의 말을 듣자 난감하기 그지없었다.

"대왕이여, 바라문들을 만족시키는 일은 참으로 어렵습니다. 이 왕궁의 코끼리, 말, 수레, 금, 은, 온갖 칠보의 보석을 바치고, 심지어 당신과 내 몸까지 내어던진다 해도 단 한 사람의 바라문도 만족시킬 수 없습니다. 그들은 아무리 주어도 만족한다는 생각을 하지 않는 사람들입니다."

"그렇다면, 내 맹세도 지키고 바라문도 만족시킬 수 있는 그런 방법은 없겠는가?"

"이런 방법은 어떨까요? 부처님의 제자 마하가전연은 바라문 출신입니다. 우선 마하가전연과 또 다른 바라문 출신의 승려들을 초대하기로 하십니다. 그리고 그분들에게 필요한 것을 공양하겠노라 말씀드리십시오. 그분들은 아무리 우리가 간절히 드리려 해도 이것저것 여러가지를 탐내지 않을 것입니다."

우타연왕은 이 말을 듣자 그럴 법한 생각이라고 동의했다. 그는 그 길로 마하가전연을 찾아가 공손히 절한 다음 초청의 뜻을 밝혔다.

"마하가전연이여, 나는 당신을 포함해 또 다른 일곱 명의 바라문 출신 비구들을 공양에 초대하겠습니다. 꼭 와 주시기 바랍니다."

마하가전연은 우타연왕의 청을 승락했다. 왕은 기쁜 마음으로 왕궁으로 돌아갔다. 왕궁에서는 그들을 공양하기 위해 갖가지 맛있는 음식을 준비하고 다음날 아침이 되기를 기다렸다. 이윽고 다음날 아침, 마하가전연은 다른 비구들과 함께 가사를 걸치고 한 손에는 발우를 들고 왕궁으로 왔다. 비구들이 자리에 앉자 우타연왕은 직접 공양을 올리면서 그들을 환대했다. 공양이 다 끝나고 나자 우타연왕은 황금으로 만든 병에다 깨끗한 물을 떠서 바쳤다. 그런 다음 왕은 코끼리를 끌고 와 비구들에게 보시하겠다고 말했다. 그러자 마하가전연은 고개를 흔들며 이렇게 말했다.

"우타연왕이여, 그러지 마시오. 우리들은 이미 충분한 공양을 받았습니다. 더 이상의 공양은 필요하지 않습니다. 황금병이나 코끼리 같은 건 우리 수행자들에게 소용없는 것들입니다."

이 말을 들은 우타연왕이 금이나 은, 온갖 진기한 보물들을 받아달라고 다시 간청했지만 마하가전연의 뜻은 변함없었다. 우타연왕은 이런 마하가전연과 비구들의 깨끗한 마음에 깊이 감동했다. 그는 마하가전연 존자의 발 아래 절하고 꿇어 앉았다. 마하가전연은 우타연왕에게 참된 부처님의 뜻을 설했다. 왕은 법문을 듣자 기쁘고 간절한 믿음을 일으켰다. 마하가전연 존자는 우타연왕의 귀의를 받아들이고는 다른 비구들과 다시 교단으로 돌아갔다.

《사분율》 제53

선행과 악행의 장

차라리 내 목숨을 내놓더라도
한 생명을 위한 희생
천하에서 가장 큰 화살
삶과 죽음은 형제 사이
의사의 길
기바 동자의 의술

차라리 내 목숨을 내놓더라도 ● ● ● ●

나라에 큰 죄를 지은 사람이 있어 사형을 언도받았다. 죄인의 목은 산다라족의 한 사람이 베기로 되어 있었다. 그러나 죄인의 목을 자르기로 되어 있는 이는 비록 미천한 신분의 출신이었지만, 부처님의 가르침을 따르는 자였다. 그는 자신이 다른 사람의 목숨을 빼앗는다는 일을 도저히 해낼 수 없다고 생각하였다. 사형을 집행하기로 되어 있는 그가 임무를 거절하자 감옥지기는 몹시 화가 났다.

"너는 왕명을 거역하려는 것인가?"

그러자 산다라족 출신의 사나이는 이렇게 말했다.

"그렇게 함부로 말씀하시지 마십시오. 다른 사람의 목을 자르는 일은 반드시 내가 아니라도 할 사람이 있을 것입니다. 제 몸은 비록 임금님의 명령을 받지만, 제 마음은 언제나 거룩하신 부처님의 가르침을 따르고 있습니다."

그는 이렇게 말하면서 다음과 같은 게송을 읊었다.

모든 지혜를 갖추신
부처님의 가르침은
마음의 어지러움을 인도하시어
악을 짓지 않도록 하여 주신다.
염마왕(閻魔王)*의 다스림은

죽은 다음의 가르침이니,
괴로움에 이르러 괴로움을 말하는 것은
배반하기도 쉽고 거스르기도 쉽다.

감옥지기는 산다라족의 사나이가 이처럼 게송을 읊으며 사형을 집행하려 하지 않자 왕에게 알렸다. 왕은 곧 그를 불러 자신이 맡은 일을 하지 않고 왕명조차 따르지 않는 까닭을 묻고 준엄하게 문책하였다. 그러나 그 사나이는 오히려 왕에게 나아가 부처님의 거룩하심을 알릴 기회라고 여기고 기뻐하였다.

"저는 부처님의 가르침을 따르는 자입니다. 부처님께서는 살아있는 벌레 하나의 목숨도 해치지 말라고 하셨거늘, 그가 아무리 극악무도한 사람이라고 하여도 어떻게 살아있는 사람의 목숨을 빼앗을 수 있겠습니까?"

그러나 왕은 들은 체 만 체하고 말하였다.

"네가 그렇게 고집부려 죄인을 죽이지 않으면 급기야는 네 목숨을 잃는다는 사실을 모르느냐?"

그러나 왕이 이렇게 말해도 그 사나이의 뜻은 꺾을 수 없었다.

"대왕이시여, 제 몸은 대왕이 마음대로 죽이실 수 있을 것입니다. 그러나 제 마음만은 비록 저 하늘의 제석천왕이 명령한다 하여도 따를 수 없습니다."

산다라족의 사나이가 이렇게 말하자 왕은 노발대발하여 그를 죽이고 말았다. 그리고는 그 사나이의 형제를 불러 역시 죄인의 목을 치도록 명령하였다. 그러나 그들도 왕의 명령을 따르지 않았다. 왕은 노발대발하여 차례대로 산다라족 사나이의 형제들을 모두 죽였다. 그래서 다섯 형제가 왕에게 죽임을 당하고 마침내는 두 사람의 형제만

---

* 염마왕 / 유명계(幽冥界)의 왕으로 흔히 염라대왕이라 함

"**대** 왕이시여, 막내 아들은 아직 나이가 어리고 범부에 지나지 않습니다. 죽음의 공포를 느끼면 범부는 목숨에 애착을 느끼게 마련입니다. 그래서 미래의 일은 생각지도 않고 나쁜 생각에 쉽게 빠지는 것입니다. 바라옵건대 이 아들의 목숨만은 구해 주십시오."

살아남았다. 여섯째 아우도 왕의 명령을 따르지 않아 위의 형들처럼 죽임을 당하고 나니, 이제 살아남은 건 일곱 형제의 막내였다. 왕은 일곱번째의 막내에게 역시 같은 명령을 내렸다. 그러나 그도 역시 왕의 명령을 따를 수 없다고 하였다. 왕은 화가 머리끝까지 치밀어 그도 역시 끌고 나가 죽여버리라고 명령하였다. 이때, 이들 일곱 형제의 어머니가 눈물을 흘리며 왕을 찾아왔다.

"대왕이시여, 이 아들의 목숨만은 살려 주십시오. 단 하나 남은 제 막내아들입니다."

그러나 왕은 이상한 생각이 들었다. 여섯이나 되는 위의 아들들이 죽을 때에는 잠자코 있던 노파가 마지막 막내아들만은 왜 기를 쓰고 살리려고 하는지 알 수 없었다. 그래서 그 까닭을 물었다.

"죽은 아들 여섯도 모두 너의 친자식이 아니냐? 그들이 죽임을 당할 때는 가만 있다가 왜 지금 와서 일곱째 아들을 처형하려고 하자 울면서 이렇게 매달리는 것이냐?"

왕의 물음에 노파는 이렇게 대답했다.

"대왕이시여, 앞서 목숨을 잃은 아들 여섯은 모두 부처님의 가르침을 착실하게 따르는 이들이었습니다. 그들은 살아 있으면서 나쁜 짓을 저지른 적이 없으니, 죽는다 한들 제 마음에 거리낄 것이 하나 없었습니다. 그러나 막내아들만은 그렇지 못합니다. 아직 나이가 어리고 범부에 지나지 않습니다. 만약 생명이 위태롭다고 느끼면 나쁜 생각을 일으킬지도 모르겠습니다. 그래서 저는 이처럼 간절히 구명을 부탁드리는 것입니다. 죽음의 공포를 느끼면 범부는 목숨에 애착을 느끼게 마련입니다. 그래서 미래의 일은 생각지도 않고, 나쁜 생각에 쉽게 빠지는 것입니다. 그래서 바라옵건대, 대왕이시여, 이 아들의 목숨만은 구해 주십시오."

왕은 노파의 말을 듣고 몹시 감동했다.

"나는 이제까지 들은 바없는 인과의 이치를 이 노파로부터 들었다.

비록 이들이 천한 산다라족이라 해도 누구보다 귀한 진리를 내게 깨
우쳐 주었다. 이들은 비록 몸은 천하게 태어났지만, 계명을 지키고
도를 닦으며, 행동 하나하나에 한 점 티가 없으니 참된 귀족과 무엇
이 다르랴? 나는 비록 왕으로 태어났다 하지만, 사람을 불쌍히 여기
는 마음없이 극악한 행동으로 이들을 죽였으니, 참으로 천하다 하지
않을 수 있으랴?"

　왕은 신하들과 함께 자신이 죽인 여섯 형제들의 무덤을 만들고 후
하게 장사지낸 후, 공양을 바쳤다. 그리고는 그들이 참된 깨달음의
길로 이끈 불법을 깊이 받들게 되었다.

《대장엄론경》 제8

한 생명을 위한 희생 ● ● ● ●

마갈타국의 빔비사라왕은 부처님 발바닥에 나타난 천복륜상을 보고 물었다.

"부처님께선 과거에 어떤 복덕을 심으셨기에 널리 삼천대천세계를 두루 비치는 발바닥의 천복륜상을 갖고 계십니까?"

부처님께서는 빔비사라왕에게 다음과 같은 이야기를 들려 주셨다.

옛날 인도에는 이익중생이란 이름을 가진 왕이 있었다. 그 나라는 매우 살기가 좋아 사람들은 부유하고, 8만 4천의 도성과 55억의 촌락이 평화롭기 그지없었다. 이익중생왕의 도성은 혜광이란 곳이었다. 사방이 백여 리나 되는데, 인구도 많고 재물 또한 풍족하여 아름답기가 비길 데 없었다. 왕에게는 혜사라는 제1부인이 있었는데, 불행히도 슬하에 자식이 없었다. 왕은 이 일을 몹시 걱정하고 하늘에 빌었다. 그래서인지 혜사부인은 훌륭한 왕자를 낳았다.

그 왕자가 태어나는 날, 8만 4천의 성에는 기이하게 8만 4천의 창고가 생겼다. 그리고 그 창고 안에는 은으로 된 나무와 금으로 된 나무가 자라고, 칠보가 가득찼다. 왕은 왕자의 이름을 혜등이라 지었다. 그리고 네 사람의 유모를 두어 왕자를 돌보기에 소홀함이 없도록 하였다. 그러나 왕자가 태어난 지 얼마 지나지 않아 이익중생왕이 그만 세상을 떠나고 말았다. 왕자의 모친인 혜사왕비는, 왕자가 예닐곱 살이 되자 왕자가 익혀야 할 모든 학업과 무예를 가르쳤다. 그리고 혜등왕자가 열 다섯이 되자 왕위를 이어 받도록 하였다. 그러나 왕자는 자신이 왕위에 오르기를 거절하며 이렇게 말했다.

"나는 과거세에 6년 동안 왕이 된 적이 있었다. 그래서 그 과보로 6만 세 동안이나 지옥에 떨어졌다. 이제 나는 더 이상 국왕이 되고 싶지 않다."

혜등왕자는 모친과 신하들이 아무리 애원해도 말을 듣지 않았다. 그러나 나라를 다스릴 사람이 없는지라 신하들은 혜등왕자에게 매달릴 수밖에 없었다. 그러자 왕자는 자신이 왕위에 오르려면 어떤 조건이 이루어져야 한다고 했다. 그 조건은, 나라 안의 모든 사람이 십선을 행하고 결코 십악을 행하지 않는다는 것이었다. 신하들은 혜등왕자를 즉위시키기 위해, 이 조건을 나라 안에다 널리 포고했다. 이 포고령을 본 백성들은 모두 십선(十善)*을 지키겠다고 맹세했다. 그래서 혜등왕자는 스스로 관등식을 하고 왕위에 올랐다. 그가 왕위에 오르자, 태어났을 때 저절로 생긴 창고를 열었다. 그리고는 그 창고 안에 쌓인 보물들을 나라 안의 모든 백성들에게 고루고루 보시했다. 이 모습을 본 제석천은 과연 혜등왕의 마음이 굳은가 시험하겠다는 생각을 했다. 그는 몇 사람의 남자로 변해 도성으로 나아갔다. 제석천은 도성 안에서 이렇게 외쳤다.

"혜등왕은 우리들에게 십악을 행하라고 가르쳤다."

신하들이 이 말을 듣고 놀라서 왕에게 알렸다. 그러자 왕은 이렇게 말했다.

"나는 결코 십악을 행하라고 가르친 일이 없다. 다만 십선을 행하라

---

*십선/신·구·의(身·口·意)의 삼업(三業) 중에서 현저히 뛰어난 10종의 악(惡)을 여의는 것이 십선임. 십악이란, 살생(殺生)·투도(偸盜)·사음(邪婬)·망어(妄語)·양설(兩舌)·악구(惡口)·기어(綺語)·탐욕(貪欲)·진에(瞋恚)·사견(邪見) 등임

고 말했을 뿐이다. 만약 그런 사람이 있다면, 지금부터라도 코끼리를 타고 나라 안을 돌아다니며, 십선을 행하고, 십악을 행하지 말라고 가르쳐야 한다.”

왕은 이 말을 마치자 코끼리를 타고 왕궁을 나왔다. 왕은 길에서 제석천이 변한 모습의 남자들을 만났다. 왕은 그 남자들에게 물었다.

“혜등왕이 십악을 행하라고 가르쳤느냐.”

“그렇습니다.”

그러자 왕은 다시 질문했다.

“그렇다면 십악 대신 십선을 행할 수는 없는가?”

그러자 그들은 이렇게 대답했다.

“되지 않기야 하겠습니까? 다만 보살의 생고기와 피를 먹을 수 있다면, 그 다음에 행하겠습니다.”

혜등왕은 서슴없이 칼을 빼 자신의 넓적다리살을 베어 접시에 담아 주었다. 그리고는 이렇게 말했다.

“이 고기와 피를 먹고 십선을 행하라.”

이 모습을 본 제석천은 혜등왕의 진심에 깊이 감동해 본래의 모습으로 돌아갔다. 제석천이 하늘의 가루를 왕에게 뿌리자 혜등왕의 상처는 곧 씻은 듯 낫고 말았다.

부처님은 이 이야기를 다 들려주시고 다음과 같이 말씀하셨다.

“빔비사라왕이여, 그때의 이익중생왕은 정반왕의 전신이요, 왕의 제1부인은 마야부인이다. 그리고 혜등왕은 바로 내 전신이다. 과거세에 이곳 인도사람들에게 십선을 행하게 한 인연으로 나는 지금 발바닥에 천복륜상이 나타난 것이다. 그 빛으로 삼천대천세계(三千大天世界)*가 빛나는 것이다.”

---

*삼천대천세계 /고대인도인의 세계관에 의한 우주관. 수미산을 중심으로 사방에 4대주

빔비사라왕과 대중들은 이같은 말씀을 듣고 깊은 환희심을 일으켰다. 그들은 그 자리에서 더없는 믿음을 일으켜 깨끗한 법안을 얻었다.

《사분율》 제52

(大洲)가 있고, 그 바깥 주위를 대철위산으로 둘러 쌌다고 함. 이것이 1세계 또는 1사천하(四天下)라 함. 사천하를 천 개 합한 것을 1소천세계(小天世界), 소천세계를 천 개 합한 것이 1중천세계(中天世界), 중천세계를 천개 합한 것이 1대천세계. 1대천세계에는 소천·중천·대천의 3종의 천(千)이 있으므로 일대삼천세계, 또는 삼천대천세계라 함

천하에서 가장 큰 화살 ● ● ● ●

나열기국 남쪽 성에서 2백리 쯤 떨어진 곳에 큰 산이 있었다. 남쪽
으로 가려면 언제나 이 산을 지나가야만 하였다. 이 산은 높고 가파
른 곳이라 다니기가 험난할 뿐만 아니라 사납고 포악한 5백 명의 강
도떼가 살고 있었다. 그 강도들은 산을 지나는 행인들을 붙잡아 재물
을 빼앗고 심지어는 목숨을 해치는 일도 많았다. 여러 나라를 다니며
무역을 하는 상인들은 이런 강도 때문에 살 길이 막막했다. 그러나
달리 길이 없으므로 국왕에게 그 사정을 호소했다. 국왕은 군사를 보
내 강도를 잡으려 했으나, 험난한 산악 지리에 익숙한 강도들의 출몰
을 짐작조차 할 수 없어 번번히 헛수고로 끝나고 말았다.

이때 부처님은 많은 사람들이 강도 때문에 해를 입는 것을 안타깝
게 여기셨다. 또 강도의 무리들이 사람을 해치는 일로 업을 삼아 악
업만 더할 뿐, 나락으로 빠져드는 하루살이와 같은 생활을 하는 일
또한 불쌍히 여기셨다. 강도들은 죄와 복의 인연을 알지 못하고, 눈
이 있어도 올바른 법을 볼 수 없으며, 귀가 있어도 참다운 진리의 가
르침을 듣지 못하니 부처님 보시기에는 귀머거리나 장님과 다를 바
없이 가엾게 여겨졌다. 그래서 하루는 이렇게 탄식하셨다. '강도들은
참으로 불쌍하구나. 마치 깊은 연못에 가라앉은 돌처럼, 죄업에 빠져
헤어 나오지 못하는 자들이다. 내가 친히 가서 그들을 구제하리라.'

이렇게 생각하신 부처님은 아름다운 옷차림을 한 남자의 모습으로

변해 길을 나섰다. 말을 타고 긴 칼을 차고 한 손에는 활을 들고 산을 오르는 부처님의 모습은 누가 보아도 먼 길을 떠나는 상인의 차림이었다. 이를 본 강도의 무리는 서로들 기뻐하였다.

"저기 오는 사람은 누구냐? 우리가 남의 물건을 빼앗는 것으로 살아간 지 오래 되었으나, 저렇게 훌륭한 차림의 남자를 본 일은 없지 않은가? 어리석은 사람이로다. 저런 차림으로 여기 산길에 들어서는 건, 마치 계란으로 바위를 치는 어리석음과 무엇이 다른가 말이다."

그들은 이렇게 떠들며 칼과 화살로 무장하고 그 남자를 둘러쌌다. 그리고는 서로 소란을 피우며 그 사람이 가진 보물을 빼앗으려고 난리였다. 말 위에 앉은 남자는 그런 강도들의 모습을 잠시 바라보았다. 그리고는 조금 있다가 손에 든 활에 시위를 당겨 화살을 쏘았다. 그랬더니 이게 웬일인가? 시위를 떠난 한 개의 화살은 어느새 5백 개의 화살로 변해, 5백 명의 강도를 한 사람 남김없이 쏘아 맞추었다. 또 그 사나이가 칼을 한 번 휘두르자 5백 명의 강도들은 이번에도 역시 단 한 번에 칼에 맞아 상처를 입었다. 강도들은 아픔을 견디지 못하고 땅에 엎드려 빌었다.

"저희들이 어리석어 거룩하신 분을 몰라뵙고 날뛰었습니다. 제발 용서해 주십시오. 목숨만 살려 주십시오. 이 화살을 빼 주시고, 아픔을 멎게 해 주신다면, 어떤 일이든지 시키는 대로 다 하겠습니다."

그러자 말 위의 남자는 이렇게 말했다.

"그만한 고통도 이기지 못하고 아프다고 하느냐. 그까짓 화살이 살에 박힌다 한들 얼마나 깊으냐. 세상에서 가장 무서운 흔적은 근심이다. 그리고 천하에서 가장 큰 화살은 어리석음이다. 너희들은 항상 탐욕의 어리석음을 마음에 품고 있지 않았느냐. 또 살생의 업도 서슴지 않고 행하곤 했다. 그런 탓으로 지금 살에 박힌 화살의 독이나 칼의 흔적은 나을 수 없을 것이다. 탐욕과 살생은 서로 그 뿌리가 얽혀 있는 것, 오로지 계율(戒律)*을 지키고 지혜를 닦을 때만이 완전히 고통의 뿌리를 뽑을 수 있다.”

　이렇게 말을 마친 남자는 홀연 부처님의 거룩하신 모습을 드러내었
다. 상호는 금빛으로 찬란하고 온몸은 32상 80종호로 우러러뵙기조
차 눈부셨다. 부처님은 다음과 같은 게송을 강도들에게 일러주셨다.

　　칼의 흔적도 근심에는 미치지 못하고
　　독한 화살도 어리석음에는 따를 수 없다.
　　근심과 어리석음은 재앙의 근본
　　어떤 장사의 힘으로도 뽑을 수 없다.
　　다만 현명한 가르침을 따르고 익히면
　　눈먼 자는 눈을 뜨고
　　어두운 길을 헤매는 사람은
　　촛불을 밝히는 것과 같다.
　　부처님이 세간에 나타나심은
　　눈 뜬 사람이 눈 먼 장님을 인도하는 것과 같다.
　　일찍이 어리석음을 깨닫고 교만을 버려
　　세상사 온갖 야망을 버려라.
　　오로지 배우고 닦는 일에 힘써
　　참다운 가르침을 펼쳐라.
　　이것이야말로 모든 고통에서 벗어나
　　진정한 공덕을 쌓는 일이다.

　이 게송을 들은 강도들은 자신들이 해치려던 남자가 바로 부처님이
란 사실을 깨달았다. 그들은 땅에 머리를 대고 엎드려 마음으로부터

---

*계율 /계와 율의 명칭으로 널리 불자가 지켜야 할 생활 규범. 계란 규칙을 지키려고 맹
　세하는 결의를 말하고 율이란 불교교단의 강제적인 규칙을 말함

참회했다. 그러자 온 몸을 찌르던 화살독과 칼로 인한 상처의 고통도 말끔히 가셨다. 그들은 그동안의 죄악을 뉘우치고 부처님께 귀의해 오계를 받고 불제자가 되었다. 그들의 귀의로 나라는 다시 근심걱정 없이 평화로운 나날이 계속되었다.

《법구비유경》제1

삶과 죽음은 형제 사이 ● ● ● ●

어느 날 부처님이 가섭존자에게 말씀하셨다. 그 내용은 인간이 피할 수 없는 네 가지 고통인 생 · 노 · 병 · 사에 대한 말씀이었다.

"가섭이여, 잘 들으라. 태어나지 않으면 늙고 병들어 죽는 고통도 없다. 태어나는 일이야 말로 고통의 근본이고 첫번째 시작인 것이다. 그러므로 태어나는 고통은 네 가지 고통 가운데 으뜸이다. 네 가지 고통 가운데 태어나고 죽는 일은 인간세계만이 아니라, 천상(天上)* 이나 부처님의 세계에도 해당하는 것이다. 그러나 쇠락하고 늙어가는 두 가지 고통은 반드시 모든 세계에 해당하는 것이 아니다. 부처님과 천상계에는 이 두 가지 고통은 없다. 물론 인간세계에도 노쇠가 있지만, 때로는 전혀 그 고통을 겪지 않는 것처럼 보이는 사람도 있다. 다만 사람들은 잘못된 생각으로 생에 집착하여 늙고 죽는 일을 싫어하는 것이다. 그러나 보살은 그 모든 이치를 깨닫고 있다."

그리고는 다음과 같은 이야기를 들려 주셨다.

세상에 짝이 없을 만큼 아름다운 절세미녀가 급한 걸음으로 어느 집

---

*천상 / 지옥 · 아귀 · 축생 · 아수라 · 인간의 세계와 더불어 육도(六道)의 하나. 욕계 · 색계 · 무색계(欲界 · 色界 · 無色界)의 여러 하늘이 있음. 살아서 닦은 선업의 경중에 따라 태어나는 하늘의 종류가 다양함

에 도착하였다. 그 집의 주인은 놀라고 기뻐하며 천녀가 자신의 집을 찾은 것을 반겼다. 그는 이렇게 물었다.

"대체 어느 곳에서 어떻게 오신 분입니까?"

"나는 공덕천녀입니다."

"천녀께서 이곳으로 오시면서 어떤 것들을 보셨습니까?"

"내 발길이 닿는 곳마다 금은·유리·파려·진주·산호·호박·마노·코끼리와 말·차와 비복 이런 모든 것들이 풍성합니다. 무엇이건 원하는 대로 자유롭게 얻을 수 있습니다."

이 말을 들은 집주인은 마음이 기쁨으로 넘쳤다. 그는 복신이 오셨다고 갖가지 공양물을 올리고는 공손히 예배했다.

"천녀께서 우리 집에 오신 것은 제가 항상 복덕을 쌓고 있었기 때문입니다. 그래서 귀인이 오신 것입니다."

집주인이 그러고 있는 사이, 또 한 사람의 부인이 들어왔다. 그 여자는 공덕천녀와는 반대로 눈을 뜨고 보기 힘들 정도로 추악한 몰골이었다. 옷은 남루하고, 먼지와 때가 줄줄 흐르며, 얼굴과 손의 살갗이 터져 그 사이로 살과 뼈가 드러나 보였다. 주인은 몹시 놀라 말도 제대로 못하였다.

"대체 네 이름은 무엇이냐?"

"내 이름은 흑암이라고 합니다."

"흑암이라? 참으로 어수선하기 짝이 없는 이름이구나."

"내가 가는 곳마다 그 집은 재물이 다 사라지고 망하고 맙니다."

흑암의 이 말을 듣자 주인은 칼을 빼들고 말했다.

"한시 바삐 나가라. 우물쭈물하면 목숨도 살려두지 않으리라."

그러자 흑암은 웃었다.

"정말 당신은 어리석기 짝이 없는 사람이군요. 조금 전에 먼저 도착한 천녀는 바로 제 언니입니다. 나는 어디를 가든 언니와 함께 다닙니다. 그러니 만약 나를 내쫓는 일은 언니인 공덕천녀를 그대로 물리치는 일이 되는 것입니다."

주인은 그 말을 듣자 어리둥절했다. 그래서 이번에는 공덕천녀의 말을 듣기로 했다.

"지금 어떤 여자가 들어와서 천녀의 동생이라고 주장하고 있는데, 그게 사실입니까?"

그러자 천녀는 대답했다.

"맞습니다. 흑암은 바로 내 동생입니다. 우리들은 어디를 가든지 항상 떨어지는 법이 없습니다. 언니인 나는 착하고 좋은 일을 하고, 동생인 흑암은 악하고 궂은 일을 합니다. 만약 나를 반긴다면, 내 동생도 나처럼 반겨야 하는 것입니다."

이 말을 들은 집주인은 곤란한 표정을 지었다.

"언니는 주고 동생은 빼앗는다, 그러니 언니는 복신이고 동생은 가난의 신이란 말이지요? 그리고 둘을 항상 같이 반겨 달라니, 나로선 어쩔 도리가 없군요. 당장 둘 다 나가 주십시오."

공덕천녀와 흑암은 주인의 말에 따라 그 집을 물러나왔다. 주인은 마치 악몽에서 깨어난 것처럼 시원하다고 하면서 기뻐했다. 두 자매는 이번에 어느 가난한 집을 찾았다. 그 집 주인은 기뻐하면서 두 사람을 맞아들였다.

"아무쪼록 끝까지 편안하게 쉬어 가십시오."

그러자 언니인 공덕천녀가 물었다.

"우리들은 이 앞집에서 쫓겨나고 말았습니다. 그런데 이 집에선 있어 달라고 하니, 무슨 까닭입니까?"

주인은 담담하게 말했다.

"별다른 이유가 있지는 않습니다. 귀인들이 힘들게 제 집을 찾아오셨으니 머물러 주십사고 청하는 것입니다."

부처님이 이 이야기를 마치시고 다시 가섭존자에게 말씀하셨다.

　"가섭이여, 여기에서 공덕천녀는 생을 뜻하고 흑암은 바로 죽음을 뜻하는 것이다. 범부나 어리석은 사람은 생명을 기뻐하고 천년 만년 변함없을 것처럼 집착한다. 그러나 생의 바로 뒷면인 죽음에 대해서는 두려워하고 심지어는 미워하는 마음조차 품는다. 그렇지만 보살은 생이 있으면, 반드시 늙고 병들어 죽는 노·병·사가 뒤따르는 것이라는 사실을 안다. 그래서 나고 죽는 일에 대해 담담하고 의연한 태도를 보이는 것이다."

《법구비유경》

의사의 길 ● ● ● ●

부처님이 살아 계실 때의 일이었다. 중인도 비사리성에 아바라바라라는 이름의 매우 아름다운 창녀가 살고 있었다. 누구나 하룻밤에 5십 냥의 돈을 내면 그녀와 동침할 수 있었다. 아름다운 아바라바라 때문에 사람들이 모여들어 비사리성은 매우 번창하였다. 이웃나라 마갈타국의 대신들이 이 이야기를 빔비사라왕에게 하자 왕은 이렇게 말했다.

"왜 우리 왕사성에는 그처럼 아름다운 창녀가 없느냐?"

신하들은 왕의 뜻을 받들어 왕사성에도 아바라바라처럼 아름다운 창녀를 두느라 동분서주했다. 그때 왕사성에는 바라발제라는 아름다운 동녀가 있었다. 그녀의 아름다움은 비사리성의 아바라바라보다도 더 뛰어난 그야말로 경국지색이었다. 신하들은 바라발제를 보자 그녀를 왕사성의 창녀로 삼았다. 그리고는 바라발제와 동침하기를 원하는 사람이면 누구나 백 냥의 돈을 내면 된다는 규정을 만들었다. 그렇게 하면 나라의 재정에 큰 보탬이 되리라는 계산을 했던 것이다.

이 소문이 널리 퍼지자 사람들은 바라발제를 보기 위해 왕사성으로 모여들었다. 그 덕분에 왕사성은 비사리성만큼이나 번창해졌다. 바라발제를 보기 위하여 모여드는 사람 가운데에는 빔비사라왕의 아들, 무외왕자도 있었다. 그는 바라발제를 몹시 사랑해 며칠간을 함께 보냈다. 그리고 얼마 후 바라발제는 임신을 하였다. 그녀는 임신하고 해산할 달이 되기까지 사람들을 맞지 않았다. 달이 지나 바라발제는 옥동자를 낳았다. 그녀는 하녀를 시켜 그 아기를 흰 옷에다 싸서 길에다 갖다 버리게 했다. 무외왕자가 아침 일찍 대궐에 들어가기 위해 마차를 달리다가 하얀 보퉁이를 발견했다. 그는 마차를 멈추고 시종에게 물었다.

"저기 있는 하얀 보퉁이는 무엇인가?"

시종이 달려가 살펴보니 아기였다.

"태어난 지 얼마 지나지 않은 갓난아기입니다."

"살아있는가?"

"그렇습니다."

무외왕자에게는 아직도 자식이 없었다. 그는 시종에게 명령해 아기를 데려 오라고 일렀다. 그는 아기를 궁중으로 데리고 갔다. 그는 길에서 주운 아기를 매우 사랑해 기바라는 이름을 지어 주었다. 또 유모를 두고 아기를 보살피기에 부족함이 없도록 돌보았다. 기바라는 이름은 '목숨'이라는 뜻이었다. 그런 이름을 붙인 까닭은 길가에다 버린 아기임에도 목숨이 있었기 때문이다. 기바가 자라 열다섯 살이 되었다. 무외왕자는 기바를 불러놓고 말했다.

"이제 네 나이 열다섯, 언제까지나 궁중에서 어린애처럼 놀고만 있어서는 안될 일이다. 세상에 나가 무슨 일이든 네가 할 수 있는 일을 배워 오너라."

"잘 알겠습니다. 저도 무슨 일이든 제가 잘 해낼 수 있는 일을 찾아 보겠습니다."

그렇게 대답한 기바는 왕궁을 나와 무슨 일이든 배우겠다고 마음 먹었으나, 과연 무엇을 할 수 있을지 막막했다. 기바는 드디어 의술을 배우기로 마음먹었다. '일이 쉽고 편안히 돈을 벌 수 있는 건 의사가 되는 길밖에는 없다. 나는 의사가 되리라.'

그 무렵 득차실라라는 나라에 성은 아제리고 이름은 빈가라라는 아주 유명한 의사가 있었다. 기바동자는 빈가라의사의 소문을 듣고 행장을 꾸려 득차실라국으로 배움의 길을 떠났다. 그렇게 해서 스승 빈가라의 문하에서 의술을 배우기 시작한 지 7년 세월이 지났다. 기바동자는 앞으로 몇 해나 더 지나야 어엿한 의사 자격을 얻을 수 있는지 하루는 스승에게 나아가 여쭈어 보았다. 빈가라는 기바에게 대바구니와 약초를 캐는 도구를 주면서 말했다.

"너는 이 득차실라국 사방 백 리를 두루 다녀서 약으로 쓸 수 없는 풀을 찾아서 돌아오너라."

기바는 스승의 말대로 사방을 두루 다녔으나 모두가 약으로 쓰이는 풀들을 만날 뿐이지 약으로 쓸 수 없는 풀은 하나도 찾을 수 없었다. 그는 할 수 없이 빈 대바구니를 들고 스승에게로 돌아갔다.

"스승이시여, 아무리 찾아보아도 약이 되지 않는 풀은 발견할 수 없었습니다. 어떤 풀일지라도 모두가 약으로 쓰이는 풀이었습니다."

빈가라는 이 말을 듣자 손뼉을 치면서 칭찬했다.

"너는 이제 내 문하에서 떠나도 좋다. 너는 이미 의술을 배울 만큼 배웠다. 사람들은 지금 나를 보고 인도 최고의 명의라고 하지만, 내가 죽은 후, 나의 뒤를 이을 사람은 너뿐이로다."

기바는 스승의 은혜에 깊이 감사하면서 그 앞을 물러나왔다. 그는 득차실라는 작은 나라이고 인도의 변방이니 고향인 마가다국으로 돌아 갈 것을 마음먹었다. 그는 7년 간이나 정든 스승의 나라, 득차실라를 떠나 마가다국 왕사성으로 향했다. 귀향하는 도중에 바가다성을 지날 때였다. 그는 성 안에 있는 어느 장자(長者)*의 부인이 12년 동안이나 두통으로 고생한다는 소문을 들었다. 많은 의사들이 치료를 시도했지만 그 부인의 병은 차도가 없었다는 이야기였다. 그는 이 말

---

*장자／부귀한 사람. 또는 덕행이 수승한 나이 많은 이에 대한 존칭 등으로 씀. 일반적으로 인도에서 좋은 집안에서 태어나 많은 재산이 있고, 또한 덕이 장한 이를 일컬음

을 듣고 장자의 집으로 찾아가 문지기에게 말했다.

"의사 한 사람이 찾아와 부인을 뵙고자 한다고 전하게."

문지기가 이 말을 부인에게 전하자 그 부인은 물었다.

"의사의 생김새가 어떠한가?"

"매우 젊은 사람이올시다."

장자의 부인은 실망했다. 노련하고 수십 년 동안 환자를 치료한 의사들도 자기의 병에는 두 손을 들고 물러난 판인데 새파랗게 젊은 의사라니. 이런 의심 때문에 장자의 부인은 상대조차 하지 않겠다고 마음먹었다.

"그렇게 젊은 의사는 필요없으니 돌아가라고 말해라."

문지기는 기바에게 장자 부인의 말을 그대로 전했다. 그러자 기바는 더욱 진지하게 문지기에게 말했다.

"미안하지만 다시 한 번 부인에게 전하게. 단 한 번 만이라도 진단을 할 수 있게 해달라고 말일세. 병이 완전히 나으면 사례를 해주고 조금의 차도라도 없으면, 한 푼의 사례비도 필요없다고 전해주게."

문지기가 이 말을 전하자 부인의 마음은 조금 누그러졌다.

"정 그렇다면 치료를 한다해도 별로 손해날 것은 없구나."

부인은 기바를 부르게 했다. 기바는 부인의 머리맡에 가서 병이 난 원인과 증세를 자세히 듣고난 다음 자신을 가졌다.

"당신은 틀림없이 나을 수 있습니다. 아무 걱정 마십시오."

그는 약을 만들어 부인에게 복용하게 했다. 그리고는 한 가지 약을 꺼내 버터와 함께 끓여 코에 들이부었다. 그 약이 코에서 입으로 들어가자 가래와 함께 버터가 흘러나왔다. 장자의 부인은 이것을 받아 가래와 버터를 따로 나누어 가래는 버리고 버터는 다른 그릇에다 담았다. 기바는 이 모양을 보고 마음 속으로 혼자 생각했다. '곤란한 환자에게 걸렸구나. 얼마되지 않는 더러운 버터마저 저렇게 아까워 버리지 못하니, 약값은 당연히 치르지 않을 게다.'

장자의 부인은 기바의 기색이 시무룩한 것을 알아차리고 물었다.

"왜 그리 얼굴을 찡그리시오?"

기바는 자신의 생각을 솔직하게 털어 놓았다. 그러자 부인은 기바를 타일렀다.

"가령 몇 푼어치 되지 않는 더러운 버터라 할지라도 훌륭하게 등유 대신 쓸 수 있으니 버리지 않은 것이오. 그런 일에 신경쓰지 말고 병이나 고쳐 보시오."

기바는 그 말을 듣고 정성을 기울여 병을 고쳤고, 부인은 결코 인색한 사람이 아니었다. 그녀는 40만 냥의 돈과 노비, 마차를 치료의 사례로 기바에게 주었다. 기바는 그 막대한 사례를 가지고 고향인 왕사성으로 돌아왔다. 그는 우선 무외왕자를 찾아가 문안을 드렸다. 그리고는 왕사성을 떠나 지금까지 겪은 일들을 자세하게 말한 후, 자신을 키워준 왕자의 은혜에 감사했다.

"왕자님, 바가다성의 장자 부인에게 얻은 제 처음 소득은 모두 왕자님께 바치고자 합니다."

그러나 무외왕자는 기바의 뜻을 말렸다.

"그럴 필요는 없다. 모처럼 네가 얻은 최초의 소득이다. 그것은 네 것이다."

바로 그때 왕사성의 빔비사라왕은 치질로 고생이 심했다. 병세가 심해져서 많은 약으로도 차도를 볼 수 없었다. 왕은 자신의 병이 부끄럽고 고통이 심하기도 해서 아들인 무외왕자를 불러서 분부했다.

"나를 위해 좋은 의사를 구해 다오."

왕자는 대답했다.

"기바동자는 이제 장성하여 의술을 터득했습니다. 그 사람이라면 아마 부왕의 병을 고칠 수 있을 것입니다."

"그렇다면 한시바삐 기바를 불러라."

왕자는 기바를 불러서 물었다.

"너는 부왕의 병을 치료할 수 있겠느냐?"

"그렇습니다."

"그렇다면 반드시 치료해 드려라."

기바동자는 빔비사라왕에게 나아가 인사드린 후 자세히 왕의 증상을 살폈다. 그리고 나서 자신있게 말했다.

"전하의 병은 반드시 나을 것입니다."

기바는 욕조에 따뜻한 물을 가득 채우고 말했다.

"이 안으로 들어가십시오."

그리고는 왕에게 자기가 시키는 대로 따라야 한다고 다짐했다. 기바가 왕의 몸 위로 물을 따르며 주문을 외우자 왕은 그만 잠이 들고 말았다. 그 사이 기바는 욕조에 담긴 물을 퍼낸 다음 수술을 시작했다. 어떻게 재빠른 솜씨인지 수술이 끝나고 다시 약을 바를 때까지 빔비사라왕은 잠에서 깨어나지 않았다. 기바가 다시 욕조에 물을 채우고 왕의 몸에 물을 따르며 주문을 외우자 빔비사라왕은 아무 일도 없었던 것처럼 잠에서 깨어났다. 왕은 기바에게 말했다.

"무얼 하고 있느냐? 빨리 치료하여라."

"벌써 치료는 끝났습니다."

왕은 믿기지 않아 다시 물었다.

"벌써 끝나다니, 그래 병이 나았단 말이냐?"

"대왕이시여, 그렇습니다."

그 말을 들은 왕은 반신반의하여 자신의 환부를 만져 보았다. 그랬더니 정말 거짓말처럼 아무런 흔적조차 없었다.

"너는 어떻게 해서 이 병을 이렇게 말끔하게 치료했느냐? 상처조차 없지 않는가?"

기바는 자랑스럽게 말했다.

"제가 치료한 일입니다. 어떻게 상처를 남기겠습니까?"

병의 고통에서 벗어나게 된 왕은 기쁨에 차서 신하들을 불러 이렇게 분부했다.

"의사 기바는 나를 치료했다. 내가 낫기를 바란 사람이라면 기바에게 재물을 주어라."

사람들은 서로 다투어 구슬과 진주, 금과 은같은 재물을 왕과 기바의 앞에다 산더미처럼 쌓았다. 왕은 기바에게 말했다.

"이것은 내 병을 고쳐준 사례이니 거두어 가거라."

그러나 기바는 사양했다.

"대왕이시여, 저는 단지 무외왕자의 은혜에 보답하기 위해서 정성을 다했을 뿐입니다. 그러니 이런 재물은 제겐 소용이 없습니다."

왕은 기바의 말에 깊이 감동했다. 그래서 이렇게 말했다.

"기바여, 지금부터 너는 이제 국왕인 나와 궁중 사람들, 그리고 부처님과 부처님을 따르는 제자들만 치료하라. 너를 오늘부터 시의로 임명하노라."

그 무렵 왕사성 안에는 장자가 한 사람 살고 있었다. 그는 항상 두통으로 고생했는데, 보이는 의사마다 두 손을 들고 그냥 가버렸다. 어떤 의사는 앞으로 7년 밖에 살 수 없을 것이라 말하고, 어떤 의사는 6년이라거나, 5년, 심지어 1년도 채 넘기지 못할 것이라고 말하는 의사도 있었다. 그럴수록 장자는 자신의 병을 꼭 고쳐야 하겠다고 생각했다. 그는 몸소 기바의 집으로 찾아와 부탁했다.

"내 병을 낫게만 한다면, 돈은 천 냥이라도 드리리다."

그러나 기바는 그의 병을 고칠 수 없다고 거절했다. 그러자 장자는 거듭 부탁했다.

"내가 말한 돈의 몇 배라도 드릴 터이니, 내 병만 낫게 해주시오."

"아무리 부탁해도 나는 당신의 병을 볼 수 없습니다."

기바의 거절이 완강할수록 장자의 부탁도 절실했다.

"기바, 당신에게 내 재산을 전부 드리겠소. 병만 낫는다면 내 당신의 종이라도 되리다."

그러자 기바는 말했다.

"장자여, 재물 때문에 당신을 치료하지 않는 게 아닙니다. 나는 국왕의 시의로 임명되었습니다. 그래서 함부로 다른 사람을 치료할 수 없는 것입니다. 만약 꼭 나의 치료를 받고 싶다면 국왕에게 가서 허락을 받아 오십시오."

그 말을 들은 장자는 궁전으로 달려가 빔비사라왕에게 간청했다.

"대왕이시여, 제 목숨이 경각에 달렸습니다. 어려운 일이지만 대왕의 시의인 기바에게 저를 치료하게 해주십시오."

왕은 장자를 불쌍히 여겨 기바를 불러 그를 치료해 주라고 일렀다. 그러자 기바는 장자의 집으로 가서 그를 진단했다.

기바는 장자에게 소금물을 마시게 하여 갈증을 느끼게 했다. 그 다음 술을 먹여 취하게 한 뒤에 침상 위에 환자를 눕히고 결박했다. 또 집안의 가족들을 병상의 둘레에 모은 다음 잘 드는 칼로 그의 머리를 갈랐다. 머리속의 정골을 열자 그 안에서 벌레가 나왔다. 기바는 벌레를 가족들에게 내보이며 말했다.

"이것이 병의 근본이요. 머리가 아픈 건 이 벌레가 뇌수를 파먹고 있기 때문이요. 앞으로 이레도 지나기 전에 벌레는 뇌를 다 파먹어 장자는 목숨이 끊어질 뻔하였소."

그리고 다시 소밀을 머리 속에 채우고 두 골을 합쳐 꿰매고는 깨끗하게 봉합 수술을 마쳤다. 약을 바르고 붕대를 감고 난 뒤 장자의 병은 말끔하게 낫게 되었다. 치료를 마치자 기바는 장자에게 말했다.

"장자여, 당신은 치료를 받기 전 당신이 했던 말을 기억하고 있습니까?"

"물론입니다. 나는 모든 재산을 당신에게 드리고, 당신의 종이 되겠다고 했습니다."

그러자 기바는 손을 저으면서 말했다.

"그럴 필요는 없습니다. 당신이 맨처음 말했던 대로 천 냥의 돈만

주십시오.”

그러나 장자는 사천 냥의 돈을 기바에게 보냈다. 기바는 그 가운데 천 냥은 빔비사라왕에게 바치고, 천 냥은 무외왕자에게 드린 다음, 자신은 이천 냥의 돈을 가졌다.

그때 구염미국이란 나라에 장자가 살고 있었다. 그에게는 아들이 있었는데, 수레바퀴 위에서 장난치다가 잘못되어 창자가 뒤틀려 버렸다. 그래서 음식도 소화되지 않고, 대소변도 볼 수 없을 뿐만 아니라 배가 부어 올라 목숨이 끊어질 지경에 이르렀다. 그 나라에 많은 의사들이 있었지만 어느 누구도 고치는 사람이 없었다. 그 장자는 마가다국의 명의 기바의 소문을 들었다. 그는 빔비사라왕에게 사신을 보내 기바의 내진을 청했다. 왕은 기바를 불러 그 사정을 설명했다.

“구염미국의 장자가 너의 왕진을 청하였다. 치료할 수만 있다면 가 보는 것이 좋으리라.”

기바는 왕의 분부대로 급하게 마차를 달려 구염미국으로 갔다. 기바가 도착했으나 장자의 아들은 이미 숨을 거둔 다음이었다. 사람들은 슬픈 장송곡을 부르면서 무덤으로 향하고 있었다. 그는 마차를 세우고 노래를 부르는 사람을 불러서 물었다.

“저 피리소리는 무슨 곡인가?”

“저 소리는 장자의 아들이 죽은 것을 슬퍼하는 장송곡입니다. 마가다국의 명의, 기바가 오기를 학수고대하다가 결국 죽었습니다.”

기바는 마차에서 내려 장자의 아들을 담은 관을 열었다. 그리고 수술할 때 쓰는 칼을 들고 죽은 아이의 배를 갈랐다. 그리고는 창자가 뒤틀린 것을 발견했다.

“이 아이는 수레바퀴 위에서 놀다가 창자가 뒤틀렸을 뿐입니다. 그래서 음식이 소화되지 못하고 걸려서 잠시 숨이 멈추었을 뿐이지 결코 죽은 건 아닙니다.”

그렇게 말하고 치료하자 아이는 숨이 돌아왔다. 기바는 수술을 마

기바가 도착했을 때 장자의 아들은 이미 숨을 거둔 다음이었다. 그는 무덤으로 향하는 마차를 세우고 아들을 담은 관을 열었다. 그리고 수술할 때 쓰는 칼을 들고 죽은 아이의 배를 갈랐다. 기바는 수술을 마쳤고 장자의 아들은 거뜬히 일어났다.

쳤고 장자의 아들은 거뜬히 일어났다. 장자는 하늘에 닿을 듯 기뻐했다. 그는 40만 냥의 돈을 기바에게 주었다. 장자의 부인도 자신이 가진 재산에서 40만 냥의 돈을 아낌없이 기바에게 주었다. 그뿐만 아니라 아이의 할아버지와 할머니도 그만큼의 돈을 기바에게 사례비로 주었다. 기바는 많은 돈을 받고 왕사성으로 돌아왔다.

《사분율》제39, 40

기바동자의 의술 ● ● ● ●

위선국의 왕 파라수제는 12년 동안 두통으로 고생하고 있었다. 그
나라 안에는 왕의 병을 고칠 의사가 없었다. 그들은 마가다국의 빔비
사라왕의 시의인 기바의 명성을 듣고, 사신을 보내 그의 왕진을 청했
다. 빔비사라왕은 천성이 어질어 곧 기바를 불러 사정을 설명했다.

"위선국의 파라수제왕이 두통으로 고생한다니, 네가 가서 고칠 수
만 있다면 가보아라."

"아마 고칠 수 있을 것입니다."

"그렇다면 지금 떠날 준비를 하라. 그러나 파라수제왕은 마음이 사
악한 데가 있다. 자신의 비위에 맞지 않으면 언제 죽일지도 모르는
인물이다. 조심해서 그의 비위를 건드리지 않도록 하여라."

기바는 빔비사라왕의 분부를 받고 멀리 위선국으로 떠났다. 그는
파라수제왕을 만나 자세히 병세를 살펴본 다음 고칠 수 있다고 말했
다. 그러자 왕은 이렇게 말했다.

"나는 버터는 물론이고, 버터가 조금이라도 들어간 약 따위는 먹을
수 없다. 만약 그런 약으로 나를 치료할 생각이라면 네 목숨은 살아
남지 못하리라."

그러나 왕의 병은 버터를 쓰지 않는다면 고칠 수 없는 병이었다.
그래서 기바는 한 가지 꾀를 생각해내고는 왕에게 이렇게 말했다.

"우리나라에선 의사가 자신의 환자를 치료하기 위해 밤낮을 가리

지 않고 언제나 환자에게 드나들 수 있습니다. 대왕께선 이 점을 허락해 주십시오."

"그런 것은 아무래도 좋다. 마음대로 내 방에 출입하여라."

기바는 다시 왕에게 말했다.

"지금 저는 대왕의 병을 치료할 약을 가지고 있지 않습니다. 급히 그 약을 구해야 하니 이 나라에서 가장 빨리 달리는 마차를 빌려 주십시오."

왕은 그 말을 듣자 하루에 50유순(由旬)*을 달리는 낙타를 빌려 주었다. 기바는 밤이 깊어가자 왕에게 소금물을 마시게 하고는 아무도 안보는 곳에서 버터를 끓여 약을 만들었다. 그 약을 다 만든 다음 왕의 어머니에게 부탁했다.

"왕이 잠에서 깨어나 물을 찾으면, 이것을 마시게 해주십시오."

그리고는 낙타를 타고 왕궁을 빠져 나와 위선국을 벌리하고 떠나왔다. 파라수제왕은 새벽이 되자 갈증을 참을 수 없어 눈을 떴다. 왕이 물을 찾자 그 어머니는 기바가 시킨 대로 물약을 주었다. 왕은 무심코 물일 것이라 생각하고 한숨에 다 들이켰다. 그리고 나자 입안에선 버터 냄새가 났다. 그는 화를 참을 수 없었다.

"기바란 놈이 나에게 버터를 먹였구나. 그놈은 어떻게 내 병을 낫게 하겠다고 큰소리쳤단 말인가? 빨리 기바를 불러오너라."

신하들은 허둥지둥 기바를 찾았으나 궁중 어디서도 보이지 않았다. 파수병에게 물어 보았더니 하루에 50유순을 가는 낙타를 타고 이미 빠져 나갔다는 것이었다. 왕은 이 소리를 듣자 더욱 화가 났다.

"그놈은 내 원수다. 어떻게든 내 앞으로 끌고 와야 한다."

왕의 신하 가운데 오라는 이름의 발걸음이 몹시 빠른 사람이 있었다. 그는 하루에도 60유순을 걷는다고 소문이 난 사람이었다. 왕은

---

*유순/인도의 거리 단위. 멍에를 황소수레에 걸고, 하루의 길을 가는 여정을 말함

오를 불렀다.

"네가 빨리 달려가면 기바를 잡을 수 있겠느냐?"

"잡을 수 있습니다."

"그렇다면 지금 당장 출발하여 반드시 기바를 잡아오너라. 그렇지만 기바는 매우 영리한 꾀를 쓸 것이다. 그가 권하는 것은 무엇이라도 먹지 마라. 그놈은 네게 독이 든 음식을 먹일지도 모를 일이다."

오는 왕의 명령을 받고 빠른 걸음으로 기바를 뒤쫓았다. 한편 기바는 왕궁에서 멀리 떨어져 이젠 안심하고 길가에 앉아 아침밥을 먹고 있었다. 그런데 오가 그 모습을 보고 달려왔다. 오는 기바를 보자 이렇게 말했다.

"파라수제왕이 당신을 데리고 오라 해서 내가 달려왔소. 지금 당장 갑시다."

기바는 당황하지 않고 침착하게 말했다.

"먼 길을 오느라 매우 수고 했다. 여기서 조금만 더 가면 귀한 약초를 구할 수 있다. 그걸 구해가지고 함께 가기로 하자."

그러면서 기바는 자신이 먹던 음식을 오에게 권했다. 그러나 오는 이미 왕에게 주의를 받았기 때문에 그 음식에 손도 대지 않았다. 그래서 기바는 자기가 들고 있던 과일을 반쯤 먹고 물도 반쯤 마셨다. 그리고는 손톱 사이에 살짝 독을 넣어 깜쪽같이 물에 푼 다음 오에게 권했다.

"매우 배가 고프고 목도 마를 것일세. 이건 내가 먹고 마시던 과일과 물이니, 맛이나 좀 보게."

오는 거기엔 독이 들어 있지 않을 것이라 생각하고 거리낌없이 받아 먹었다. 그러자 말은 얼마든지 할 수 있지만, 몸은 꼼짝할 수도 없었다. 기바는 오의 옆에다 약을 놓고 얼마 뒤에 먹으면 해독이 되리라고 말한 다음 유유하게 낙타를 타고 떠났다. 그렇게 기바가 떠나버리고 난 얼마 뒤에 파라수제왕의 병은 완전히 나았다. 그리고 기바가

놓고 간 해독약으로 오도 몸의 마비가 풀렸다. 파라수제왕은 고맙기도 하고 부끄럽기도 해 기바에게 사신을 보냈다.

"기바여, 당신 덕분에 내 병이 나았습니다. 우리나라에 놀러 오십시오. 나는 당신에게 답례를 하고 싶습니다."

그러나 기바는 파라수제왕의 제의를 거절했다.

"왕이여, 결코 아무 부담도 느끼지 마십시오. 나는 국왕 빔비사라왕의 분부로 당신을 치료했을 뿐입니다."

그러자 파라수제왕은 자기 나라의 절반값에 해당하는 매우 비싼 옷 한 벌을 기바에게 사례로 보냈다.

《사분율》제39, 40

신의와 배반의 장

너무 늦게 뉘우친 아사세
배반자는 홀로 남는다
부처님도 구제불능인 사람
외모로 판단하지 말라
누가 가장 지혜로운가

너무 늦게 뉘우친 아사세 ● ● ● ●

어느 날 부처님에게 반역의 마음을 품은 데바닷타가 마갈타(摩竭陀)국*의 태자 아사세를 꼬드겼다.

"태자시여, 당신은 이 나라의 임금이 되고, 나는 이 세상에서 가장 거룩한 스승, 새로운 부처가 되는 좋은 방법이 있습니다."

아사세는 끊임없는 데바닷타의 이런 유혹에 마음이 흔들렸다. 드디어 그는 어느 날 밤, 칼을 들고 아버지 빔비사라왕의 침전으로 들어갔다. 잠자고 있던 부왕 빔비사라는 살기등등한 아들의 모습을 보고 놀라서 물었다.

"아니 너는 이 밤중에 칼을 들고 이 방안에서 무얼 하고 있느냐?"

그러자 아사세는 대답했다.

"내겐 불평이 있습니다. 부왕은 이제 늙고 병들었습니다. 이 나라를 다스리기에는 기력이 쇠약합니다. 그런데도 나라를 내게 물려 주지 않는 건 무슨 까닭입니까? 지금 나에게 왕위를 물려주지 않는다면, 아버지를 죽이고 내 스스로 왕위에 오를 것입니다."

빔비사라왕은 놀라서 말했다.

"그렇다면 너에게 첨파성을 주겠다."

----

*마갈타국/중인도의 나라 이름. 부처님이 생존시에는 빔비사라왕이 왕사성에 수도를 정하고, 이 나라를 다스려 문화가 크게 발달함

아버지에게 첨파성의 지배권을 얻은 아사세는 매우 기뻤다. 그는 그 길로 데바닷타에게 달려갔다.

"나는 오늘 부왕으로부터 첨파성을 떼어 받았다. 이제는 그대에게도 충분한 공양을 베풀 수 있으니 얼마나 기쁜 일인가?"

그러자 데바닷타는 시큰둥하게 대답했다.

"나라를 다 다스려도 시원치 않거늘, 그까짓 성 하나가 손에 들어온 게 무슨 대수란 말입니까? 그렇게 작은 것에 만족하지 말고, 좀더 큰 몫을 갖도록 하시오."

데바닷타는 아사세태자를 더욱 부추겼고 첨파성을 다스리게 된 아사세는 세금을 무겁게 매기는 등 백성들에게 가혹한 노역을 시켰다. 아사세의 학정에 시달리다 못한 백성들은 살아오던 터전을 버리고 뿔뿔이 흩어져 다른 곳으로 떠났다. 그리고 떠나지 않고 첨파성에 남아 있는 사람들도 견디다 못해 빔비사라왕을 찾아가 호소했다.

"대왕이시여, 아사세태자는 너무 가혹합니다. 무거운 세금을 거두고, 심한 노역에 동원할 뿐만 아니라, 항상 감시하고 괴롭히니 벌써 많은 이웃들이 다른 살기 좋은 곳을 찾아 도망가고 말았습니다. 어떻게 하든지 대왕의 힘으로 우리를 도탄에서 구해 주십시오."

백성들의 호소를 들은 빔비사라왕은 아사세태자를 불러 물었다.

"네가 백성들을 제대로 다스리지 못한다는 말이 사실인가?"

그러자 태자는 그럴 듯하게 대답했다.

"군대를 양성하기 위해서는 과세를 좀더 부과하지 않을 수 없었을 뿐입니다."

왕자의 말을 들은 빔비사라왕은 생각끝에 이렇게 말했다.

"만약 그렇게 군대를 양성해야 한다면, 이제 여기 왕사성만 빼놓고 마갈타국 전국의 군대를 너에게 맡기겠다."

아사세는 기뻐하며 데바닷타를 찾아갔다. 데바닷타는 마음 속으로 쾌재를 부르면서 계속 아사세태자의 야심에 불을 질렀다.

"다행한 일입니다. 그러나 좀더 많은 지배권을 갖도록 하십시오."

아사세태자는 더 한층 백성들에게 가혹하게 굴었다. 마갈타국 백성들은 빔비사라왕이 다스릴 때보다 몇 배나 더 심한 부담을 가져야 했다. 견디다 못한 백성들은 빔비사라왕을 찾아갔다. 백성들의 호소를 들은 왕은 아사세태자를 불렀다.

"왜 너는 자꾸 백성들에게 가혹한 부담을 주고 괴롭히는가?"

아사세는 변명했다.

"병사들의 수가 많아 세금을 좀더 거두지 않을 수 없었습니다."

그러자 왕은 생각 끝에 이렇게 말했다.

"그렇다면, 창고 하나만을 내게 남기고 왕사성까지 이 나라 모든 곳을 네가 다스려라."

"부왕이여, 참으로 송구하옵니다."

이렇게 아버지 빔비사라왕의 영토를 모두 손에 넣은 아사세는 데바닷타를 찾아가 알렸다. 그러나 데바닷타는 천연덕스럽게 다시 아사세를 꼬드겼다.

"그건 당연한 일이 아닙니까? 그런데 왜 창고 하나는 태자님께 주지 않습니까? 그 창고까지 맡으셔야만 비로소 명실상부한 국왕의 자격을 갖추시는 겁니다. 그러니 부왕이 갖고 있는 나머지 하나, 그 창고도 태자께서 갖도록 하십시오"

그 말을 들은 아사세는 그대로 했다. 이젠 왕사성까지도 그의 지배하에 있었다. 시달리는 백성들의 불쌍한 모습을 본 신하들은 빔비사라왕을 찾아가 개선할 방법을 물었다. 그러나 천성이 어질고 아들을 사랑하는 왕은 달리 조치를 취하지 않았다. 다만 아들 아사세를 불러 이렇게 물었다.

"아들아, 나는 내가 가지고 있던 모든 재산과 권력을 너에게 양도했다. 그런데 너는 무엇이 모자라 백성들을 그렇게 괴롭히는가? 백성들은 바로 아들 딸이나 다름없다. 그들을 편안하고 행복하게 하는 게 나라를 다스리는 사람들의 직분이 아닌가?"

그러자 아사세는 불만스런 얼굴로 말했다.

"내게는 창고가 없습니다."

이 말을 들은 빔비사라왕은 한숨을 쉬며 말했다.

"좋다. 그렇다면, 내가 부리는 궁인들만 남기고 모든 것을 네가 차지해라."

이렇게 해서 아사세는 부왕에게 모든 것을 다 넘겨 받았다. 그렇지만, 그는 포악한 천성을 다스리지 못해 백성들을 괴롭히는 일은 변함없었다. 시달리다 못한 백성들은 이번에도 빔비사라왕을 찾아가 고통을 호소했다. 빔비사라왕은 아사세를 불렀다.

"나는 네가 바라는 대로 다 해주었다. 그런데 아직도 백성들을 괴롭힌다니, 대체 이게 무슨 소린가?"

빔비사라왕에게 꾸중을 듣던 아사세는 불같이 화를 냈다. 그는 신하들에게 이렇게 소리쳤다.

"찰제리(刹帝利)*관정왕을 비난하고 우습게 보는 사람이 있다면 어떤 벌을 주어야 하는가?"

신하들은 영문도 모르고 극형으로 다스려야 한다고 대답했다. 그러자 아사세는 군대를 부르고 칼을 들고 설치며 이렇게 명령했다.

"그 사람은 바로 나의 아버지 빔비사라왕이다. 그러니 그를 후궁에 가둬라."

그리고는 스스로 왕위에 올랐다. 빔비사라왕이 아들에 의해 갇혔다는 소식을 들은 궁인들은 기가 막혔다. 그들은 눈물을 흘리며 빔비사라왕을 걱정했다. 왕위를 아들에게 빼앗기고 갇히기까지 한 빔비사라왕은 이 모든 비극이 자신의 숙명이고 업보라고 자책했다. 그는 눈물

---

* 찰제리 /인도의 사성(四姓)계급 중에서 왕족·귀족·사족(土族) 등의 지배계급. 군사·정치에 종사한다. 부처님도 이 계급의 출신이다.

로 세월을 보내면서 위제희왕비가 보내는 음식으로 겨우 목숨을 부지하고 있었다. 하루는 아사세왕이 문지기에게 물었다.

"빔비사라왕은 아직 살아있는가?"

"위제희왕비께서 음식을 보내기 때문에 아직 살아 계십니다."

이 말을 들은 아사세는 불같이 화를 냈다.

"뭐, 어머니가 음식을 보낸다고? 너는 이제부터 그 음식을 절대 빔비사라왕에게 전하지 마라."

이렇게 엄하게 명령한 뒤 다시 궁인들을 불렀다.

"이제부터 누구라도 빔비사라왕에게 음식을 보내는 사람이 있으면 극형에 처할 것이다."

그러자 아사세가 두려워 빔비사라왕에게 음식을 보내는 사람은 없었다. 그러나 위제희왕비는 남편 빔비사라왕이 굶주림으로 죽어가는 것을 보고만 있을 수는 없었다. 그녀는 밀가루를 꿀로 반죽해 몸에다 바르고 빔비사라왕을 찾아가기 시작했다. 문지기는 왕비의 이런 행동을 막을 수가 없었다. 그렇게 며칠이 지난 뒤에 아사세는 다시 문지기를 불러 빔비사라왕의 근황을 물었다. 문지기는 위제희왕비의 일을 그대로 전했다. 이 말을 듣자 아사세는 노발대발했다. 그는 이렇게 명령했다.

"이제부터는 위제희왕비라도 절대 빔비사라왕에게 드나들지 못하게 해라."

그래서 빔비사라왕은 꼼짝없이 굶어죽어야 할 지경에 이르렀다. 그때 부처님은 기사굴산에 계셨다. 빔비사라왕은 부처님이 기사굴 주변을 거니시는 모습을 유폐된 곳의 창을 통해 그립게 바라보곤 했다. 그는 부처님의 모습을 향해 예배드리고, 그 환희심으로 살아가는 것을 보람으로 삼고 있었다. 그러나 아사세가 이 일을 알자 빔비사라왕이 부처님을 바라보는 창문을 모두 막아 버렸다. 그리고는 왕의 발에다 못을 박아서 다시는 일어서서 거닐 수 없도록 만들었다. 빔비사라

아 사세가 두려워 빔비사라왕에게 음식을 보내는 사람은 없었다. 그러나 위제희왕비는 남편 빔비사라왕이 굶주림으로 죽어가는 것을 보고만 있을 수는 없었다. 그녀는 밀가루를 꿀로 반죽해 몸에다 바르고 빔비사라왕을 찾아가기 시작했다.

왕은 아들에게 이렇게 끔찍한 일을 당하자 애간장이 끊어지도록 슬피 울었다. '나는 지금 견딜 수 없는 고통 중에 있다. 부처님께서는 내 고통을 거두어 주시지 않으련가?' 빔비사라왕은 울면서 이렇게 생각했다. 이런 빔비사라왕의 심정을 살피신 부처님은 목련존자를 불렀다.

"너는 지금 갇혀 있는 빔비사라왕을 찾아가 그에게 전해라. 내가 그의 모든 고통을 거두어 주고, 삼악도를 떠나 천상에 태어나리라는 약속을 한다고 말해라."

부처님의 말씀을 받든 목련존자는 기사굴산에서 빔비사라왕이 갇힌 왕사성의 후궁까지 날아왔다.

"대왕이시여, 부처님께서는 대왕의 모든 고통을 거두시겠다고 말씀하셨습니다."

빔비사라왕은 목련존자에게 엎드려 예배하면서 물었다.

"어디 좋은 음식이 없겠습니까?"

그러자 목련존자는 이렇게 대답했다.

"사천왕이 있는 곳에 가장 좋은 음식이 있습니다."

그리고는 기사굴산으로 되돌아왔다. 이때 아사세왕의 아들에게 종기가 났다. 아사세는 자신의 왕자를 안고 달랬지만, 어린 아들은 고통을 참지 못해 울어댔다. 왕은 아들을 안고 그 종기를 입으로 빨아 피고름을 땅바닥에다 뱉었다. 이 광경을 본 왕자는 더욱 더 큰 소리로 울어댔다. 어린 손자가 비명을 지르며 울고 있는 모습을 본 위제희부인은 흐느끼면서 탄식했다. 이 모습을 본 아사세왕이 물었다.

"아니 어머니께선 왜 울고 계십니까?"

그러자 위제희부인은 말했다.

"옛날 일이 생각나서 그런다. 네가 어릴 적에도 이런 일이 있었다. 너 역시 이런 병에 걸린 적이 있다. 그때 너의 아버지 빔비사라왕은 지금의 너처럼 피고름을 빨았다. 그러나 피고름을 땅에 뱉지 않고,

더럽다는 생각도 않는지 그냥 삼키고 말았다. 그건 만약 피고름을 뱉는 모습을 네가 보면 겁을 내고 울까 걱정했기 때문이다. 너를 그렇게 끔찍하게 사랑하던 부왕 빔비사라는 지금 어떻게 살아가고 있는가? 그걸 생각하니 그저 눈물이 흐를 뿐이다."

어머니로부터 이 이야기를 전해 들은 아사세는 그제서야 뉘우치는 마음이 들었다.

"어머니, 그 말이 사실입니까?"

"부왕이 어린 너를 아끼고 사랑한 것은 내가 말로 다 옮길 수조차 없다."

아사세는 자신을 둘러싸고 있던 분노와 증오, 대역의 마음이 눈녹듯 사라지는 것을 느꼈다. 그는 회한이 가득찬 마음으로 신하들을 둘러보며 말했다.

"아직도 아버지가 살아계시다면, 내 어떤 일이라도 하겠다. 빔비사라왕이 어떻게 지내시고 있는지를 살펴보고 오는 사람에겐 큰 상을 내리리라."

신하들은 앞을 다투어 빔비사라왕이 갇힌 후궁으로 달려갔다. 슬픔과 절망 속에 갇혀 있던 빔비사라왕은 갑자기 몰려오는 발자국 소리를 듣자 이젠 자신이 죽을 때가 되었다고 생각했다. '이 발자국 소리는 틀림없이 나를 잡아 죽이려는 사람들이 몰려오는 것이다. 이제 내 목숨도 끝이 났구나.' 이렇게 생각한 빔비사라왕은 그대로 혼절한 채 그만 숨을 거두고 말았다. 그러나 그는 변함없는 믿음으로 부처님을 섬긴 공덕으로 죽은 다음 천상에 태어났다.

《율장》 제17

배반자는 홀로 남는다 ● ● ● ●

부처님이 왕사성에 계실 때였다.

그 자리에는 모든 대중들이 함께 있었다. 그때 데바닷타가 자리에서 일어나서 산가지를 손에 들고 말했다.

"비구들이여, 일생 동안 무덤에 버린 분소의(糞掃衣)*를 입고, 집집마다 탁발하고, 하루에 한 번만 먹는 일, 그리고 일생 동안 나무 밑이나 돌 위에 앉아 수행하고, 고기와 소금, 우유나 기름진 음식을 먹지 않는 오사(五事)가 참으로 비구들이 지켜야 할 일이요, 부처님의 마땅한 가르침이라고 생각하는 사람은 이 산가지를 잡으시오."

그러자 교단에 들어온 지 얼마되지 않아 믿음이 굳지 못한 5백 명의 비구들은 저마다 산가지를 잡고 데바닷타의 말이 옳다고 했다. 그러자 아난이 자리에서 일어나 웃옷을 땅에다 펼치고는 대중들을 향해 말했다.

"비구들이여, 이 오사는 부처님의 가르침도 아니고 수행자가 지킬 계율도 아니라고 생각하는 사람은 웃옷을 한 쪽씩 땅에 펼치시오."

그러자 60명의 장로 비구들이 아난의 말에 따라 동의했다. 이때 데바닷타가 비구들을 향해 말했다.

---

*분소의 /세속 사람이 버린 헌 옷을 주어다 만든 가사. 버린 옷은 똥을 닦은 헝겊과 같으므로 분소의라 함. 수행자가 탐심을 여의기 위해 입음

"우리들에겐 부처님과 교단이 필요하지 않다. 우리는 스스로 계율을 만들고, 이를 지키면서 수행하면 될 뿐이다."

이렇게 말하고는 자신의 말에 동의하는 5백 명의 비구들을 데리고 가야산으로 갔다. 그는 가야산에서 새로운 교단을 만들어 스스로를 부처님이라 일컬었다. 남아 있던 비구들이 부처님에게 달려가 이 일을 말씀드렸다. 부처님은 이렇게 말씀하셨다.

"데바닷타는 교단을 파괴한 죄로 한 겁 동안 지옥에 떨어져서 빠져 나올 수 없으리라. 그에게는 털끝만큼의 착한 마음도 없다. 그가 털끝만큼이라도 착한 마음이 있다면, 나는 데바닷타가 지옥에 떨어진다는 말을 하지 않을 것이다. 아무리 생각해도, 그에게는 조금의 착한 마음을 찾을 수 없기 때문에 나는 그렇게 말한다. 더러운 똥통에 빠진 사람을 구하고자 생각해도 손을 내밀어 잡을 데가 없듯, 온 몸이 더러운 사람은 깨끗한 곳이 없는 것과 마찬가지다."

이때 제자 사리불과 목건련, 두 사람이 데바닷타를 찾아 가야산으로 갔다. 비구들은 이 모습을 보고 눈물흘리며 부처님에게 여쭈었다.

"부처님이시여, 가장 뛰어난 두 사람의 제자 역시 데바닷타가 있는 가야산으로 가고 말았습니다."

그러나 부처님은 울고 있는 다른 제자들을 달래셨다.

"그대들은 걱정하지 마라. 사리불과 목건련은 데바닷타를 따라 가야산으로 간 것이 아니다."

한편 가야산에서 사람들에게 둘러싸여 설법하고 있던 데바닷타는 사리불과 목건련이 멀리서 오는 모습을 보자 크게 기뻐하며 말했다.

"훌륭한 제자들이여, 참으로 잘 왔다. 그대들은 이전엔 나를 따르지 않았지만, 이젠 깨달은 바가 있어 나에게 왔구나. 비록 때는 늦었지만, 여기 와 앉아라."

사리불과 목건련은 아무말 하지 않고 데바닷타의 옆으로 가서 앉았다. 데바닷타는 항상 부처님이 하시는 것처럼, 대중 앞에서 사리불에게 말했다.

"사리불이여, 나 대신 여기 모인 비구들에게 법을 설하여라. 나는 지금 허리가 몹시 아프니 좀 쉬겠다."

이렇게 말하고는 부처님이 하시는 것처럼 자신의 옷을 네 번 접어 오른쪽 옆구리를 땅에 대고 누웠다. 그는 눕자마자 이내 잠이 들어 코를 골기 시작했다. 데바닷타가 잠에 곯아 떨어진 모습을 본 사리불은 목건련을 향해 말했다.

"목건련이여, 이 대중들을 위하여 신통을 보여 모든 것이 덧없다는 사실을 깨닫고 집착을 떠날 수 있는 마음을 일으키게 하여라."

목건련은 바로 신통력으로 허공으로 솟구쳐 올랐다. 그는 모습을 나타내어 설법하고, 모양을 반쯤 감추고 설법하며, 또는 몸은 하나도 드러내지 않은 채 설법했다. 그리고 연기를 일으키며 불을 내고, 몸이 불 위에서도 끄떡없음을 보이고, 물 속에 잠겨서나 불에 타거나 간에 아무렇지도 않은 신통을 대중들에게 보였다. 목건련의 이 신통을 보고 대중들이 놀라자, 사리불은 사람들을 위해 사성제의 법을 설했다. 비구들은 이 설법을 듣고 그 자리에서 모든 번뇌를 떨치고 법안을 얻었다. 그때 사리불과 목건련은 비구들을 보고 이렇게 말했다.

"부처님의 제자가 여기 있으면 지금 우리들을 따르라."

데바닷타는 놀라서 일어나 분한 마음을 참지 못해 목에서 피를 토하여 죽고 말았다. 한편 왕사성에서는 사리불과 목건련이 5백의 비구를 데리고 돌아오자, 장로 비구들은 기뻐하며 부처님에게 여쭈었다.

"부처님이시여, 사리불과 목건련이 데바닷타를 따라간 5백의 비구들을 데리고 왔습니다."

그러자 부처님은 이렇게 말씀하셨다.

"비구들이여, 사리불과 목건련이 데바닷타의 위세를 깨뜨린 것은 이번이 처음이 아니다."

부처님은 다음과 같은 옛이야기를 들려주셨다.

옛날 산야라고 하는 나라에 바라문 청년이 있었다. 그는 어느 활을 잘 쏘는 사람의 문하에 들어갔다. 7년 동안 그 청년은 스승의 가르침을 따르며 화살 쏘는 것을 배웠다. 7년이 지나자 그는 스승에게 말했다.

"스승이여, 나는 언제까지 스승의 밑에서 화살 다루는 법을 배워야 합니까?"

그러자 스승은 활에 살촉을 물려주면서 말했다.

"내가 마을에서 일을 보고 돌아올 때까지 기다려라. 그런 다음 내가 오고 나서 화살을 쏘아라."

이렇게 말을 남기고 스승은 볼일을 보러 마을로 떠났다. 청년은 왜 스승이 자신이 돌아올 때까지 화살을 쏘지 말고 기다리라 했는지 궁금해 견딜 수가 없었다.

"대체 무슨 까닭으로 화살을 들고 있으면서도 쏠 수 없다는 말인가? 왜 스승은 자신이 돌아올 때까지 가만히 있으라고 말했을까, 그렇다면 차라리 화살을 나에게 주지 않았어야 옳지 않은가? 아무래도 그냥 있을 수는 없다. 화살을 한 번 쏘아 보자. 그러면 무슨 까닭인지 알 수 있으리라."

그 앞에는 사라수(沙羅樹) 나무*한 그루가 서 있었다. 산야는 나무를 과녁으로 삼아 화살을 쏘았다. 화살은 멀리 날아가 나무를 뚫고 땅속 깊이 박히고 말았다. 조금 시간이 흐른 후 스승이 돌아왔다. 스승은 산야를 보고 물었다.

"아직 화살을 쏘지는 않았겠지?"

산야는 고개를 떨구고 힘없이 대답했다.

"스승이여, 제가 그만 쏘아 버리고 말았습니다."

그러자 스승은 이렇게 한탄했다.

---

*사라수 나무 / 부처님이 입멸하신 곳에 번성했던 나무로 유명함. 탄생과 관련된 無憂樹, 성도와 관련된 菩提樹와 함께 3대 성수의 하나

"어리석은 짓을 하고 말았구나. 만약 그 화살을 쏘지 않았다면, 너는 천하 제일의 사수가 될 수 있었으리라. 지금은 내가 천하 제일의 사수다. 너는 내가 죽은 다음이 아니면 으뜸가는 사수가 될 수 없을 것이다."

그는 스승의 한탄을 들으며 그 앞을 물러나왔다. 그때 스승은 자신의 딸과 5백 개의 귀한 화살과, 한 대의 마차를 산야에게 주었다. 산야는 이 모든 것들을 받아 마차에 싣고, 광야를 가로질러 저 먼 땅으로 달려 갔다. 한나절이나 산야 일행이 가고 있을 때, 5백 명의 도적을 만났다. 그들은 광야 한가운데서 둘러앉아 밥을 먹고 있었다.

산야는 이제 자신의 아내가 된 스승의 딸에게 말했다.

"부인, 저들에게 가서 밥을 좀 얻어 오시오."

그녀는 남편의 말대로 도적들에게 갔다.

"제 남편의 부탁입니다. 음식을 좀 주실 수 있으신지요?"

도적의 두목은 산야의 아내를 천천히 살펴 보고는 이렇게 말했다.

"이 여인으로 미루어 보아, 저기 마차 안에 있는 사람은 예사 인물이 아니다. 먹을 것을 나눠주는 것이 좋겠다."

그러자 도적 가운데 한 사람이 일어서 말했다.

"아니 무슨 말을 하는가? 그 사람을 살려서 이 여자와 함께 마차에 태워 여기를 빠져 나가게 할 셈인가?"

그 말을 하자 산야의 화살이 날아와 그만 그 사람은 죽고 말았다. 그 모습을 본 다른 도적이 다시 일어섰다.

"우리들은 이 여인과 그 남편을 살려 보내서는 안 된다."

도적이 이렇게 말하자 이번에도 산야의 화살이 날아와 그를 쓰러뜨렸다. 이렇게 차례차례로 499인의 도적들 모두는 산야의 화살에 맞아 죽었다. 최후에는 도적 두목 한 사람밖에 남지 않았다. 산야의 손에도 하나의 화살밖에 남지 않았다. 도적의 두목은 산야의 아내를 향해 말했다.

“옷을 벗어 땅 위에 놓아라.”

그녀는 도적의 두목이 시키는 대로 했다. 산야는 그 목소리에 맞추어 마지막 남은 단 한 개의 화살을 쏘았다. 그러자 그 화살은 그대로 도적의 두목을 맞추어 그는 숨이 끊어지고 말았다.

이야기를 마치시고 부처님은 이렇게 말씀하셨다.

“그때, 5백의 도적은 지금 데바닷타를 따라갔던 5백의 비구요, 도적의 두목은 데바닷타이다. 그리고 산야는 지금의 사리불이다.”

《사분율》 제16

부처님도 구제불능인 사람 ● ● ● ●

부처님 제자 가운데 많은 사람들이 있었지만, 선성이라고 하는 아주 제도하기 힘든 제자가 있었다. 그는 부처님이 왕사성에 계실 때 시중드는 일을 맡고 있었다. 하루는 부처님이 그에게 말씀하셨다.

"제자된 자로 스승의 시중을 드는 이는 반드시 그 스승이 잠든 후에야 잘 수 있다."

평소에도 부처님의 가르침을 고깝게만 듣던 선성비구는 이 말씀을 듣자 더욱 좋지 않은 기분이 되었다. 그래서 꾀를 내길, 박구라 귀신 얘기를 해야겠다고 마음먹었다. 당시 왕사성에는 박구라 귀신을 사람들이 두려워했는데 아이들이 울거나 보채면 흔히들 박구라 귀신이 온다, 박구라 귀신에게 주어 버린다고 해 울음을 그치게 하는 일이 종종 있었던 것이다. 부처님께서 아직 잠드실 눈치가 보이지 않자 선성비구는 제 딴에는 궁리를 하여 이렇게 말했다.

"부처님, 빨리 선실에 드십시오. 조금 더 있으면 박구라 귀신이 찾아올 시간입니다."

그 말을 들은 부처님은 어이가 없어 이렇게 말씀하셨다.

"뭐라고? 너는 참으로 어리석구나. 이미 깨달은 자에겐 귀신 따위가 하나도 두렵지 않다는 사실을 모른단 말인가?"

부처님을 놀라게 하려던 선성비구는 이처럼 오히려 꾸중만 듣고 말았다. 그 모습을 지켜 보던 제석천왕은 한심한 생각이 들었다. 그래서 부처님에게 이렇게 여쭈었다.

"부처님이시여, 선성비구 같은 사람도 불법으로 제도할 수 있겠습니까?"

그러자 부처님은 이렇게 말씀하셨다.

"제석천이여, 모든 사람에게는 불성(佛性)*이 있다. 그러므로 누구나 깨달음의 언덕에 닿을 수 있는 법이다. 그러므로 선성과 같은 자도 자신이 노력하기만 하면 제도받을 수가 있다. 그러나 지금 같아서는 선성비구에게서 올바른 가르침을 받아들이려는 태도가 조금도 보이지 않는구나."

이 말을 들은 제석천은 고개를 조아리며 물러났다. 한번은 부처님께서 가시국의 사비부라성에 계실 때 이런 일이 있었다. 그때 역시 선성비구는 부처님의 시중을 들고 있었다. 부처님께서 성 안으로 탁발을 나가시면 많은 사람들이 부처님을 흠모하여 모여 들었다. 심지어는 부처님의 발자취라도 뵙고자 하는 사람들로 길은 인산인해를 이루어 지나가기조차 힘이 들 정도였다. 그때 선성비구는 부처님의 뒤를 따라가면서 일부러 부처님의 발자취를 밟아서 지우려고 했다. 그러나 부처님의 발자취는 쉽게 지워지지 않았다. 그 모습을 본 성 안 사람들은 선성비구를 괘씸하게 여겼다. 조금 더 길을 가자 술집이 나왔는데, 그 안에서 어떤 외도가 술찌꺼기를 맛있게 먹고 있었다. 그 모습을 본 선성비구는 매우 감심하여 부처님에게 말씀드렸다.

"부처님, 만약 세상에 나한(羅漢)*이 있다면, 이 사람이야말로 나한 중의 나한이 아니겠습니까? 이 사람은 무인무과(無因無果)의 뜻을 말하고 있는 듯합니다."

---

* 불성 / 부처의 본성이라는 뜻. 불타가 될 가능성 · 종자, 혹은 미오(迷悟)에 의해 변하는
  일이 없이 본래 갖추어진 성품
* 나한 / 아라한의 준말

그러자 부처님은 어이가 없어 선성비구를 보고 이렇게 말씀하셨다.

"어리석은 선성이여, 너는 항상 내 가르침을 제대로 듣지 않는구나. 나한은 술을 먹는 일이 없다. 또 사람들을 속이려는 마음도 먹지 않는다. 그뿐인가? 남의 물건을 훔치는 일도 없으며, 싸움하는 일도 없다. 그런데 이 사람은 술찌꺼기를 먹고 있지 않느냐? 이런 사람이 나한이라니, 당치도 않은 말이다. 이 사람은 나쁜 행실로 죽으면 지옥에 태어날 것이다. 나한 중에 지옥에 떨어질 일을 행하는 이가 어디 있겠느냐?"

그 말을 듣고도 선성비구는 제대로 이해되지 않았다. 그뿐만 아니라 부처님의 설법을 믿으려고도 하지 않았다. 또 한번은 이런 일도 있었다. 왕사성에는 고득이라는 외도가 있었는데 그는 항상 다음과 같은 주장을 하는 것이었다.

"중생의 번뇌에는 인도 없고 연도 없다. 그러므로 중생의 해탈에도 인연이 있을 리가 없다."

이런 고득의 말을 새겨들은 선성비구는 어느 날 틈을 보아 부처님에게 말씀드렸다.

"부처님, 세상에 나한이 있다면 고득은 나한 중의 나한이 아니겠습니까?"

그러자 부처님은 이렇게 말씀하셨다.

"참으로 어리석구나. 고득은 나한일 수가 없다. 그는 나한이 어떤 존재인지조차 알지 못하고 있다."

그 말을 들은 선성비구는 한 술 더 떠서 이렇게 반문했다.

"부처님께서는 혹시 고득 외도에 대해 질투심을 느끼고 계신 건 아닙니까?"

부처님은 선성비구의 말을 듣자 어이가 없었다.

"아무리 어리석다지만 선성이여, 내가 고득 외도를 질투한다는 게 말이나 되느냐? 그런 말은 네가 멋대로 생각해낸 것이다. 다시 말하지만 고득은 나한이 아니다. 그는 오늘부터 이레 후면 배에 병이나 고생하다가 세상을 떠날 것이다. 그리고는 식토귀로 다시 태어날 것이다. 그가 죽으면 시체는 그의 동료들이 상여에 메고 가서 한림에다 내다 버릴 것이다. 바로 이 모든 일들이 그가 나한이 아니라는 증거가 아니고 무엇이겠느냐?"

평소에 고득을 나한이라 여기고 존경하던 선성비구는 부처님의 이 말씀을 듣고 놀랐다. 그러나 그는 반신반의하면서 일부러 고득을 찾아갔다. 그리고는 부처님의 불길한 예언을 상세히 알려 주었다.

"고득 노인이여, 부처님은 심히 불길한 예언을 당신에게 하였습니다. 그러니 당신은 있는 대로의 능력을 다해 부처님의 말씀이 거짓이라는 것을 밝혀 주실 수 없겠습니까?"

고득 외도는 이 말을 듣자 몹시 기분이 언짢았다. 그 일이 아니라도 부처님에게 별로 호감을 갖지 못하고 있던 차에 자신이 앞으로 이레 남짓 살고 죽을 것이란 말이 기분 나쁘기 그지 없었던 것이다. 그는 선성비구의 말이 아니더라도 부처님의 말씀이 틀리다는 사실을 만천하에 드러내 부처님의 위신을 우습게 하려고 마음먹었다. 궁리 끝에 그는 자기가 배에 병이 날 것이라는 부처님의 말씀이 마음에 걸려, 단식을 하기로 작정했다. 먹고 싶어도 먹지 않고 잘 견디기만 하면 병이 나지 않을 것이니, 부처님의 말씀을 헛되게 만들 수 있으리라는 계산이었다. 그래서 그는 6일간 단식을 실행하였다. 그러나 6일간이나 아무 것도 입에 대지 않고 견딘다는 것은 생각보다 쉬운 일이 아니었다. 그는 이레째 되는 날 더이상 참지 못하고, 진한 꿀과 냉수를 먹어 기운을 차리려고 하였다. 그랬더니 심한 복통이 일어나 그만 그대로 숨을 거두고 말았다.

고득 외도가 숨을 거두자 그의 동료들이 모여들어 그의 시체를 상여에 메고 한림에다 내다 버렸다. 그랬더니 얼마 안 있어 한 마리의 식토귀가 시체에서 튀어나와 그 옆에 웅크리고 앉는 것이었다. 선성비구는 고득 외도가 죽었다는 소식을 전해듣고 바로 한림으로 달려갔다. 그러자 그곳에는 고득의 환생으로 보이는 한 마리의 식토귀가 그 시체 옆에 웅크리고 앉아 있었다. 선성은 자신도 모르게 비명을 질렀다. 식토귀는 그에게 달려들 듯 가까이 왔다. 선성은 두려움에 떨면서 식토귀에게 물었다.

"대덕이여, 분명히 당신입니까?"

"그렇다. 지금 식토귀의 모습들을 한 게 바로 고득이라 불리던 내 자신이다."

선성비구는 조금 정신을 차려 물었다.

"당신은 왜 죽게 되었습니까?"

"극심한 복통을 견디지 못했기 때문이다."

"누가 당신의 시체를 여기 한림까지 옮겨 왔습니까?"

"같이 공부하던 동료들이다."

"그래서 어디로 가져 갔습니까?"

"보다시피 여기 한림에 내다 버린 것이다."

"그래서 무엇으로 태어났습니까?"

"이처럼 식토귀의 모습으로 나는 환생한 것이다."

고득 외도의 환생인 식토귀는 이어서 말을 계속했다.

"선성비구여, 부처님의 말씀은 참으로 의롭고 실답고 진실해 한치도 거짓이 없다. 그 말씀 한마디 한마디가 참으로 거룩한 가르침이시다. 너는 어째서 그렇게 부처님을 가까이 모시고 있으면서도 믿지 못하느냐? 만약 세상에서 부처님의 참된 말씀을 믿지 않는 자가 있다면, 그 자는 지금의 나처럼 비참한 지경에서 벗어날 수 없을 것이다. 너는 지금 가슴에 손을 얹고 반성해야 한다고 할 것이다."

그러나 청개구리 같은 선성비구는 부처님의 말씀이 그대로 들어 맞은 것이 불쾌하게 느껴지기까지 했다. 그는 부처님의 처소로 돌아와 이렇게 말했다.

"부처님, 고득 외도는 부처님께서 말씀하신 바와 같이 죽었습니다. 그러나 그는 식토귀로 환생한 게 아니라 천상계에 태어났습니다."

그 말씀을 들은 부처님은 이렇게 말씀하셨다.

"정말 어리석도다 선성이여, 그가 나한이라면 어디에 난다고 정해지는 게 아니다. 고득이 천상계에 태어날 이유가 없다."

부처님의 말씀은 선성의 흉계를 물리치고 사심을 뒤엎기에 충분했다. 그는 하는 수 없이 승복하지 않을 수 없었다.

"부처님이시여, 사실 말씀하신 대로 고득 외도는 천상계에 태어나지 못했습니다. 그는 지금 식토귀의 모습으로 태어나 고통받고 있습니다."

부처님께서는 선성에게 이렇게 말씀하셨다.

"선성이여, 원래 여래의 말이란 거짓이 없는 법이다."

"부처님, 고득 외도에 대한 불길한 예언을 들었을 때는 전혀 믿을 수 없었습니다. 그렇지만 이제 부처님의 말씀을 믿지 않을 수가 없습니다. 앞으로는 부처님의 가르침에 따르겠습니다."

선성비구는 이렇게 말은 하면서도 그릇된 생각을 쉽게 버릴 수 없었다. 그는 부처님이 진실한 가르침을 아무리 펼치셔도 완전히 믿지 않았다. 비록 여러가지 설법은 듣지만, 소귀에 경 읽기식으로 가르침의 한 구절도 제대로 이해하지 못했다. 모처럼 선정에 들어도 자꾸만 딴 생각이 일어나 도로 다시 제 자리로 돌아오곤 했다. 그리고는 입만 열면 부처님을 비난하고 법을 부정하고 열반은 없다고 말했다. 또 부처님이 여러가지 예언과 신기한 이적을 보이셔도 부처님은 본래 온갖 마술을 통달하고 계시니 전혀 신기한 일이 아니라고 일소에 붙여 버리곤 했다. 부처님은 심지어 다음과 같이 말씀하셨다.

"내 설법은 처음이나 중간이나, 나중에도 변함없이 선한 것이다."

이렇게 말씀하시며 가르침이 바로 제도받을 수 있는 지름길이라고 하셨어도 그는 '부처님께서 아무리 설법하셔도 나는 인과가 있다는

것을 믿을 수 없습니다'라며 반발했다. 이런 선성비구가 니련선하에
머물고 있을 때였다. 부처님은 가섭 존자를 데리고 선성비구를 찾아
오셨다. 그러나 선성은 부처님의 방문을 기뻐하지 않았을 뿐만 아니
라, 오히려 고까운 마음으로 부처님을 함부로 대했다. 그는 결국 지
옥에 떨어지고 말았다. 이 광경을 보고 부처님은 이렇게 말씀하셨다.

"가섭아, 선성은 불법의 그지없는 보배에 접하고서도 아무 것도 깨
닫지 못해 조금도 얻은 것이 없었다. 그것은 스스로 태만하기도 했으
려니와, 그 주변에 있는 나쁜 친구들 탓이기도 하다. 예를 들자면, 어
떤 사람이 큰 바다 가운데서 보배를 발견하고도 그것을 구하지 못하
고 목숨마저 잃어 버릴 때가 있지 않은가? 그것은 방자하고 교만하기
때문이다. 선성 역시 마찬가지다. 그는 내가 볼 때마다 타이르고 가
르쳤으나, 오히려 태만과 방자한 태도만 더해갈 뿐, 어떤 말도 귀담
아 새겨들으려 하지 않았다. 가섭이여, 원래 가난한 사람이 가난해지
면 세상 사람들의 주목을 그리 끌지 않는다. 그러나 큰 부자가 갑자
기 망하면 세상의 동정이 자연히 그리로 모이는 것이다. 선성비구는
참으로 좋은 조건 속에 있었으나, 자신의 못된 성정으로 말미암아 항
상 다시 나쁜 지경으로 빠지곤 했다. 나는 그런 그가 불쌍한 마음이
들어 항상 마음을 썼던 것이다."

부처님은 이어서 다음과 같이 말씀하셨다.

"가섭아, 나는 옛날부터 선성에게 털끝만한 선근이라도 있는지 애
써 찾았다. 그에게 털끝만큼의 선근이라도 있다면 마침내 구제할 수
있으리라고 생각했다. 그러나 아무리 애를 쓰고 찾았지만 끝내 발견
할 수 없었던 것이다. 선성이 지옥에 떨어졌어도 이제 그를 제도할
방법은 없는 것이다."

"부처님, 어째서 선성은 지옥을 벗어날 수 없습니까?"

가섭은 부처님에게 여쭈었다.

"가섭이여, 잘 들으라. 선성은 많은 권속들을 거느리고 있었다. 그

들은 선성을 나한이라고 믿어 의심하지 않았다. 나는 그런 그들의 부질없는 믿음을 없애려고 했지만, 그들의 그릇된 집착과 소견을 끊을 수 없었다. 그건 선성 자신이 조금도 인정하려 들지 않았기 때문이다. 그는 그 과보로 지옥에 떨어질 것이다. 항상 말하지만 여래의 말은 항상 참되니 거짓이 없다. 그러므로 지옥에 떨어진다고 하면 반드시 그렇게 되리라. 비록 성문과 연각의 보살은 그들의 말이 맞을 때도 있고 틀릴 때도 있으나 여래의 말은 그렇지 않다.

가섭이여, 선성비구는 세상사람들에게 선악의 행위에 대한 과보는 없는 것이라고 항상 주장했다. 그 때문에 세상사람들은 힘써 선근공덕 쌓는 일을 게을리 해, 선근이란 선근은 다 없어지고 말았다. 나는 그런 선성이 선근을 쌓지 못할 것이란 사실을 알면서도 20년 동안 같이 지내왔다. 때로 세상사람들은 차라리 그를 그대로 내버려 두었으면 편안하지 않았을까, 이렇게 말할지도 모른다. 그러나 만약 내가 그를 돌보지 않았다면, 그는 더 많은 중생(衆生)*들을 헤매게 하고 나쁜 죄에 빠지게 했을 것이다. 그래서 일부러 그를 내 주위에 두고 그런 일을 막았던 것이니라."

《법구비유경》

---

*중생 /일체의 생류(生類)를 가리킴. 중생이란 흔히 미혹의 세계에 있는 생존하는 것을 가리키므로 때로는 넓은 의미로 불 · 보살까지도 포함

외모로 판단하지 말라 ● ● ● ●

옛날 가시라는 나라에 파라나성이 있었다. 그곳의 왕은 오랫동안 왕자가 없어 걱정이 떠나지 않았다. 그러던 중에 왕비에게 태기가 있었다. 모든 사람들의 기쁨은 이를 데 없었다. 드디어 열 달이 지나 왕비가 해산을 했는데, 태어난 왕자는 얼굴에 눈도 코도 없었다. 그렇지만 국왕은 이레가 지나자 궁중에 모든 사람들을 모아 축하의 연회를 베풀었다. 그리고는 신하와 관상가, 도사들에게 왕자의 이름을 지으라고 명령했다. 그때 한 사람의 바라문이 옆 사람에게 말했다.

"왕자님의 얼굴은 어떻게 생겼습니까?"

그 사람은 이렇게 대답했다.

"이번에 탄생하신 왕자님은 얼굴에 눈과 코가 없습니다."

이 말을 들은 바라문은 '마치 거울처럼 편편한 얼굴이 아닌가?' 하고 생각했다. 그래서 국왕에게 이렇게 말했다.

"국왕이시여, 왕자님의 이름을 경면(鏡面)왕자라고 부르는 것이 어떻겠습니까?"

모든 사람들은 그 이름이 참으로 합당하다고 찬성했다. 그래서 왕자는 경면왕자라고 불리게 되었다. 왕자는 네 사람의 유모가 보살피는 가운데, 마치 연꽃이 피어나듯 무럭무럭 자랐다. 그런데 불행스럽게도 국왕이 갑자기 세상을 떠났다. 경면왕자는 아버지의 뒤를 이어 왕위에 올랐다. 비록 경면왕은 눈과 코가 없었지만, 지난 과거세에

비록 경면왕은 눈과 코가 없었지만,
국왕의 자질을 갖춤에 모자람이
없었다. 그러나 많은 백성들은 경면왕이
왕위에 오른 것이 불만이었다. 하루는
신하들이 모여 과연 경면왕이 왕위에
오를 자격이 있는지 없는지 시험해 볼
궁리를 하였다.

많은 선근을 닦았기 때문에 천안(天眼)*을 가지고 있었다. 또한 다른 복덕 또한 두루 갖추어 국왕의 자질을 갖춤에 모자람이 없었다.

　그러나 많은 백성들은 눈도 코도 없는 경면왕이 왕위에 오른 것이 불만이었다. 신하들도 마음 속으론 꺼림직한 생각을 갖고 있었다. 하루는 신하들이 모여 과연 경면왕이 왕위에 오를 자격이 있는지 없는지 시험해 볼 궁리를 하였다. 그리고는 그 기회를 엿보기로 작정하였다. 그러던 어느 날, 경면왕이 신하들에게 명령했다. 그 내용은 금과 은으로 자개를 메워 아름답게 꾸민 궁전을 새로 지으라는 것이었다. 신하들은 이 말을 듣고 마침내 기다리던 좋은 기회가 왔다고 생각했다. 그들은 한 마리의 원숭이에게 목수의 옷을 입히고 연장을 들게 하고 목수처럼 꾸며 경면왕 앞에 데리고 갔다.

　"국왕이시여, 대목수가 들어왔습니다. 그에게 궁전 짓는 일을 분부하십시오."

　경면왕은 신하들이 자신을 시험하고 있다는 사실을 알았다. 왕은 다음과 같은 게송을 지어 그들을 따끔하게 나무랬다.

　　이 자를 살펴 보자니
　　쪼글쪼글한 얼굴의 주름살 투성이
　　이리저리 흔드는 그 몸뚱아리
　　어디 한 나절인들 연장을 다루랴.
　　어떻게 이 자에게 궁전을 짓게 할손가.
　　이처럼 경박한 잔나비는
　　뜰에 풀어 놓으면 과실만 축내리니

---

*천안／육안(肉眼)·혜안(慧眼)·법안(法眼)·불안(佛眼)과 더불어 오안(五眼)의 하나. 색계의 천인(天人)들이 타고난 신안(神眼). 수행한 사람이 깊은 선정(禪定)가운데서 이것을 얻기도 함

한시바삐 내어 쫓으라 멀리 저 숲속으로.

경면왕의 이 게송을 들은 신하들은 비로소 왕에게 천안과 심안이 갖추어져 있음을 알고 공경하며 물러났다. 이때의 경면왕이 바로 석가모니 부처님이요, 원숭이는 비구 친타의 전신이다.

《마하승기율》제6

누가 가장 지혜로운가 ● ● ● ●

옛날 가시국 파라나시성에 두 마리의 개를 기르는 왕이 있었다. 그는 낮이면 개를 금과 은의 사슬로 묶어두고 보배로 만든 그릇에 음식을 주었고, 밤이 되면 그 사슬을 풀어 주어 주변을 지키게 했다. 이 왕은 12년 동안이나 심한 두통으로 고생하다가 나은 지 얼마 되지 않았다. 그가 병이 나아갈 무렵, 하루는 잠을 자고 있는데 꿈 속에서 개 짖는 소리를 들었다. 그 소리에 놀라 잠을 깨니 조금 차도가 있던 두통이 오히려 심해졌다. 왕은 시종을 불러서 물었다.

"조금 전 무슨 소리를 듣지 못했느냐?"

시종은 대답했다.

"개가 짖는 소리를 들었습니다."

왕은 시종에게 명령했다.

"그 개를 멀리 쫓아 버려라."

시종이 왕의 명령을 받고 뜰에 나가니 과연 낯선 개 한 마리가 있었다. 그 개는 주인이 없는 도둑개였다. 시종은 이 개를 멀리 쫓으려고 했다. 그러자 그 개가 시종을 향해 말했다.

"무슨 까닭으로 나를 내쫓는가?"

"왕은 지금 심한 두통으로 고통스러워하고 있다. 네가 짖는 소리에 잠을 깨어 병이 심해졌다. 그래서 너는 여기서 쫓겨나는 것이다."

그러자 도둑개는 말했다.

"그렇다면, 여기서 기르고 있는 다른 두 마리의 개는 어떻게 할 작정이냐?"

"그 개들은 그대로 둘 것이다."

이 말을 들은 개는 툴툴거렸다.

"이렇게 인정머리없는 왕이 어디 있나? 자기 기분에 따라 기분내키는 대로 내쫓기도 하고 그대로 두기도 한다니, 참으로 불공평한 처사가 아닌가?"

그리고 다음과 같이 노래를 읊었다.

개가 싫어서 미워진다면
어떤 개라도 다 몰아내는 게 옳다.
어떤 개는 몰아 내기도 하고, 그대로 두기도 하니
이처럼 불공평한 일이 어디 또 있느냐?

자기는 두 마리의 개를 기르면서
하필이면 나만 내쫓는 법이 어디 있는가.
사랑과 노여움과 두려움, 그리고 어리석음
그 모든 것 자기 기분에만 따르는 나쁜 왕이로다.

이때 왕이 기르던 두 마리의 개는 지금의 친타와 가류타이 비구이다. 그리고 내몰림을 당하던 개는 지금 여섯 비구의 무리들이다. 제자들은 부처님께 이렇게 여쭈었다.

"부처님, 저 장로 친타를 다른 비구들은 모두 승단의 우두머리로 추천했지만, 어째서 아난 존자만은 그를 물리쳤습니까?"

그러자 부처님은 이렇게 말씀하셨다.

"비구들이여, 지금 세상에서 뿐만이 아니라 이미 과거 전생에서부터 비구 친타는 아난에게 물리침을 받았다."

그리고는 다음과 같은 옛날 이야기를 시작하셨다.

옛날 설산 양지바른 곳에 온갖 종류의 새들이 모여 살고 있었다. 어느 날 그 새들은 서로 모여서 의논했다.

"이 가운데 한 마리의 새를 우리의 임금으로 모시자. 그로 하여금 우리들을 외적으로부터 지키게 하고, 우리들을 다스리게 하자."

그 말에 다른 새들은 찬성했다. 그리고는 과연 누구를 임금으로 모실까 의견이 분분했다. 그 중 한 마리의 새가 말했다.

"학을 임금으로 추대하면 어떨까?"

"학은 마땅하지 않다. 그는 높은 다리를 하고 긴 목을 빼어 우리들 사는 일에는 초연한 자세를 취해 돌보지 않을 것이다. 그런 새가 임금이 된다면 곤란하지 않은가?"

그 말을 들은 새들은 일리가 있다고 고개를 끄덕였다. 그러자 다른 새가 말했다.

"거위를 임금으로 모시면 어떨까? 그는 온 몸이 희고 모두 그를 두려워한다. 그러니 거위에게 자격이 충분하지 않은가?"

그렇지만 또 반대 의견이 나왔다.

"거위는 절대 안 된다. 비록 빛깔은 희지만 목이 볼썽사납게 길어서 언제나 구부린 모습이다. 자기 목도 하나 제대로 똑바로 가누지 못하는데, 어떻게 남을 바로 다스릴 수 있겠는가?"

그러자 새들은 그 말도 옳다고 생각했다. 그러자 한쪽에서 또 다른 의견이 나왔다.

"공작은 어떨까? 아름다운 날개옷으로 보는 이의 눈을 황홀하게 한다. 그라면 임금이 될 자격이 충분하지 않은가?"

하지만 또 어디선가 반대자가 나왔다.

"그것 역시 말도 안 되는 소리다. 공작은 얼핏 보기는 아름답게 보이지만, 그는 참으로 무엇이 부끄러운지를 모른다. 날아갈 때는 언제나 추한 모습을 하고 있다. 그런 공작이 어떻게 우리들의 임금이 될 수 있다는 말인가?"

그 말을 들은 새들은 그 생각도 일리가 있다고 고개를 끄덕였다. 그러자 한 마리의 새가 나섰다.

"올빼미를 우리의 임금으로 삼으면 어떨까? 올빼미는 낮에는 고요히 자고, 밤이면 눈을 빛내며 깨어난다. 그러면 어두운 한밤중이라도 사방을 살펴 우리 모두를 지켜줄 것이다."

그 말을 듣자 모든 새들은 정말 좋은 생각이라고 칭찬했다. 그렇게 웅성거리고 있을 때, 지혜로운 앵무새 한 마리가 생각했다. '다른 새들은 밤이면 잠을 자는데, 올빼미는 밤이 되어야 일어난다. 만약 그가 임금이 된다면, 우리는 그를 지키기 위해 밤낮 그를 호위하지 않을 수 없을 것이다. 그렇게 되면 아마 우리는 밤이나 낮이나 잠을 자기는 틀린 노릇이 아닐까? 이 일을 어떻게 하면 좋을까? 나는 어떻게 하면 이 사실을 모두에게 깨우쳐 올빼미를 임금으로 모시지 않게 할 수 있을까?'

앵무새는 이런 생각을 하면서도 몹시 걱정스러웠다. '내가 그런 말을 했다는 사실을 안다면 올빼미는 아마 화를 내면서 내 털을 모두 물어뜯을 것이다. 그렇지만 무슨 방법이 있으랴? 힘없는 많은 새들이 긴긴밤, 잠도 못자고 그를 호위해야 하는 괴로움에서 벗어나게만 할 수 있다면, 겁을 내서는 안될 일이다.'

이렇게 마음 속으로 다짐한 앵무새는 새들이 모인 한가운데로 날아갔다. 그리고는 날개를 펴고 공손히 인사를 한 다음 이렇게 말했다.

"동무들이여, 부디 내 노래를 한 번만 들어주시오."

그러자 다른 새들이 말했다.

"앵무새여, 노래하고 싶으면 어서 노래해라. 나이가 많다고 반드시 지혜롭다고는 할 수 없다. 너는 비록 나이가 젊어도 아는 것이 많지 않은가? 우리는 네 노래를 듣고 싶다."

앵무새는 잠시 목청을 가다듬고 다음과 같이 노래했다.

내 마음 속 그대로 말한다면
올빼미를 임금으로 섬기고 싶지 않다.
웃고 있다 해도 그의 얼굴은
무서워서 가까이 할 수 없다.
더구나 성을 낼 때의 그 얼굴은
두렵고 떨려서 쳐다 볼 수조차 없다.

다른 새들이 이 노래를 듣자 홀연 깨달은 바가 있었다. 그들 모두는 입을 모아 이렇게 말했다.

"정말 옳은 말이다. 올빼미를 임금으로 모시려던 건 우리가 생각이 짧은 탓이었다."

그리고는 다시 한자리에 모여서 의논했다.

"차라리 아는 것 많고 영리한 앵무새가 임금이 되면 어떨까?"

그러자 새들의 무리는 모두 찬성했다.

옛날 이야기를 마치시고 부처님은 다음과 같이 말씀하셨다.

"그때의 올빼미는 지금 친타 비구요, 앵무새는 지금의 아난이다. 마치 그때의 앵무새가 올빼미를 임금으로 모시는 일에 반대한 것처럼, 지금의 아난 역시 친타 비구가 승단의 우두머리가 되는 것을 반대한 것이다."

《마하승기율》제7

지킴과 버림의 장

그대로 남아 있는 보물
오해받을 만한 일
잠잘 곳이 없어도 행복한 사람들
부처님의 아들사랑
유곽에서의 하룻밤
넘치는 공양은 필요없다

그대로 남아 있는 보물 ● ● ● ●

달이 휘영청 밝은 보름날 밤이었다. 아사세왕(阿闍世王)*은 깨끗이 목욕을 하고 새 옷으로 갈아입은 뒤 많은 신하들을 거느리고 정전에 올랐다. 그는 한 사람의 신하를 보고 말했다.

"오늘밤은 때마침 보름이다. 우리들은 어떤 성자를 찾아가 선근을 깊이 심을 수 있겠는가?"

그 신하는 대답했다.

"대왕이시여, 이 왕사성에는 불란가섭이란 성자가 있는데 그는 많은 제자들을 거느리고 있습니다. 그곳에 납시어 선근을 심으실 수 있을 것입니다."

왕은 잠자코 아무말도 하지 않았다. 또 다른 대신이 말했다.

"대왕이시여, 이 왕사성에는 살차니건자란 성자가 있습니다. 그에게 가시는 것도 좋을 것입니다."

그러나 왕은 아무 대답이 없었다. 왕을 모신 신하들은 모두 외도의 제자들이라, 서로 자신을 가르친 스승의 덕이 뛰어나다고 찬탄하고 추켜세우면서 왕에게 권했다. 그때 왕은 자신의 등 뒤에서 일산을 들고 있는 기구동자를 돌아다 보면서 말했다.

---

*아사세왕 / 중인도 마갈타국의 왕. 부처님께 귀의하여 교단의 보호자가 되어 불경을 첫 번째 결집할 때 도와주어 대사업을 완성케 했다. 불멸 후 24년에 죽었다고 한다.

"모든 사람은 서로 자신의 스승이 낫다고 말하는데, 너는 왜 말이 없느냐? 오늘밤은 보름이다. 어디로 가야 선근을 깊이 심을 수 있겠는가?"

그러자 동자가 왕에게 대답했다.

"대왕이시여, 지금 암바라동산에는 1250인*의 제자들을 거느리고 부처님이 계십니다. 그곳에 가시면 반드시 선근을 심으실 수 있을 것입니다."

왕은 기구동자의 말이 옳다고 생각했다.

"동자여, 급히 내가 타고갈 수레를 준비해라. 그리고 5백 마리의 암코끼리를 장식해 그 등에 한 사람씩의 부인을 태워라. 나는 지금 당장 암바라동산에 계신 부처님을 뵈오러 가겠다."

기구동자는 명령대로 왕이 떠날 채비를 갖추었다. 이윽고 왕은 5백의 부인들을 거느리고 수레 주위에 등불을 환히 밝히면서 왕사성을 나서 암바라동산으로 떠났다. 밤이 이미 깊어 모든 비구들이 삼매에 들어 암바라동산은 고요하기 짝이 없었다. 암바라동산의 문을 열고 들어가려던 왕은 동산을 가득 채운 엄숙한 기운에 눌리어 숙연한 마음이 들었다. 왕은 기구동자를 돌아보면서 물었다.

"너는 1250명이나 되는 부처님의 제자가 이곳에 있다고 말하지 않았느냐. 그런데 어째서 이렇게 아무 기척도 없이 조용한가. 너는 나에게 거짓말을 한 것이 아니냐?"

동자는 대답했다.

"결코 저는 대왕을 속이지 않았습니다. 조금만 더 나아가시면 제

---

*1250인 /《과거현재인과경》4에 1250인에 대한 설명이 나온다. 야사의 친구들 50인, 우루빌라가섭의 제자들 500인, 나제가섭의 제자들 250인, 가야가섭의 제자들 250인, 사리불의 제자들 100인과 대목건련의 제자들 100인을 합하여 1250인이라 한다. 그들은 모두 외도를 섬기다가 부처님께 귀의하였다.

말이 거짓이 아니라는 것을 아실 겁니다.”

왕은 동자의 안내를 받으며 다시 암바라동산 안쪽으로 발걸음을 옮겼다. 이윽고 암바라동산 한가운데 본당에 이르자 기구동자는 한 곳을 가리키면서 왕에게 말했다.

“대왕이시여, 저기 등불이 흔들리는 곳에 계신 분이 바로 부처님이십니다. 마치 소들 중에 왕이 그 무리 가운데 앉아 있듯, 백수의 왕인 사자가 많은 짐승들을 거느리고 있듯, 설산의 흰 코끼리가 그 무리 가운데서 위엄을 자랑하듯, 모든 수행자들 가운데 부처님께서는 의연하게 가부좌하고 계십니다. 그 마음은 항하의 깊은 물처럼 맑게 개어서 고요히 작은 소리 하나 없이 단좌하고 계십니다. 대중들 또한 항하의 깊은 물같이 단좌하고 있습니다. 큰 바다가 한없이 모든 물을 받아 들이듯, 모든 공덕이 부처님에게 모여 있습니다.”

왕은 바로 수레에서 내려 본당에 올라가 부처님과 대중들을 세 번 돌고, 기구동자에게 물었다.

“동자여, 부처님도 대중들도 마음이 밝게 개이어, 이처럼 깨달음의 경지에 이르러 계신다. 원하건대, 내 아들 우타리발타도 이와 같은 깨달음의 경지에 들게 하고 싶구나.”

그때 부처님은 아사세왕을 향하여 말씀하셨다.

“대왕이여, 구하는 대로 모든 소원은 이루어질 것입니다.”

왕은 공손히 자리를 펴고 부처님을 앉으시라고 권했다. 그러나 부처님은 사양하시면서 다음과 같이 말씀하셨다.

“대왕이시여, 나는 여기 이렇게 앉아 있으니, 그 자리에는 당신이 앉으시오.”

왕은 부처님의 발에 엎드려 절하고 한쪽으로 물러나 앉았다.

“부처님이시여, 저는 마음 속에 한 가지 번민이 있습니다. 어려우시더라도 제 물음에 답해 주십시오.”

“대왕이시여, 거리낌 없이 질문하시오. 나는 어떤 질문에라도 답하리다."

이렇게 하여 왕은 질문하고 부처님은 답하는 형식의 설법이 시작되었다. 그 설법은 꽤 길었다. 왕과 함께 그 자리에 온 많은 부인들은 이 설법을 듣는 동안 몸에 장식한 영락을 풀어 각자 자기 자리 앞에 놓았다. 아사세왕의 질문에 따른 부처님의 설법이 끝난 것은 새벽이 가까워져서였다. 그때 멀리 성 안에서 새벽을 알리는 북소리와 피리소리, 코끼리소리와 말발굽소리도 들려왔다. 부왕인 빔비사라왕을 죽여 항상 마음 속에서 가책을 느끼던 아사세왕은 갑자기 수런거리는 새벽의 기척소리에 공포가 밀려왔다. 그는 말할 수 없는 두려움에 떨며 신하들에게 말했다.

"자 어서 성으로 돌아가자."

왕은 일행들을 재촉하여 암바라동산을 뒤로 하고 궁중으로 돌아갔다. 왕을 따라온 부인들은 아사세왕이 서두르는 바람에 설법을 듣느라 풀어 놓았던 영락을 채 거두지 못하고 그대로 돌아갔다. 궁중에 도착한 왕의 제1부인은 영락을 찾았으나 보이지 않았다. 시중을 들던 시녀가 말했다.

"너무 급히 서둘러 오시느라 영락을 암바라동산에 두고 오신 모양입니다."

그건 다른 부인들도 마찬가지였다.

"모두가 너무 급히 오느라 영락을 그곳에 두고 왔습니다. 이 사실을 대왕께서 아시면, 우리들의 부주의라고 나무라실 겁니다."

서로들 영락을 가져오지 못한 것을 걱정했다. 그 사실을 시녀 한 사람이 아사세왕에게 일러바쳤다.

"대왕이시여, 부인들이 영락을 암바라동산에 두고 왔답니다."

시녀가 말하는 것을 왕의 옆에 있던 바라문 한 사람이 듣고 왕에게 말했다.

"대왕이시여, 영락을 그곳에 두고 왔다면, 암바라동산에 사는 사람

신하가 영락을 찾아오기 위해 암바라동산에 도착하자
부처님과 모든 대중들은 움직이지 않고 삼매에 들어 앉아
계셨다. 그리고 부인들이 설법을 듣기 위해 앉았던 자리 앞에는
풀어 놓은 영락이 그대로 놓여 있었다. 햇살이 비치자 영락은
구슬마다 찬란하게 빛났다.

들은 그 귀한 영락을 감추었을 겁니다. 가지러 가도 아마 없다고 시 치미를 떼며 돌려주지 않을 것입니다.”

왕은 정직한 신하를 암바라동산으로 보내 영락을 찾아오라고 명령 했다. 그 신하가 암바라동산에 도착하자 부처님과 모든 대중들은 움 직이지 않고 삼매에 들어 앉아계셨다. 그리고 부인들이 설법을 듣기 위해 앉았던 자리 앞에는 풀어놓은 영락이 그대로 놓여 있었다. 햇살 이 비치자 영락은 구슬마다 찬란하게 빛났다. 신하는 영락들을 모두 걷어 궁중으로 돌아왔다. 그는 아사세왕에게 자신이 본 사실을 그대 로 전했다. 그 말을 들은 아사세왕은 기쁜 마음을 감추지 못하고 이 렇게 말했다.

“부처님과 비구들은 참으로 성자들이다. 그들은 탐욕스런 마음일 랑 조금도 없다. 이 사람들을 두고 어떻게 다른 가르침을 찾아 다니 며 믿겠는가? 나는 이제 이분들을 내 믿음의 스승으로 받들리라. 나 는 부처님과 제자들을 죽는 날까지 공경하고 공양하겠다.”

왕은 부인들을 불러서 말했다.

“이것이 다시 찾아온 너희들의 영락이다. 각자 자신의 영락을 가지 고 갈 것이나, 탐이 난다 해도 남의 영락에는 손대지 마라.”

비구들은 아사세왕의 이 말을 부처님에게 여쭈었다. 그러자 부처님 은 이렇게 비구들에게 이르셨다.

“비구들이여, 보배가 없어지지 않고 그대로 있다 해도 사람들은 의 심하고 비방하기 마련이다. 하물며 그 보배에 손을 댄다면 무엇이라 말할 것이냐? 너희들은 어떤 경우에라도 남의 것, 보배에 손을 대지 마라.”

《마하승기율》 제18

오해받을 만한 일 ● ● ● ●

부처님이 사위국 기수급고독원에 계실 때였다.

비사리성에서 사위국 장자의 집으로 시집온 여자가 있었다. 그 여자는 어느 날 남편이 집을 비운 사이에 시어머니와 싸우고 집을 나와 친정인 비사리로 돌아갔다. 그녀는 비사리로 향해 가던 도중에 마침 아나율 존자를 만나 동행하게 되었다.

"존자께서는 어디까지 가시는 길입니까?"

그녀는 물었다. 그러자 아나율 존자는 대답했다.

"나는 지금 비사리성까지 가는 길입니다."

"존자님, 저도 지금 비사리성까지 가는 길입니다. 어려우시겠지만, 비사리까지 함께 갔으면 합니다."

그러자 아나율 존자는 먼 비사리까지 그녀와 동행하겠다고 말했다. 그때 사위국의 장자는 집으로 돌아왔다. 그는 아내가 보이지 않자 어머니에게 물었다.

"어머니, 아내는 어디 갔습니까?"

그 어머니는 대답했다.

"나와 싸우고 집을 나갔다. 어디로 갔는지 집을 나간 여자를 내가 어떻게 알겠느냐?"

그 말을 들은 장자는 슬픈 심정이 되어 그 길로 집을 나왔다. 그는 아내가 틀림없이 친정으로 가리라는 생각에 비사리로 향했다. 그런데 한참가다 보니 저만치 걸어가는 아내의 모습이 보였다. 그런데 이게 웬일인가. 아내는 젊고 잘생긴 사문(沙門)*과 정답게 얘기하며 걸어가고 있지 않은가? 그는 심한 질투심을 누를 길이 없었다. 그는 아나율 존자를 향해 말했다.

"너는 수행하는 사문의 몸으로 어떻게 남의 아내를 데리고 도망칠 수 있느냐?"

그러자 아나율 존자는 담담하게 말했다.

"장자여, 천만의 말씀이요. 우리는 비사리성까지 우연히 같은 방향이라 동행하고 있을 따름이오."

아나율 존자의 해명에도 불구하고 장자의 의심은 풀리지 않았다.

"무슨 소리냐. 너는 지금 내 아내를 데리고 가고 있지 않느냐?"

그러자 이번에는 장자의 아내가 말했다.

"그건 당신의 오해입니다. 나는 이 존자님과 마치 오누이처럼 여행했을 뿐이오. 아무런 의심받을 까닭이 없습니다."

아내의 말을 듣자, 장자는 오히려 더 화가 치밀어올랐다.

"이 사내는 너를 데리고 도망치고 있었음에 틀림없다. 그러니까 너도 그런 변명을 하는 것이다."

장자는 아나율 존자를 마구 때려 길바닥에 내팽개쳤다. 숨이 끊어질 듯하던 아나율은 시간이 지나자 겨우 정신을 되찾았다. 그는 풀 위에 가부좌를 하고 앉아 몸을 바르게 하고 마음을 가다듬어 화광삼매에 들었다. 장자는 그 모습을 보고서야 아나율 존자의 말이 옳다는 것을 알았다. 그는 진심으로 자신의 잘못을 뉘우쳤다.

"이 존자가 삼매(三昧)*에서 일어나면, 나는 엎드려 빌고 예배드린 다음, 참회하여 용서받으리라."

---

*사문 /출가수행자의 총칭. 불교와 外道에 함께 통하는 명칭
*삼매 /마음이 하나의 대상에 집중해서 산란하지 않은 상태를 가리킴

　잠시 후 아나율은 삼매에서 깨어났다. 그는 아나율의 발 아래 엎드려 자신의 죄를 참회했다.

　"존자님, 바라옵건대 저의 참회를 받아주십시오."

　아나율은 그의 참회를 받고 그에게 여러가지 가르침을 설했다. 그 말을 듣는 장자의 마음 속엔 기쁜 믿음이 일어났다. 아나율은 비사리로 돌아와 이 일을 자랑삼아 다른 수행자들에게 말했다. 그러자 어떤 사문은 아나율을 꾸짖었다.

　"대체 아나율은 무엇 때문에 남의 아내인 여인과 동행을 했다는 말인가?"

　이런 수군거림을 부처님께서 살펴 아셨다. 부처님은 대중들을 모아놓고 아나율을 불렀다. 그리고 그 일의 경위를 들으셨다. 그리고는 다음부터는 어떤 경우라도 부녀자와 먼 길을 동행해서는 안된다고 말씀하셨다.

《사분율》 제13

잠잘 곳이 없어도 행복한 사람들 ● ● ● ●

어느 날 밤 부처님은 대중들이 모인 자리에서 설법을 시작하셨다. 설법은 초저녁부터 한밤중까지 계속되었다. 겨우 설법이 끝나자 사람들은 흩어져 각자 자기 숙소로 돌아가 잠들었다. 그러나 그들 가운데 사리불과 목건련은 좀 늦어서 그들이 잠들 방을 얻을 수 없었다. 사리불이 어느 집을 찾아가 문을 두드렸다. 그 안에서 소리가 났다.

"누구십니까?"

"저는 사리불입니다. 오늘 하룻밤 여기서 묵을 수 있을까요?"

"죄송합니다만 여기는 사람들이 많이 있습니다. 다른 곳을 알아보십시오."

목건련도 이곳저곳 돌아다니며 하룻밤 묵기를 청했으나 결과는 마찬가지였다. 이처럼 부처님 10대 제자*중에도 으뜸인 상수 제자, 사리불과 목건련이 잠잘 곳을 구하지 못해 이곳저곳을 떠돌았다. 그들은 마침내 한 사람은 처마 밑에서, 또 한 사람은 길가의 나무 밑에 앉아서 밤을 새웠다. 조금 지나자 비가 내리기 시작했다. 처마 밑에 있던 사리불은 명랑하게 게송을 읊었다.

---

*10대 제자 / 부처님의 제자 가운데 가장 뛰어난 특징이 있는 열 사람. ①智慧第一 사리불 ②神通第一 목건련 ③頭陀第一 대가섭 ④天眼第一 아나율 ⑤解空第一 수보리 ⑥說法第一 부루나 ⑦論議第一 가전연 ⑧持戒第一 우팔리 ⑨密行第一 라홀라 ⑩多聞第一 아난다

가부좌하고 앉으니 처마밑이라
비가 새어 무릎을 적신다.
이미 안락한 머무름을 얻어서
마땅히 다음 생에는 윤회에서 벗어나리라.

이어서 나무 밑에 앉아 있던 목건련 존자도 흥겹게 게송을 읊었다.

발걸음을 멈춘 곳 길가의 나무 밑
밥을 빌어서 수풀 자리에 앉는다.
입고 먹는 일에 탐욕과 집착 없으면
마땅히 다음 생엔 윤회에서 벗어나리라.

이윽고 날이 밝았다. 아침이 되자 부처님에게 예배하러 발걸음을 재촉하던 재가신자들이 비를 맞은 채 처마 밑과 나무 아래에서 가부좌하고 삼매에 빠져 있는 사리불과 목건련을 보고 크게 놀랐다.
"부처님의 제자들은 어찌 저다지 무례한가. 다른 수행자도 아니고 이처럼 덕이 높으신 장로들을 밤새 비맞게 하다니. 사리불과 목건련처럼 훌륭한 수행자들에게 거처가 없다니 말이 되는가?"
부처님도 이 일을 아시고는 여러 대중들을 한 자리에 모았다. 그리고는 덕 높은 수행자와 어른들을 공경하는 경로의 법을 세우셨다.

《마하승기율》제27

부처님의 아들사랑 ● ● ● ●

부처님이 고향인 카필라국을 방문하셨을 때의 일이다.

신도들은 부처님이 불편하시지 않도록 특별히 변소를 따로이 만들었다. 부처님은 신도들의 성의를 무시할 수 없어 그곳을 사용하셨다. 어느 날 밤 부처님의 아들인 라훌라가 나무그늘 아래 자는데 갑자기 비바람이 몰아쳤다. 라훌라는 사리불의 방문 앞으로 달려가 문을 두드렸다.

"누구냐?"

"라훌라입니다. 좀 재워 주십시오."

"여기서는 잘 수 없다. 다른 곳으로 가 보아라."

어린 라훌라는 다시 이번에는 목건련의 방으로 갔다. 목건련은 방 안에서 물었다.

"누구냐?"

"저는 라훌라입니다. 함께 재워 주십시오."

"라훌라, 비구의 구족계를 받은 사람이 아니면 함께 잘 수 없다. 다른 곳으로 가 보아라."

라훌라는 여기저기 수행자들의 방문을 두드렸으나 어린 라훌라를 재워 주는 곳은 아무 데도 없었다. 그 까닭은 부처님이 수행하는 제자들에게 비구의 250계를 받지 않은 나이어린 사미(沙彌)*와 함께 자는 것을 금하셨기 때문이었다. 라훌라는 할수없이 부처님의 변소로 들어가 억지로 누워 잠을 청했다. 그곳에는 역시 비바람을 피해 한 마리의 구렁이가 들어오려고 하고 있었다.

부처님이 이 광경을 보시고는 라훌라를 나오게 하셨다.

"너는 누구냐?"

"부처님, 저는 라훌라입니다."

"언제부터 여기 있었느냐?"

"잠잘 곳을 찾지 못해 아까부터 여기 있었습니다."

부처님이 라훌라를 일으켜 앉히신 후, 옷에 묻은 흙과 먼지를 털어 주셨다. 그리고 부처님 방으로 데리고 가서 침상에 눕히셨다.

"너는 오늘 밤 저 침상에서 쉬도록 해라."

부처님은 방바닥에서 선정(禪定)*에 들어 밤을 새우셨다. 그 다음 날 아침이 되자 부처님은 제자들을 한자리에 모아놓고 말씀하셨다.

"그대들은 들으라. 오늘부터는 비구의 구족계를 받지 않은 사람이라 하더라도 3일간은 같은 방에서 자도 허물이 되지 않는다."

이렇게 하여 새로운 계율이 정해진 것이다.

《마하승기율》제17

---

*사미 /십계(十戒)를 받은 7세 이상 20세 미만의 출가한 남자. 여자는 사미니(沙彌尼)라 한다.

*선정 /한 마음으로 사물을 생각하는 것을 선(禪)이라 하고, 일경(一境)이 정념(靜念)한 것을 정(定)이라 함. 곧 선정이란 진정한 이치를 사유하고 생각을 고요히 하여 산란치 않게 하는 것

유곽에서의 하룻밤 ● ● ● ●

부처님이 사위성 기수급고독원에 머물고 계실 때의 일이다.

어느 날 아나율 존자가 코살라국으로 여행을 떠났다. 날이 저물자 어느 촌락에 들어가 하룻밤 머물러 가기를 청했다. 그러나 어느 집에서도 존자를 받아들이지 않았다. 아나율 존자는 이상히 여겨 그 마을 사람에게 물었다.

"대체 이 마을의 어느 집에 가야 하룻밤 묵어갈 수 있습니까?"

그 사람은 아나율 존자를 아래 위로 훑어보더니 대답했다.

"이 마을에는 한 사람의 창녀가 있습니다. 그 집에선 아무나 재워주니까, 거기 가서 부탁해 보시오."

그리고는 그 집을 가르쳐 주었다. 아나율 존자는 그 집을 찾아가 창녀에게 하루 유숙하기를 청했다.

"이 집 문간이 매우 넓으니 여기서 하룻밤만 묵어가게 해주시오."

그녀는 기꺼이 승낙했다. 존자는 그제서야 비바람을 피할 수 있어 마음을 놓았다. 그는 문간에 풀을 깔고 그 위에 앉아 선정에 들어 하룻밤을 새울 준비를 했다. 그때 코살라국의 나그네 일행이 그 촌락을 지나다가 하룻밤 머무를 곳을 찾다가 역시 마을 사람들의 말을 듣고 그 집을 찾아왔다. 그리고는 하룻밤 유숙을 청했다. 그러자 창녀가 말했다.

"실은 조금 전에 한 사람의 사문을 쉬게 했습니다. 그 사문과 의논해 보아, 함께 있어도 좋다면 쉬어 가도록 하십시오.”

그래서 그들은 아나율 존자에게 동숙해도 좋으냐고 물어 보았다.

“이렇게 넓은데 무슨 상관이요? 거리낌없이 쉬도록 하십시오.”

아나율 존자는 혼쾌히 허락했다. 그 사람들 일행은 아나율 존자가 자리를 편 문간으로 들어왔다. 그들은 사람 수가 많아서 그곳은 발걸음 하나 제대로 옮기기 힘들 정도로 가득 차고 말았다. 이 모양을 본 창녀는 이렇게 생각했다. ‘아나율 존자는 비록 출가 사문이나 고귀한 귀족 출신이다. 저렇게 근본을 알 수 없는 거지같은 사람들과 함께 머무르게 하는 것은 도리가 아니다.’

그녀는 존자에게 다가가 이렇게 권했다.

“존자여, 이렇게 좁고 누추한 곳에 계시게 해서는 제 마음이 편하지 않습니다. 오늘밤은 제 방에 와서 주무십시오.”

아나율 존자는 그녀의 말대로 방으로 들어갔다. 그러나 존자는 자리를 고르고, 가부좌를 틀고 앉아서 한 마음으로 선정에 들었다. 원래 존자는 몸이 단정하고 훤칠하게 잘생긴 용모를 갖추었다. 밤이 깊을수록 창녀는 마음이 흔들려 아나율 존자 옆에 바짝 붙어 앉으며 추파를 던졌다.

“요사이 제게 여러 사람의 장자와 바라문이 찾아와서는 이렇게 말합니다. 단 하루라도 함께 지낸다면 금과 은같은 보물은 물론, 많은 재산을 주겠다고 합니다. 그러나 저는 그렇게 못난 인간들에게는 조금도 마음이 움직이지 않습니다. 그러나 아나율 존자여, 당신이라면 저는 다시 생각할 것입니다. 제 남편이 되어주실 수 없습니까?”

그녀는 온갖 달콤한 말로 존자를 유혹했으나 존자의 마음은 이미 해탈을 얻고 생사의 강물을 뛰어넘었다. 그러니 그녀의 말에 귀를 기울일 리 없었다. 그녀가 아무리 말해도 털끝 하나 움직이지 않고 바위처럼 굳건히 앉아 있을 뿐이었다. 밤이 깊도록 잠을 이루지 못한 창녀는 다시 아나율 존자의 옆으로 다가 앉았다. 그녀는 불타는 욕정

밤이 깊도록 잠을 이루지 못한 창녀는 다시 아나율
존자의 옆으로 다가앉았다. 끄떡도 하지 않고
앉아 있던 존자의 몸이 순간 허공중으로 솟아올랐다.
순간, 정념에 끄달려 있던 창녀는 부끄러움을 참을 수
없어 아나율 존자 앞에 무릎을 꿇고 빌었다.

을 억제하지 못하고 아나율 존자를 잡았다. 그러나 존자가 바위처럼 끄떡도 하지 않자 그녀는 몸부림쳤다. 아나율 존자는 이미 신통을 얻은 분이라 그 순간 몸이 허공 중으로 솟아올랐다. 정염에 끄달려 물불을 헤아리지 못하던 창녀는 그 순간 깜짝 놀라 제정신으로 돌아왔다. 그녀는 부끄러움을 참을 수 없었다. 그녀는 아나율 존자 앞에 무릎 꿇고 앉아 빌었다.

"대덕이시여, 제가 요망함을 참지 못하고 존자에게 죄를 지었습니다. 다시는 그런 부끄러운 마음을 내지 않겠습니다. 부디 이 자리로 내려와 앉아 주십시오."

아나율 존자는 그녀가 진정어린 참회를 하는 모습을 보고나서야 다시 제자리로 돌아와 앉았다. 그녀는 아나율 존자의 도력에 감복하여 단정히 옷을 갖추어 입고 공손하게 합장한 후 존자의 발에 엎드려 절했다. 아나율 존자는 그녀를 위해 애욕이야말로 모든 괴로움의 근본이니 그 마음에서 벗어나야만 해탈을 얻어 생사의 윤회를 뛰어넘을 수 있다고 타일렀다.

그녀는 아나율 존자의 가르침을 듣고, 마음이 활짝 열렸다. 그녀는 일생 동안 삼보에 귀의*하여 믿음 깊은 불제자가 되고 오계를 지켜 청정한 생활을 하겠노라 굳게 맹세했다. 그녀는 아나율 존자를 위해 여러가지 공양을 바치고 후하게 대접했다. 그러나 이런 일이 있은 다음 사람들은 소문대로 아나율 존자가 창녀와 하룻밤을 지냈다고 배척했다. 부처님은 어떤 경우라도 수행자가 창녀의 집에서 머무는 것을 금하셨는데, 이는 이런 오해를 거두게 하기 위함이었다.

《사분율》제11

---

*삼보에 귀의 /불교도가 존경하고 공양할 불보와 법보와 승보에 귀의하는 것. 불·법·승, 이 셋은 거룩하고 최상의 위덕이 있어 변하지 않으므로 세속의 보배와 같기에 삼보(三寶)라고 함

넘치는 공양은 필요없다 ● ● ● ●

하루는 질달다 장자가 암라숲에 와서 이렇게 말했다.

"부처님을 따르는 제자들이여, 나는 꼭 존자님들께 공양을 올리고
자 합니다. 번거로우시더라도 저의 목장까지 와 주십시오."

이 말을 들은 수행자들은 기쁜 마음으로 승낙했다. 장자는 얼른 집
으로 돌아와 밤을 새워가면서 수행자들을 맞을 음식을 만들고 갖가지
준비를 했다. 그는 암라숲까지 심부름꾼을 보내 존자들을 맞이하였
다. 존자들은 큰 가사(袈裟)*를 입고 발우(鉢盂)*를 든 채 질서정연한
모습으로 당당하게 질달다 장자의 목장으로 갔다.

장자는 존자들에게 손수 음식을 나누어 드리며 마음 속으로 정성껏
공양을 베풀었다. 이 공양이 끝나자 존자들은 장자를 위하여 차례로
부처님의 가르침을 설했다. 장자는 멀리 존자들의 아래편에 앉아 귀
기울여 들었다. 이윽고 해가 기울어가자 존자들은 장자의 집을 나와
암라숲의 거처로 돌아갔다. 장자는 그들을 배웅하기 위해 뒤따라갔
다. 때는 여름으로 들어선 지 얼마 되지 않아, 하오의 햇빛은 찌는 듯
이글거렸다. 존자들은 질달다 장자가 정성으로 마련한 음식을 먹어서

---

* 가사 / 수행승이 입는 법의(法衣)의 하나. 처음에는 사람이 내버린 옷 또는 죽은 사람의
  옷을 백팔염주를 본떠서 108장을 모아 불규칙하게 꿰맨 것이었음
* 발우 / 밥그릇. 수행자가 탁발할 때 사용하는 식기

배가 부른데다 날씨마저 몹시 덥자 몸이 무겁고 견디기가 불편했다. 이때 일행 중에 마하가라는 젊은 수행자가 이렇게 말했다.

"여러 어른 스님들께선 지금 날씨 때문에 몹시 힘이 드신 것 같습니다. 제가 한번 비를 불러오리까?"

그러자 다른 존자들이 말했다.

"만약 네가 그런 일을 할 수 있다면 한번 해봐라."

이런 말을 듣자 마하가는 곧 삼매에 들어 비가 오기를 빌었다. 그러자 그렇게 맑던 하늘이 갑자기 어두워지며, 심상치 않은 구름이 몰려오기 시작했다. 조금 있으니 비가 내리기 시작해 찌는 듯 덥던 날씨가 갑자기 서늘해졌다. 마하가의 힘으로 모든 수행자들은 기분좋게 암라숲까지 왔다. 암라숲 정사 가까이 도착했을 때 마하가는 장로들에게 말했다.

"이제 비를 그치게 해도 되겠습니까?"

그러자 다른 수행자들은 좋다고 말했다. 마하가는 지금까지 비를 내리게 한 신통력을 거두고 자기 방으로 돌아갔다. 이 광경을 본 질달다 장자는 매우 감동했다.

"저렇게 젊은 수행자도 내가 본 것처럼 신통력을 가지고 있으니, 정말 덕이 높은 존자들은 어떠하랴?"

그는 이렇게 생각하고 덕높은 스님들에게 공손하게 절한 다음, 마하가의 방으로 찾아갔다. 그는 마하가에게 절한 다음 이렇게 말했다.

"죄송합니다만, 존자님의 신통력을 다시 한 번만 보여주십시오."

마하가는 몇 번이나 거절했지만, 질달다 장자는 뜻을 굽히지 않았다. 하는 수 없이 마하가는 말했다.

"장자여, 그러면 이 방 안에 마른 풀과 나무를 쌓으시오. 그리고 그 위에다 한 장의 모포를 덮어주시오."

장자가 마하가가 말한 대로 준비하자 마하가는 자기 방문을 닫고 화광삼매에 들었다. 잠시 후 문틈으로 한 줄기 불꽃이 비치더니 쌓아

놓은 나무는 모두 불타버렸다. 그러나 이상스럽게도 나무를 덮은 모포는 타지도 않고 그을음 하나없이 멀쩡한 모습 그대로였다. 마하가는 삼매에서 일어나 장자에게 말했다.

"장자여, 내 신통을 보았습니까?"

장자는 매우 기뻐하며 대답했다.

"똑똑히 보았습니다. 참으로 불가사의한 신통력입니다."

마하가는 장자에게 이렇게 말했다.

"내가 이 경지에 다다른 것은 도를 닦는 일에 게으르지 않았기 때문입니다. 방일하지 않은 그 근본이 쌓여 마침내 깨달음을 얻은 것입니다. 바로 이것이 삼매의 힘입니다."

마하가는 자세를 바로 하고 부처님의 가르침을 말했다. 장자는 마하가의 말을 듣자 마음 속에 기쁨이 넘쳤다.

"내 목숨이 다하기 전에는 당신에게 의복과 음식, 필요한 약을 공양하고자 합니다. 이를 거두어 주십시오."

그러나 마하가는 그런 공양은 받을 수 없다고 거절했다. 그런 공양은 오히려 마하가 자신의 수행에 방해가 된다고 생각했기 때문이다. 장자가 애원하다 돌아간 다음, 마하가는 살그머니 암라숲을 빠져나가 다시는 돌아오지 않았다.

《잡아함경》제20

깨달음과 번뇌의 장

암라나무 열매 한 조각
쾌락의 끝, 발심의 끝
아난의 실수 세 가지
미륵부처님의 길
토론으로 설복시키다

암라나무 열매 한 조각 ● ● ● ●

아쇼카왕(阿育王)*은 매우 독실한 불교신자였다. 어느 날 왕은 우바굴다 존자에게 물었다.

"부처님께서 살아 계실 때 보시를 가장 많이 한 사람은 누구였습니까?"

우바굴다 존자는 대답했다.

"수닷타 장자였습니다."

"그는 얼마 만큼이나 보시했습니까?"

"백억만 냥쯤 됩니다."

이 말을 들은 아쇼카왕은 혼자 곰곰이 생각했다. '수닷타라는 한 사람의 장자가 그렇게 많은 보시를 했구나. 하물며 나는 이 넓은 나라의 왕이 아닌가? 내가 보시를 많이 하지 못할 이유가 어디 있는가?'

그 뒤부터 왕은 나라 곳곳에다 부처님을 기리는 탑을 세웠다. 또 부처님이 태어나신 곳, 처음으로 법문을 설하신 곳, 수행하시던 장소, 열반에 드신 땅, 이런 곳들에 많은 돈을 보시하고, 보리수를 심기도 했다. 그런가 하면 사부대중들을 한 자리에 모아 대회를 열기도 하고, 30만의 승단에 공양을 하고 전도를 하러 수행자들을 파견하기도

---

*아쇼카왕 / 인도 마우리아 왕조 제3대 왕. 기원전 2세기에 전인도를 통일하고 불교를 보호한 왕

했다. 그가 불법을 널리 펼치기 위해 쓴 돈은 무려 96억에 달했다. 아쇼카왕은 자신이 나이가 들고 무거운 병을 앓아 이제 임종이 얼마 남지 않았다는 사실을 깨달았다. 왕이 걱정하고 슬픔에 잠긴 모습을 본 재상 나타굴타는 왕에게로 나아갔다.

"대왕이시여, 대왕의 위덕은 저 하늘에 빛나는 태양과도 같습니다. 모든 백성들은 대왕의 위덕에 감복하고 진심으로 우러러 받들고 있습니다. 감히 고개들어 바로 바라볼 수조차 없는 거룩한 대왕께서 이제 무거운 병에 걸리셔서 마치 해가 서산에 기우는 듯, 날로 기력이 쇠약해지시니 모든 사람들의 슬픔과 두려움을 표현하기조차 힘든 지경입니다."

그는 다시 말을 이었다.

"대왕이시여, 삼계는 무상하고 항상 변해 그대로 머무는 것이 없습니다. 젊은이도 늙고 병들어 언젠가는 죽음에 이르고 맙니다. 이는 마치 저 높은 산도 어느 날엔가는 허물어지는 이치와 같습니다. 이 몸은 죽음의 그림자가 다가왔을 때 모든 방편을 다 써도 이를 면할 수 없습니다. 그래서 부처님께서는 무상이야말로 가장 큰 이치라고 말씀하시지 않았습니까? 대왕이시여, 이런 이치를 깊이 살펴보시면, 무슨 근심과 걱정이 있겠습니까."

나타굴타의 이런 이야기를 다 듣고 난 왕은 이렇게 말했다.

"나는 지금 왕위를 잃거나 목숨을 걱정하거나 재물 때문에 괴로워하는 것이 아니다. 다만 많은 존자들과 헤어지는 것이 슬플 뿐이다."

왕은 숨을 또 몰아쉬며 말을 이었다.

"내 본래의 소망은 다른 것이 아니라 삼보를 위해 백억 금을 보시하는 일이다. 지금까지의 보시가 96억은 되었지만 아직도 4억이 모자라니, 그 일이 마음에 걸리는구나."

그제서야 나타굴타는 왕의 근심이 어디서 비롯되는지 그 까닭을 알았다.

"대왕이시여, 그렇다면 아직도 사용하지 않은 창고의 재물이 남아 있습니다. 그것을 보시하면 근심을 덜 수 있을 것입니다."

이 말을 들은 아쇼카왕은 무거운 짐을 벗어놓은 듯, 기쁨의 눈물을 흘렸다. 그리고 왕은 그 창고에서 금·은 또 많은 보물들을 꺼내 당시 유명한 계두마성의 절에 보시했다. 왕은 비로소 100억만 금을 보시하겠노라던 자신의 맹세를 이룬 것이다. 그때 아쇼카왕에게는 아들 구나라가 먼저 세상을 떠나고 손자인 식마제가 태자의 자리에 있었다. 주위에 나쁜 신하들이 있어 식마제에게 말했다.

"대왕께서 임종에 이르러서 지금까지 창고에 남아있던 물건들을 모두 보시했습니다. 그래서 창고는 텅 비고 말았습니다. 태자께서는 왕위를 이어가실 분입니다. 그러나 왕위에 오르시자면, 반드시 많은 재물이 필요합니다. 부디 태자께서는 대왕의 보시를 막아 창고 속의 보물을 지키셔야 합니다."

식마제 태자는 이런 신하들의 말을 듣고, 대왕이 관리하던 창고의 열쇠를 빼앗아 모두 감추었다. 그러나 아쇼카왕이 식사를 할 때는 금으로 만든 그릇에다 음식을 차려 드렸다. 아쇼카왕은 밥을 먹고 나면 황금으로 만든 자신의 밥그릇을 계두마사로 보내 보시했다. 태자가 이 일을 알자 이번에는 은으로 만든 그릇을 아쇼카왕에게 올렸다. 그러나 아쇼카왕은 은으로 만든 그릇도 모두 계두마사에 보내 보시했다. 그러자 그에게 남은 것은 손바닥 한 가운데 있는 암라나무 열매 한 쪽이었다.

왕은 대신들을 불러 놓고 말했다.

"이 나라의 주인은 누구냐?"

대신들은 왕의 질문에 두려워 떨며 일어서서 절하고 대답했다.

"이 나라의 주인은 대왕이십니다."

"그런 소리 마라. 나는 다만 이 암라나무 열매 한 조각만을 가질 수 있을 뿐이다."

아쇼카왕은 눈물을 머금고 계속 이야기했다.

"아아 부귀는 악하고도 천하도다. 영화로운 지위도 꼭두각시와 같아서 오래지 않아 사라져 버린다. 존귀함을 누리다가도 찰나에 나락으로 떨어지고 마는 것, 나는 제왕으로 내 위덕에 대적할 자 아무도 없었다. 그러나 이제 죽음이 가까워 오자 내 오직 암라나무 열매 한 쪽만을 손에 넣을 수 있을 뿐이다. 세상은 허무한 꿈과도 같다. 어리석은 사람들이 탐하는 달콤한 즐거움을 성현들이 경계한 이유를 이제 알겠노라."

아쇼카왕은 이렇게 말하고 여러 신하들을 향해 게송을 읊었다.

밝으시도다 부처님의 가르침
말씀하신 것 참으로 헛되지 않도다.
나고 죽는 이치 밝히사
사랑에도 기쁨에도 집착 말라 이르셨다.

나도 또 세상에서 존귀한 사람
위덕이 대적할 자 아무도 없었다.
작은 나라 왕이나 백성
그 누구도 우러러 경배하지 않는 자 없었다.

오늘에는 그 복덕 모두 다해서
굶주림과 괴로움 피할 수 없다.
마치 저 폭포수의 거센 물결도
산에 부딪혀 힘없는 것과도 같도다.

내 옛날 가난을 건지고
모든 이들의 고뇌를 구했다.

그러나 지금 이 순간에 이르러
스스로 무력하기 짝이 없구나.

내 처음으로 깨달으니 존귀한 자리
허무하고 덧없기 그지없도다.
오로지 영원한 것 해탈적정의 즐거움
이것만이 변하지 않는 줄거움이라.

이 게송을 마치자 대왕은 신하 발다과목가를 불렀다.

"나는 이제 아무런 힘도 없다. 그러나 너는 내게 단 하나 남은 심부름꾼이다. 오직 한 가지만은 꼭 전해다오."

왕은 숨이 차오르는 가운데 말을 계속 이어갔다.

"너는 이 암라나무 열매 한 조각을 가지고 저 계두마사로 가라. 그리고 이렇게 말하라. 아쇼카왕은 모든 대중의 발에 엎드려 절합니다. 한 때는 온 나라를 다 다스렸지만, 지금 남은 것이라곤 이 암라나무 열매 한 조각뿐입니다. 비록 적은 과일이지만, 이것이 최후의 보시입니다. 오직 바라옵건대 대중들이여, 아쇼카왕을 불쌍히 여기시고 이 보시를 받아 주십시오. 그리고 복덕을 내려 주십사고 청해라."

이런 아쇼카왕의 마지막 보시를 받은 야사는 대중들을 모아 놓고 이렇게 말했다.

"대중들이여, 일찍이 아쇼카왕은 부귀로움과 인간이 누릴 수 있는 복이 천하 으뜸이었다. 어느 한 가지도 부자유한 것이 없었다. 그런데 이제는 신하들의 방해로 그 모든 힘을 잃었다. 그가 마음대로 할 수 있는 것이라곤 이 한 조각의 암라나무 열매뿐이다. 아쇼카왕은 마지막 남은 이 열매까지도 보시하겠다는 마음으로 보내온 것이다."

야사는 감격스런 목소리로 계속 이야기했다.

"누구라도 피할 수 없는 생·노·병·사의 수레바퀴, 부귀영화도

"**아**아 부귀는 악하고도 천하도다.
영화로운 지위도 꼭두각시와 같아서
오래지 않아 사라져 버린다. 나는 제왕으로 내
위덕에 대적할 자 아무도 없었지만 이제
죽음이 가까워오자 오직 암라나무 열매
한쪽만을 손에 넣을 수 있을 뿐이다."

어느 때에 이르면 사라지고 마는 것, 오직 믿을 것이라곤 자신의 깨달음 뿐이다.”

드디어 아쇼카왕에게 최후의 순간이 다가왔다. 옆에는 나타굴타가 임종을 지키고 있을 뿐이었다. 잠시 정신이 들자 왕은 그에게 물었다.

“오늘 이 사바세계(娑婆世界)*에서 누가 가장 자유로운가?”

“가장 자유로운 이는 오직 대왕 한 분이십니다.”

그 말을 듣자 아쇼카왕은 만족한 마음으로 일어서 합장을 하고 사방을 둘러보았다.

“나는 내가 가진 모든 것을 다 삼보에 보시했다. 그 까닭은 높은 깨달음을 얻어 성불하고자 하는 마음이 있었기 때문이다.”

이 말을 마치자 왕은 편안히 숨을 거두었다, 왕의 장례는 전륜성왕(轉輪聖王)*의 법식에 따라 장엄하고 화려하게 치루어졌다.

《아육왕전》

---

*사바세계 /많은 중생들이 살고 있는 이 세상. 나중에는 부처님의 교화가 삼천대천세계에 미친다고 생각하여 백억의 수미산 세계를 총칭해서 사바라고 함

*전륜성왕 /윤보(輪寶)를 굴리는 왕이란 뜻. 칠보를 가지고 사덕(四德)을 갖추었으며 정법으로 전세계를 통솔한다고 생각된 신화적이며 이상적인 왕

쾌락의 끝, 발심의 끝 ● ● ● ●

용수는 남천축의 태생이었다. 그는 장자인 바라문의 아들로 아주 부유한 집안 출신이었다. 그가 태어나기까지 그의 부모가 나무에다 빌었다는 이야기와 그의 깨달음은 용과 관계가 있다는 전설 때문에 용수라는 이름을 가지게 되었다. 용수는 어렸을 때부터 재주와 학문이 뛰어났다. 또 아주 어렸을 때부터 많은 바라문들이 그들의 경전 사위타를 암송하는 것을 들으며 자랐다. 이 사위타라는 경전은 한 구절이 32글자로서 4만 개나 된다고 하는 방대한 경전이다. 이렇게 많은 양의 경전이지만 용수는 어린 나이에도 그것을 다 암송하고 그 뜻까지 모두 헤아렸다고 한다.

용수의 나이 20세가 되자 그 이름은 여러 나라에 두루 알려졌다. 그리고 천문과 지리, 갖가지 도술에 이르기까지 통달하지 않은 학문이 없었다. 그런 용수에게는 세 사람의 벗이 있었다. 그들은 모두 풍채가 좋고, 우아하며 학식 또한 뛰어나 세상에서 보기 드문 청년들이었다. 그들은 어느 날, 한 자리에 모여 의논했다.

"우리들은 모두 천하의 철학이며 종교, 과학에 이르기까지 모든 학문을 다 섭렵했네. 이제 더이상 무엇을 배워 기쁨을 맛보겠는가?"

한 친구가 이렇게 말하자 다른 친구들은 고개를 숙이고 서로 생각에 잠겼다. 그들 중 한 사람이 이렇게 말문을 열었다.

"그런 말 말게. 이 세상은 매우 넓은 곳이지 않은가. 우리들이 이제

껏 학문을 닦았다고는 하나, 여자들과 즐겁게 놀아본 일은 없지 않은 가. 이제 우리들은 모든 정열을 기울여 마음껏 여자들과 즐겨봄이 어 떠하겠는가?"

이 말을 듣자 한 사람의 친구가 어두운 얼굴로 말했다.

"그건 좋은 생각이기는 하지만, 곤란하네. 우리들은 모두 바라문 출신의 사람들이지 않은가? 왕족이나 귀족이라면 그런 방탕한 쾌락 생활을 해도 거리낄 일이 없을 터이지만, 바라문 출신들이 그렇게 생 활할 수는 없지 않은가."

그 말에 친구들이 실망하고 앉아 있는데, 용수가 좋은 생각이 있다 면서 일어났다.

"그 문제는 걱정할 것 없다. 몸을 감추고 변하게 할 수 있는 은신술 이 있지 않은가? 이것만 익히면 그 소원을 이루는 데 아무 문제가 없 다. 친구들이여, 너무 걱정하지 말라."

그 자리에 모인 용수의 벗들은 기뻐했다. 그래서 네 사람은 은신술 을 할 줄 아는 사람의 집으로 찾아가 배우겠다고 마음먹었다. 은신술 의 대가는 생각했다. '이 네 사람의 바라문들은 모두 재주가 뛰어나 고, 교만하기 그지없는 사람들이다. 그래서 다른 사람들 알기를 쓰레 기처럼 하잘 것없이 여긴다. 그런데 지금 내게 제자가 되겠다고 찾아 와 머리를 조아리고 있다. 이는 나를 진정 존경해서 그런 것이 아니 라, 단지 은신술 때문이다. 실제로 이들의 뛰어난 지식은 세상에서 모르는 일이 하나도 없을 정도인데, 단지 하나 은신술만 알지 못할 뿐이다. 만약 그 법만 배우고 나면, 이들은 나를 버리고 다시는 오지 않으리라. 그러나 잠깐 그 사용법만을 가르치고 다시 본래의 모습으 로 돌아가는 방법은 알려주지 않으면 이들은 반드시 나를 다시 찾아 와 스승으로 섬길 것이다.'

은신술의 대가는 이렇게 생각하고 푸른 환약을 하나씩 주었다.

"너희들은 이 약을 가지고 물에다 녹여 눈에다 발라라. 그러면 형체가 다른 사람들의 눈에 보이지 않게 없어지리라.”

용수와 그 친구들은 도사가 시키는 대로 약을 물에다 녹였다. 용수는 그 약이 녹는 모습과 향기를 잘 살피고는 어떤 성분으로 이루어져 있는지 알아냈다. 그는 은신술의 대가를 찾아가 이렇게 말했다.

“이 약은 모두 70종류의 성분으로 되어 있군요.”

용수는 약의 이름과 분량까지 자세히 알아낸 대로 말했는데, 틀림없어서 은신술의 대가는 놀랄 수밖에 없었다. 그래서 그는 용수에게 대체 어떻게 그런 사실을 다 알아낼 수 있었느냐고 물었다. 그러자 용수는 이렇게 대답했다.

“스승이여, 대기의 모든 약은 나름대로 각각의 독특한 향기가 있습니다. 그것을 자세히 살핀다면, 어떤 성분으로 만들어졌는지를 알아내는 것은 그리 어려운 일이 아닙니다.”

용수는 이렇게 아무렇지도 않은 얼굴로 말했다. 은신술의 대가는 마음 속으로 놀라면서 이렇게 생각했다. ‘이런 사람에게는 아무런 계교도 소용에 닿지 않는다. 내가 무엇을 감출 수 있겠는가?’

그는 은신술의 모든 비법을 자세하게 네 사람의 친구들에게 가르쳐 주었다. 이들 네 사람은 이제 은신술을 자유롭게 익혀 어디에건 마음먹은대로 나다닐 수 있었다. 하루는 그들 네 사람이 함께 모여 왕의 후궁에 슬며시 들어갔다. 궁중의 여인들은 매일 밤 알 수 없는 남자들이 침입하여 자신들을 범한다고 말했지만, 누구도 그 사람들을 본 이가 없었다. 그렇게 한 100여 일이 지나자 임신한 여자들이 하나 둘씩 생겨났다. 궁중의 여인들은 더이상 숨길 수도 없어 왕에게 사실대로 말했다. 그리고는 자신들을 용서해 달라고 왕에게 애원했다. 왕은 이 사실을 알자 불쾌하기 그지없었다.

“대체 이런 불상사가 어떻게 일어날 수 있는가?”

그는 탄식하며, 여러 신하들을 불러 놓고 앞으로 어떤 대책을 세웠으면 좋은지 의논했다. 그러자 노대신 한 사람이 말했다.

"대개 이런 일에는 두 가지의 종류가 있습니다. 하나는 귀매라고 하여, 삿된 귀신이나 마귀의 소행입니다. 그리고 또 하나는 방술이라 하여, 여러가지 방술을 써서 이런 짓을 하는 것입니다. 그것을 알고자 하면, 모래를 문 가운데 뿌려놓고 지키게 합니다. 만약 방술을 쓰는 사람이 궁중을 드나드는 것이라면, 자연히 모래위에 발자국을 남기게 됩니다. 그때 군대를 풀어 쫓아갈 수 있습니다. 그리고 귀매라면 들어온다 해도 모래 위에 아무런 발자국이 남지 않습니다. 그때는 주문을 외워 쫓으면 됩니다."

왕은 노대신의 말을 듣고 참 좋은 생각이라며 기뻐했다. 그리고는 그가 말한 대로 궁중의 출입문에 모래를 뿌리고 군사들을 시켜 지키게 하였다. 그랬더니 과연 모래 위에 네 사람의 발자국이 나타났다. 왕은 힘이 센 장사를 수백 명이나 불렀다. 그리고는 궁중 안에 문이란 문은 다 걸어 잠궜다. 아무도 빠져 나갈 수 없게 조치를 하고서는 군사들과 힘이 센 장사들을 시켜 큰 칼을 허공에다 대고 마구 휘두르게 하였다. 그러자 세 사람의 시체가 나동그라지고 말았다.

그런데 용수는 왕에게만은 칼이 날아들지 않을 것이라는 계산으로 왕 바로 뒤에 몸을 바짝 숨기고 있었다. 그는 자신의 친구들이 칼에 맞아 숨을 거두는 것을 보고는, 정욕으로 빚어진 쾌락의 덧없음을 깨달았다. 그는 비로소 정욕이야말로 모든 괴로움의 바탕이라는 사실을 느끼고, 재물에 대한 집착도 몸을 망치고 만다는 사실을 여실히 깨닫게 되었다. 그는 이 위험한 순간에서 빠져 나가기만 하면, 청정한 행을 닦겠다고 마음먹었다. '내가 만약 이 위험에서 빠져 나갈 수만 있다면, 나는 사문이 되겠다. 그래서 모든 부질없는 세간의 일들을 멀리하고, 도를 닦을 것이다.'

용수는 천신만고 끝에 천행으로 목숨을 부지해 궁중을 빠져 나왔다. 그는 궁중을 나오는 길로 깊은 산으로 들어갔다. 그는 한 불탑에 이르러 출가하고 수계를 받아 90일 동안 경·율·논의 삼장을 환히 익혔다. 그리고는 외도들의 책들도 가까이 했으나 마음에 차지 않아 그는 설산으로 발걸음을 옮겼다.

설산 가운데 거대한 탑이 하나 서 있었다. 그 탑 가운데 늙은 비구가 살고 있었다. 용수는 그 비구를 보자 공손하게 절하고, 자신에게 가르침을 달라고 간청했다. 용수는 그 비구로부터 드디어 더이상의 경지가 없다는 대승의 경전을 전해 받았다. 그는 밤낮으로 대승경전을 읽고 공부했다. 그리하여 어느 정도 그 뜻을 알기는 했지만 아직 완전한 깨달음에 이르지는 못하고 있었다. 그러나 용수의 변재는 따를 사람이 없어, 그가 말을 하기 시작하면 모든 사문과 외도들이 먼 길을 마다 않고 찾아와 귀를 기울였다. 그리하여 용수는 그 모든 사람들에게 스승이 되었다. 이렇게 자신을 따르는 사람이 많아지자, 용수는 스스로 마음 속에 교만한 생각이 들었다. 그래서 그는 자신이 가장 지혜로운 사람이라 일컬으며, 구담문에 들어가고자 했다. 그때 그곳을 지키는 문지기가 말했다.

"용수여, 지금 자랑하는 너의 지혜는 모기나 파리같은 하루살이의 지혜에 불과하다. 네가 아무리 말을 잘한다 해도 부처님의 변재에는 미칠 수 없다. 지금 네가 으시대고 있는 건, 마치 반딧불이 태양빛에 비기는 것과 다를 바 없다. 풀무더기를 어떻게 수미산에 비할 수 있으랴? 내 눈으로 본다면, 너의 지혜는 일체지라고 말할 수 없다. 그런 네가 이 문을 통과한다는 건 있을 수도 없는 일이다."

이 말을 들은 용수는 얼굴이 화끈 달아올랐다. 그때 외도(外道)*의 제자 한 사람이 용수에게 말했다.

"스승이여, 나는 당신이 항상 스스로를 가장 지혜가 뛰어난 사람이라 자랑하는 것을 믿었습니다. 그래서 나는 굴욕을 참고 제자가 되었

---

*외도 /인도에 있어서 불교 이외의 교. 후세에는 사법(邪法) · 사의(邪義)의 의미를 갖는 폄칭으로 쓰임

습니다. 제자의 법은 언제나 스승의 지혜로부터 오는 것인데, 나는
이제 그 지혜를 제대로 전해 받을 수 있을까 의심스럽습니다. 정말
당신은 거리낌없이 지혜가 가장 뛰어난 스승이라고 자부할 수 있습니
까?"

이 말을 들은 용수는 입을 다문 채 묵묵부답, 아무 말도 할 수 없었
다. 그는 마음 속으로 이렇게 생각했다. '세상에서 더 넓은 가르침에
는 한량이 없다. 불교의 경전이 가장 묘하다고는 하지만, 그 뜻을 다
헤아리기는 어렵다. 나는 그래서 이 심오하고 깊은 불교의 뜻을 제대
로 이해하기 위해 더욱 공부하고 수행정진하겠다. 그래서 많은 사람
들에게 이 뜻을 펼쳐 그들을 이롭게 하리라.'

용수는 이렇게 생각하고 우선 가르침과 계율을 세우고 입는 옷도
새로 만들었다. 그리고 제자들에게 불법을 배우는 데 있어서 보통 사
람들과는 다른 구분을 확연하게 알 수 있도록 하였다. 그리고는 그는
어떻게 해서라도 참된 깨달음의 근본을 스스로 체득하기 위해 사람들
을 떠나 홀로 수정궁에 머무르면서 연구하였다. 이 모습을 본 대룡보
살은 용수를 불쌍히 여겼다. 그래서 신통력으로 용수를 용궁전으로
데리고 갔다. 대룡보살은 칠보함을 열고 여러가지 대승경전을 용수에
게 주었다. 용수는 90일 동안 밥을 먹거나 잠자는 일도 잊은 채, 대승
경전 연구에 몰두했다. 그리고 홀연 마음 깊이 깨달음을 얻었다. 대
룡보살은 용수가 깨달음을 얻었다는 것을 알고 물었다.

"그대는 몇 번이나 이 경전들을 보았는가?"

그러자 용수가 대답했다.

"이 경전들은 정말이지 너무나 많아서 내가 다 읽을 수는 없습니
다. 지금까지 내가 읽은 것만 해도 세상에 나와 있는 경전의 열 배는
될 것 같습니다."

"용수여, 그렇지 않다. 도리천상에 석제환인이 가지고 있는 경전은
이 용궁에 있는 경전의 수십만 배나 되고, 뿐만 아니라 다른 곳에 있

는 경전들까지 다 합하면 그 수는 헤아릴 수가 없을 것이다."

대룡보살은 경전의 수가 한갓 말로 설명될 수 없다는 것을 강조했다. 용수는 이미 모든 경전에서 설한 뜻을 환히 깨달아 무생법인에 들어갈 수 있었다. 이를 안 대룡보살은 용수를 용궁에서 데리고 나왔다.

한편 남천축의 국왕은 사소한 소견에 빠져 외도를 따르며 항상 불법을 비방했다. 용수보살은 이 왕을 교화하고자 스스로 붉은 깃발을 들고 왕이 지나다니는 길에서 서 있었다. 7년 동안 변함없이 용수가 이렇게 하고 있자, 하루는 왕이 궁금하게 여겨 신하에게 물었다.

"저기 저 사람을 한번 불러 오너라."

용수가 왕의 앞에 오자 그는 물었다.

"너는 무엇을 하는 사람이냐? 그리고 무슨 이유로 7년 동안 하루도 빠짐없이 내가 지나는 길에서 붉은 깃발을 들고 서 있었는가?"

그러자 용수는 서슴지 않고 대답했다.

"나는 세상에서 가장 지혜가 뛰어난 사람이오."

왕은 그 말을 듣자 크게 놀랐다.

"세상에서 가장 지혜롭다는 사람은 그리 보기 쉬운 일이 아니다. 네가 자신만만하게 그렇게 말하는 걸 보니, 어느 정도 자신이 있는 모양이다만, 그걸 어떻게 알 수 있느냐?"

"대왕이시여, 제가 과연 지혜로운 사람인가, 아닌가를 알고 싶으면, 제게 무엇이든 물어보십시오. 그러면 자연히 아실 수 있을 게 아닙니까?"

왕은 이 말을 듣자 마음 속으로 이렇게 생각했다. '내가 스스로 지혜롭다고 이렇게 자신만만하게 말한 수행자와 대론한다면, 그에게 질 것은 뻔한 노릇이다. 그렇다고 말을 꺼내 놓고 이제 와서 가만히 있을 수도 없고, 어떤 방법이 없을까?'

왕이 이런 생각을 하고 있는데, 용수는 빨리 대론을 시작하자고 말했다. 그러자 왕은 엉겁결에 당황하여 말했다.

"제천은 지금 무엇을 하고 있는가?"

"대왕이시여, 제천은 지금 아수라(阿修羅)*와 전쟁을 하고 있습니다."

왕이 엉겁결에 한 질문에 용수가 서슴지 않고 대답하자 왕은 놀라서 더이상 말을 잇지 못하고 한참 머뭇거렸다. 그러자 용수는 다시 말을 계속했다.

"대왕이시여, 제 말은 헛말이 아닙니다. 궁금하시다면 조금만 기다리십시오. 그러면 아실 수 있습니다."

용수의 말이 떨어지자 마자 하늘에서 칼이며 창, 이런 무기들이 우수수 떨어져 내려왔다. 왕은 다시 물었다.

"창과 칼과 화살은 무기임에는 틀림없다. 그러나 이것들이 제천과 아수라가 전쟁할 때 쓰이는 무기라는 건 알 수 없는 일이 아닌가?"

"만약 믿기 어려우시다면, 조금만 더 기다리십시오. 그러면 더욱 정확한 사실을 아실 수 있을 겁니다."

용수의 이 말이 떨어지자, 하늘에서는 피가 뚝뚝 흐르는 아수라의 부러진 손과 발, 귀와 코가 공중에서 마구 떨어져 내려왔다. 왕은 비로소 용수의 말이 거짓이 아님을 알고 그에게 엎드려 절하고 그의 가르침을 청했다. 이 모습을 본 궁중의 많은 바라문들은 용수의 덕을 찬탄하고, 모두 출가의 길에 나섰다. 그때 많은 외도들이 이 소문을 듣고 구름처럼 모여들었다. 그들은 용수에게 질투와 노여움을 품고 있었다. 그들은 용수와 그들의 지혜를 다투어 대론을 청했다. 용수보살은 큰 지혜와 방편으로 이들 모든 외도들의 대론을 물리쳤다. 그리고는 어리석은 외도인 경우에는 한 두 마디의 말로 굴복시키고, 그보다 좀더 총명한 사람은 하루나 이틀에 걸쳐 굴복시켜 그들을 모두 출가하게 하였다. 그때

---

*아수라 /육도(六道)의 하나. 인도 고대에는 전투를 일삼는 일종의 귀신으로 간주됨

사견과 주술에 뛰어난 바라문 한 사람이 있었다. 그는 자신이 용수의 위력보다 못할 게 없다고 생각하고 왕을 찾았다.

"대왕이시여, 나는 저 사문 용수와 대등하게 대론해 보고 싶습니다. 만약 내가 그와의 대론에서 진다면, 나는 그를 따를 것입니다. 그러나 그가 내게 진다면 그는 반드시 나를 따라야 할 것입니다."

이 말을 들은 왕은 말했다.

"너는 참으로 어리석기 짝이 없다. 용수보살의 지혜는 그 밝음이 저 하늘의 해와 달보다 더 찬란하다. 지금 네가 자랑하는 지혜 따위로는 도저히 비교도 할 수 없다. 그건 마치 가는 실로 수미산을 걸어 잡아당기겠다는 일이나, 소의 발자취로 생긴 물웅덩이를 사해의 바다와 비교하는 일과 다를 바 없는 것이다. 너는 잘 생각해 무모한 제안을 스스로 거두도록 하여라."

바라문은 왕이 이렇게 타일러도 자신의 뜻을 굽히지 않았다.

"대왕께서는 용수를 떠받들기를 하늘처럼 하십니다. 나는 다만 그가 참된 사람인가, 아닌가, 그의 자자한 명성이 거짓된 게 아닌가를 알아 보고 싶을 뿐입니다. 대왕이시여, 제가 대론을 청하는 건 바로 그런 마음 때문이지, 결코 그를 우습게 만들려는 건 아닙니다."

왕은 바라문의 이 말을 듣자 겨우 대론을 허락했다. 그리고는 용수에게 마차를 보내 정중하게 궁중까지 와주십사 청했다. 모든 사람들이 모이고 자리고 정해지자, 바라문은 주술로 그 마당을 청정한 넓은 연못으로 만들었다. 그 연못 가운데는 푸른 연꽃이 아름답게 피어 올랐다. 바라문은 그 위에 앉아 용수보살에게 말했다.

"당신은 땅 위에 있으니 짐승과 다를 바가 없지 않은가? 나는 이렇게 연꽃 위에 앉아 있으니, 얼마나 지혜로운지 누구든지 인정할 것이다. 이렇게 서로 다른 자리에 앉아 대론한다는 건 정말 우스운 일이 아닌가?"

그 말을 듣자 용수보살은 주술을 부려 하얀 코끼리로 변했다. 그

코끼리는 여섯 개의 상아 이빨을 가지고, 금과 은으로 장식되었다. 코끼리는 뚜벅뚜벅 발걸음을 옮겨 연못가로 갔다. 코끼리는 눈깜짝할 사이에 긴 코를 뻗어 연화좌를 송두리째 뽑아 땅바닥에 내팽개쳤다. 이 바람에 바라문은 허리를 다치고 아픔을 호소했다. 그는 몸을 뒤틀다가 용수보살에게 굴복하고 귀의했다. 그는 괴롭기 짝이 없는 소리로 이렇게 말했다.

"스승이시여, 제가 어리석어 스승의 높은 덕을 알아보지 못했습니다. 아무쪼록 저를 불쌍히 여기사, 저의 죄를 용서해 주십시오."

바라문은 이렇게 참회했다. 용수는 자비로써 그를 용서하고 출가하게 했다. 이렇게 덕이 높았던 용수는 사람들에게 용수보살로 우러름을 받았다. 용수보살이 살던 당시 스승의 길을 가는 한 사람의 법사가 있었다. 그는 용수보살의 명성이 두루 사방에 펼쳐지는 것을 항상 시기했다. 용수보살이 이 세상의 인연을 다하고 열반에 들려고 할 때였다. 용수보살은 그 소승의 법사에게 물었다.

"당신은 어떤 생각을 하고 있습니까? 내가 세상에 더 머무는 게 좋겠습니까?"

그러자 소승의 법사는 거침없이 말했다.

"나는 당신이 이 세상에 오래 머무르기를 바라지 않습니다."

용수보살은 이 말을 듣자 조용히 방으로 들어갔다. 그리고는 며칠이 지나도 아무 기척이 없었다. 제자들이 이상한 생각이 들어 문을 부수고 들어가 보니, 이미 용수보살은 열반에 든 지 오래였다. 용수보살이 입멸하자 천축(天竺)*의 여러 나라에선 그를 사모하여 사당을 세우고, 마치 부처님을 공경하듯 사리를 모시고 공양했다.

《부법장인연전》제5

---

*천축 /인도를 가리키는 말

아난의 실수 세 가지 ● ● ● ●

부처님이 발제강가에서 열반(涅槃)*에 드셨다. 그러자 제자들은 깊은 산중으로 들어가기도 하고, 멀리 강으로 떠나기도 하고 계곡으로 몸을 숨기기도 했다. 그러나 그들 모두는 나이가 많은지라 얼마 지나지 않아 열반의 언덕을 건너갔다. 어떤 제자들은 몸소 자기의 몸을 버렸고, 또 어떤 제자들은 공중으로 몸을 솟구쳐 이 세상을 떠나갔다. 많은 대중을 자랑하던 교단은 날이 갈수록 사람을 찾아 보기 힘들고, 쓸쓸한 기운이 감돌았다. 이런 모습을 서글프게 바라보던 천인들도 매우 상심했다.

'부처님께선 이미 입멸하시고 갖가지 선정·해탈·지혜가 있는 제자들도 차례로 열반에 들었다. 그러나 이 세상 모든 중생들의 온갖 사음·분노·어리석음 이런 악한 일들은 줄어들지 않는다. 이대로 나간다면, 과연 누가 중생들을 바른 길로 이끌 것인가? 부처님의 지혜 가득한 바다에서 나는 연꽃같은 제자들은 바닷물이 마름에 따라 마치 시드는 것 같구나. 법의 나무는 꺾이고, 법의 구름은 흩어지고, 부처님은 이미 떠나시고 제자들 또한 그 모습을 찾기 힘드니, 이제

---

* 열반／원래는 '불어 끈다'는 뜻으로서, 불어 끈 상태, 즉 타오르는 번뇌의 불을 멸진(滅盡)해서 깨달음의 지혜인 보리(菩提)를 완성한 경지를 말함. 열반은 생사를 넘어선 깨달음의 세계로서 불교의 구극적인 실천목적임

어찌할 것인가? 이 모든 이들이 가버리고 만다면, 법보를 구하려 해
도 찾을 수 없을 것이다.' 천인들은 이렇게 생각하고 다음과 같은 게
송을 읊었다.

부처님은 벌써 까마득하게
열반의 구름 속에 들어가셨네.
아라한의 경지에 이른 많은 제자들도
부처님의 뒤를 따라 열반의 언덕을 건너갔네.

가르침의 찬란한 빛 아득하고
어지러운 번뇌의 구름 더욱 가리워져
드디어 지혜의 등 꺼지고 말면
이 세계 누가 있어 환히 비추리.

천인들은 점점 기울어 가는 교단의 현실을 슬퍼하면서 융성했던 불
법의 지난날을 되돌아보았다. 그들이 이렇게 세상의 무상함을 슬퍼하
고 있을 때, 밝은 별처럼 마하가섭이 날아왔다. 마하가섭의 모습을
보자 천인들은 마치 구세주를 만난 듯 기뻐하며 게송을 외웠다.

존자는 이미 모든 번뇌의
뿌리를 끊어버리고
몸과 마음 이미 깨끗이 닦아
자금으로 만든 지붕처럼 빛나십니다.

끝없는 지혜와 자애로움에
너그럽게 빛나는 그 눈동자
더욱 밝아지신 그 눈길에

더러움에 물들지 않는 연꽃을 봅니다.

천인들은 이렇게 찬탄하며 말했다.

"존자여, 불법을 실은 배는 이제 깨어지려 합니다. 법의 성도 이제 허물어지려 합니다. 법의 바다도 마를 지경입니다. 법의 깃발도 법의 등도 예전같지 않습니다. 이젠 법을 설할 사람은 사라지고, 도를 행하는 사람은 점점 적어지고, 악마의 힘은 오히려 늘어나고 있습니다. 어려우시더라도 뜻을 크게 일으키셔서 불법의 근본을 다시 쌓아 주십시오."

교단의 우두머리 마하가섭은 천인들의 간청을 들으면서 잠자코 생각했다. 한동안 침묵하고 있다가 마하가섭은 이렇게 말했다.

"그와 같다. 세상은 이제 오래지 않아 무지와 어리석음으로 가득차고 말 것이다."

그러나 마하가섭의 말을 들은 천인들은 비록 마하가섭이 그렇게 말했지만, 분명히 이 세상의 중생들을 위해 어떤 방편을 내리리라는 걸 믿으며 엎드려 예배한 다음 물러갔다. 홀로 그 자리에 남은 가섭은 가만히 생각했다. '부처님께서 열반에 드신 지 얼마 지나지도 않았는데 세상은 벌써 이렇게 황폐해졌다. 세상에서 얻기 어려운 불·법·승의 복된 가르침을 오래도록 모든 사람들에게 전하는 방법은 오직 하나뿐이다. 그것은 경·율·논 삼장(三藏)*을 모아 경전을 만드는 일이다. 이 일만 이루어진다면, 부처님 가르침은 이 세상이 다하도록 변함없을 것이다.' 마하가섭은 이렇게 생각한 후 수미산 꼭대기로 날아 올라갔다.

그는 범종을 치면서 큰 소리로 게송을 읊었다.

____

*삼장/삼장이란, 경장·율장·논장의 셋이다. 불교성전을 이 3류(類)로 나누어 모았다는 뜻으로부터 불교성전을 총칭하여 3장(藏) 또는 3법장(法藏)이라 함

부처님의 제자들인 모든 이들이여
부처님의 은혜를 기리는 모든 이들이여
은혜를 갚을 방법이 내게 있으니
부디 열반의 길을 재촉하지 말라.

범종이 울리는 소리와 함께 마하가섭의 이 게송이 삼천대천 세계를 진동시켰다. 부처님의 제자로 이미 신통을 얻은 사람들은 마하가섭이 있는 곳으로 모여들었다. 마하가섭은 모인 사람들을 향해 말했다.

"부처님의 가르침을 따르는 이들이여, 이대로 간다면 불법은 자취 없이 사라지고 말 것이다. 부처님께선 오랜 세월 중생들을 구하시느라 한 시도 쉴 틈이 없으셨다. 자비의 스승, 부처님께서 열반에 드시자 제자들 또한 점점 줄어드니, 이제 불쌍한 중생들은 어찌할 것인가? 그런 생각을 한다면, 부처님의 가르침을 되살려, 경전으로 길이 세상에 전하는 일처럼 시급한 일은 없다. 그래서 우선 우리들은 경전결집의 사업을 시작해야겠다. 이 일이 다 이루어질 때까지 여러분들은 열반에 드는 일을 미뤄라."

이런 마하가섭의 말에 누구 하나 이의를 가진 사람들은 없었다. 마하가섭은 많은 불제자 가운데 경전결집에 종사할 천 명을 뽑았다. 한자리에 모인 천 명의 불제자는 모두 신통을 얻었고, 선정에 자유자재하게 머물러, 변론에도 능하고 외도를 만나도 그들을 굴복시키는 힘이 있는 이들이었다. 마하가섭은 천 명의 대중들과 함께 왕사성 기사굴산에 이르러, 모든 세간의 인연을 멀리 하였다. 그리고 이들의 경전결집 사업에는 아사세왕이 그 비용을 댔다.

"우리들은 이제 경전결집이 다 이루어질 때까지 모든 외부와의 접촉을 끊을 것입니다. 그러니 아사세왕이여, 매일 천 사람분의 음식을 공급해 주시기 바랍니다."

아사세왕은 마하가섭의 이런 부탁도 쾌히 응락했다. 드디어 천 명의 아라한들은 3개월 동안 결집을 했다. 그들은 처음 15일 동안에는 화합승을 모으고, 마하가섭은 선정에 들어 천안통으로 천 명 가운데 아직 번뇌가 다하지 않은 자가 있는가를 살폈다. 그 결과 999인은 이미 모든 번뇌가 끊어져 청정한 경지에 이르러 있었다. 그러나 단 한 사람, 바로 아난만은 아직 번뇌를 다 여의지 못했음을 알게 되었다. 마하가섭은 자리에서 일어나 아난의 손을 잡고, 번뇌를 다 여의지 못했으므로 추방하겠다고 말했다.

"아난이여, 여기 모인 모든 아라한들은 경전 결집(結集)*에 들어간다. 그러나 그대는 번뇌를 다 하지 못했으니 이 자리에서 물러나야 한다."

마하가섭의 말을 듣자 아난은 슬프기 그지 없었다. 그는 가만히 생각했다. '나는 25년 동안 부처님을 시봉했고, 소홀함 없이 모셨다. 그 오랜 세월 동안 참으로 많은 일들을 겪었지만, 오늘과 같은 모욕을 받은 일은 없다. 지금 생각해 보면 부처님께서 얼마나 큰 자비로 나를 감싸주셨던가?'

아난은 이런 생각을 하고 말했다.

"마하가섭이여, 나는 비록 어리석은 사람입니다만 번뇌를 끊고자 했다면 얼마든지 기회는 있었습니다. 다만 그리 하지 않은 것은 제가 성불하고 나면 부처님을 가까이 모시면서 시중을 들 수 없었기 때문입니다. 그래서 얼마간의 번뇌를 다 여의지 않은 것입니다. 이런 사정을 헤아려 주십시오."

그러나 마하가섭의 태도는 완강했다.

"아난이여, 여기서 나가 달라는 것은 단지 그대에게 번뇌가 남아 있기 때문만은 아니다. 그것말고도 그대에게는 또 다른 죄가 있다.

---

* 결집／부처님의 입멸 후 제자들이 모여서 가르침의 산실(散失)을 막고, 교권의 확립을 위해 부처님의 가르침을 외워 내어 정리 집성한 일을 말함

부처님께서는 여성들의 출가를 원하지 않으셨다. 그럼에도 그대는 몇 번씩 간청하여 여인의 출가를 부처님께 허락받았다. 그런 이유로 정법은 5백 년이나 쇠퇴하고 말았다. 이 죄를 인정하지 않겠는가?"

마하가섭은 아주 냉정하게 말했다. 아난은 이렇게 대답했다.

"존자여, 세상 모든 부처님의 법에도 비구·비구니·우바새·우바이 이렇게 사부대중이 있습니다. 그런데 석가모니 부처님의 세상에서 비구니를 인정하지 않을 이유는 없으리라고 생각합니다."

"좋다. 그렇다면 아난이여, 여성 출가의 문제는 그렇다고 하자. 그것말고도 그대가 이 자리에 있어서는 안될 죄가 또 있다. 그것은 부처님께서 열반에 드시고자 구시나가라성에 가까이 왔을 때의 일이다. 부처님께서 등이 아프셔서 가사를 깔고 자리에 누우셨다. 그리고 그대에게 물을 떠가지고 오라 부탁하셨다. 그런데 그대는 왜 그때 부처님께 물을 떠다 드리지 않았는가? 그것은 죄가 아닌가?"

이 말을 들은 아난은 이렇게 말했다.

"존자여, 그때 막 강으로 5백 대의 수레가 지나갔습니다. 물이 흙탕물로 변했기 때문에 더러운 물을 부처님께 바칠 수가 없었습니다."

"아난이여, 그건 이유가 되지 않는다. 아무리 흐린 물이라고 해도 그 물을 가져다 드리면, 부처님은 신통력으로 맑은 물로 만들어 드셨을 것이다. 그런데 부처님의 뜻을 어기고 물을 드리지 않은 일은 어떤 말로도 변명할 수 없다. 이 일은 참으로 무거운 죄이니, 대중들을 떠나 참회하고 수행하라."

아난이 아무리 그렇지 않다고 말해도 마하가섭은 한 마디로 일축했다. 그리고는 아난에게 이렇게 물었다.

"아난이여, 일찍이 부처님께서는 이렇게 말씀하셨다. 신통력으로 수행에 애를 쓰는 자가 있다면 다시 한 겁 동안 이 세상에 머물러도 좋다고 말씀하셨다. 그래서 부처님께선 '세상에 신통호수하는 자는 없는가?' 하고 세 번이나 물으셨다. 그때 그대는 무엇을 하고 있었는가? 고의로 침묵하여 아무 대답도 하지 않았지 않는가. 만약 그때 그대가 부처님의 질문에 대답하였다면, 부처님께선 아직도 한 겁 동안 이 세상에 머무르고 계셨을 것이다. 그러나 부처님께서 생각보다 훨씬 빨리 열반에 드신 것은 그대의 태만 때문이 아닌가. 그대가 태만하여 부처님을 일찍 열반에 들게 한 것, 이것도 중죄가 아닌가?"

그러자 아난은 이렇게 말했다.

"존자여, 그 죄를 인정하겠습니다. 그러나 저를 불쌍히 여겨 주십시오. 그때 마군의 삿된 힘이 나를 방해해 내게 대답을 가로막고 침묵하게 하였습니다. 절대 제게 부처님을 일찍 열반에 드시게 하고자 하는 나쁜 마음이 있었던 것은 아닙니다."

"아난이여, 그대가 일찍이 부처님의 가사를 갤 적에 이런 일도 있었다. 부주의하여 발로 부처님의 거룩한 가사를 밟지 않았느냐? 그것에 대해서는 어떻게 생각하느냐?"

아난은 고개를 숙이고 말했다.

"존자여, 확실히 그런 일이 있었습니다. 그러나 그때는 아주 심한 태풍이 불었습니다. 그래서 부처님을 혼자 모시고 있던 나로서는 다른 사람의 손을 빌릴 수 없지 않았습니까? 너무 심한 바람이 불어서 부처님의 가사를 잡으려 할 때, 바람 때문에 가사가 그만 발 옆에 떨어졌던 것입니다. 그래서 할수없이 밟았을 뿐이지 결코 부처님을 공경하는 마음이 없었던 것은 아닙니다."

그러나 마하가섭은 한 가지를 더 꾸짖어 말했다.

"아난이여, 그대는 부처님께서 열반에 드신 다음 음장의 상을 여인들에게 내보였다. 이 일은 부끄러운 일이다. 너는 여기에 대해 어떻게 생각하는가?"

"마하가섭이여, 그때 저는 이렇게 생각하였습니다. '만약 여인들이 부처님의 음장을 본다면, 스스로 자신을 돌아보아 여인의 몸을 부끄럽게 여길 것이다. 그래서 여인들이 남자의 몸을 얻기를 원하고, 열

심히 수행하고 선근을 닦아 정진하리라' 이렇게 생각하고 부처님의
음장을 보인 것입니다. 다른 뜻은 결코 없었습니다."

 "아난이여, 너는 이렇게 여섯 가지의 무거운 죄를 이미 지었다. 이
모든 죄를 대중 앞에서 참회하는 게 옳지 않은가?"

 "마하가섭이여, 잘 알았습니다. 삼가 장로 마하가섭과 모든 대중들
에게 참회하옵고 가르침을 받겠습니다."

 아난은 마하가섭 앞에서 무릎을 끓고 합장한 뒤, 여섯 가지 무거운
죄를 마음 깊이 참회했다. 그러나 마하가섭은 대중 가운데서 아난을
끌어냈다.

 "아까 말한 것처럼, 그대에겐 아직도 번뇌가 다 끊어지지 않았다.
번뇌를 다 여의고 난 다음, 다시 이 자리에 오너라."

 마하가섭은 아난에게 이렇게 말한 다음 내보냈다. 아난이 슬퍼하며
기사굴을 빠져 나가자 기사굴 산의 문은 굳게 닫혔다.

《대지도론》 제2

미륵부처님의 길 ● ● ● ●

부처님이 왕사성 영축산에 계실 때였다.

파라나국의 파라달마왕에겐 재상 한 사람이 있었다. 그 재상은 어느날 아들을 낳았다. 재상의 아들은 32상의 거룩한 모습을 갖추었을 뿐만 아니라 온 몸이 자금색으로 빛났다. 그 아버지인 재상은 세상에서 보기 힘든 32상을 갖춘 훌륭한 아들을 얻어 그 기쁨이 하늘에 닿을 듯했다. 재상은 관상장이를 불러 아들의 장래를 점치게 했다. 관상장이는 아들을 한참 살펴본 다음 재상에게 이렇게 말했다.

"참으로 귀한 어린이입니다. 이 아이는 성인이 갖출 여러가지 모습을 나타내고 있습니다. 그 뿐만 아니라 지혜롭고 말솜씨 또한 뛰어나 모든 사람과 하늘 중에 으뜸가는 인물이 될 것입니다."

재상은 이 말을 듣자 참으로 기뻤다. 그는 관상장이에게 아들의 이름을 지어달라고 부탁했다. 그러자 관상장이는 물었다.

"재상이여, 이 아이를 가졌을 때 무슨 이상한 일은 없었습니까?"

"매우 신기한 일이 있었습니다. 원래 이 아이의 어미는 그 성질이 별난 사람입니다. 남을 사랑하는 마음도 없고, 자비심은 더욱 없어 그리 착한 사람도 못되고, 오히려 난폭하고 사나운 사람입니다. 그런데 이 아이를 갖고는 그 성질이 변했습니다. 세상의 모든 괴로움과 고통을 불쌍하게 여기고, 자비심을 일으켜 이 모든 일들을 구제하려고 하였습니다. 그리고 모든 사람들을 대함에 평등하고 부드럽게 행동하였습니다."

"본디 이 아이의 성질이 거룩하기 때문에 비록 태중에 있어서도 어머니의 괴팍한 성격까지 변화시킨 것입니다. 이토록 자비에 넘치는 아이이니, 미륵이라고 부르는 것이 좋을 듯합니다."

재상의 부부는 이 말을 듣고 아들의 이름을 기꺼이 미륵이라고 불렀다. 이 이야기는 얼마 지나지 않아 도성의 이곳저곳으로 퍼졌다. 드디어 나라를 다스리는 파라달마왕도 미륵의 이야기를 들었다. 그는 혼자 이렇게 생각했다. '이 아이가 자라면 반드시 내 왕좌를 빼앗을 것이다. 지금 없애 버리지 않으면, 후환을 막기 힘들 것이다.'

왕은 이렇게 생각하며, 미륵이 하루하루 자라는 것을 두려워했다. 파라달마왕은 생각끝에 나무 사이 으슥한 데서 미륵을 죽이고자 하는 계획을 세웠다. 하루는 왕이 미륵의 아버지, 재상을 불렀다.

"그대의 아들이 세상에 드문 거룩한 모습을 나타내고 있다는 말을 들었다. 그 아이를 한번 데려오너라. 몹시 보고 싶다."

이 말을 들은 재상은 황송한 마음으로 절하며 집으로 돌아갔다. 그러나 궁인들의 귀띔을 받고는 걱정스런 생각이 들었다. 그건 왕이 자신의 아들, 미륵이 하루하루 자라면 왕좌가 불안할까봐 틈을 엿보아 죽이려 한다는 말이었던 것이다. 재상은 어떤 방법이 없을까, 매우 걱정하고 있었다.

한편 재상의 동생으로 파파리란 이름을 가진 바라문 수행자가 있었다. 그는 파리불다라국에서 5백 명의 제자들을 거느리고 수도하고 있었다. 파파리는 총명하고 인격이 고매하였으며, 예지 또한 뛰어나 모든 사람들에게 추앙받고 있었다. 그는 그 나라의 임금에게까지 스승으로 받들어져 국사의 자리에 있었다. 미륵의 아버지인 재상은 그처럼 훌륭한 명성을 떨치고 있는 동생을 생각했다. 그는 미륵(彌勒)*의

---

*미륵/우정 또는 사랑을 뜻하는 '마이트레아'를 소리대로 옮긴 말. 부처님의 교화를 받

262

목숨을 걱정한 나머지 아들을 코끼리에 태워 동생 파파리에게 보냈
다. 조카의 신기한 이야기를 익히 듣고 있던 파파리는 직접 미륵의
모습을 보자, 더욱 사랑스럽고 경탄스런 마음이 들어 애지중지하며
돌보았다.

미륵이 자라남에 따라 더욱 총명해지고 모든 재주가 늘었다. 그는
하나를 가르치면 열을 아는지라 다른 사람들이 몇 년을 걸려도 배우
지 못하는 것들을 다 익혔다. 스승이자 숙부인 파파리는 이런 미륵의
모습이 살아가는 보람이요, 기쁨이었다. 그는 미륵의 학문이 발전하
고 깊어지는 것을 보고 그를 자랑하기 위해 큰 잔치를 베풀었다. 그
리고 그 잔치에 드는 비용은 미륵의 아버지에게 요청하려고 마음먹었
다. 파파리는 자신의 제자 한 사람을 파라나국 재상의 집으로 보내,
미륵의 모습을 전하고 잔치에 드는 비용을 청할 예정이었다. 그런데
재상의 집으로 가던 제자는 가는 길의 도중에서 부처님의 덕이 참으
로 거룩하시다는 말을 듣게 되었다. 그는 자신이 미륵의 아버지인 재
상에게로 가야 한다는 사실도 잊고, 부처님을 찾아 나섰다. 그는 험한
산중에서 헤매다가 그만 호랑이를 만나 잡혀서 죽고 말았다. 그러나
그 제자는 부처님을 간절히 만나고자 한 공덕으로 죽어서 천상계에
태어났다.

심부름을 보낸 파파리는 이런 사정도 모른 채 제자를 기다리다가
아무 소식도 없자, 자신의 재산을 몽땅 털어서 큰 잔치를 베풀었다.
그는 많은 바라문들을 그 자리에 불러 갖가지 음식과 예를 갖추어 대
접했다. 그 뿐만이 아니라 이 잔치에 참석하는 사람들에겐 한 사람마
다 5백 금씩의 돈을 주었기 때문에 그는 많은 재산을 다 탕진하고 말
았다. 바라문들은 후한 대접을 받고 또 돈까지 얻었으니, 아주 만족

고, 미래에 성불하리라는 약속을 받은 미래부처님이다. 미륵부처님의 세계를 용화세계
라 한다.

스런 마음으로 잔치를 마치고 돌아갔다. 그러나 잔치가 끝나자 노도차란 바라문이 찾아왔다.

"나는 오느라고 왔건만 그만 잔치에 늦고 말았다. 음식은 이제 먹을 수 없겠으나, 내게도 5백 금의 돈은 줘야 한다."

그러나 재산을 다 써버린 파파리는 난감한 일이 아닐 수 없었다.

"바라문이여, 모처럼 먼 길을 오셨는데, 잔치는 벌써 끝나고, 돈은 한 푼도 줄 것이 없습니다."

이 말을 들은 노도차는 화를 내며 이렇게 말했다.

"그대가 잔치를 베푼다는 말을 듣고 나는 모든 일을 제쳐 놓고 여기까지 왔다. 그런 내게 아무 것도 주지 않는다면, 그대는 7일 안에 머리가 일곱 쪽으로 깨어져서 죽을 것이다."

노도차의 협박을 들은 파파리는 근심스럽기 짝이 없었다. 노도차는 틀림없이 그렇게 끔찍한 일을 할 수 있는, 악한 주문과 방술을 익힌 바라문이기 때문이었다. 그러나 파파리에게는 한 푼의 돈도 없는지라 그저 걱정스러울 따름이었다. 이때 호랑이에게 잡혀 목숨을 잃은 제자가 천상계에서 스승인 파파리가 고민하는 모습을 살펴보았다. 그는 급히 이 땅으로 내려와 물었다.

"스승이시여, 무엇 때문에 그렇게 걱정하고 계십니까?"

파파리가 경위를 자세히 말하자 제자는 스승을 안심시켰다.

"스승이시여, 그 일이라면 그렇게 걱정하실 필요는 없습니다. 노도차는 비록 어리석고 악한 인물이지만 감히 그런 일을 행할 수는 없을 것입니다. 걱정마시고 진리의 법왕이신 부처님께 귀의하십시오."

그 말을 들은 파파리는 물었다.

"부처님이란 이름은 처음 듣는구나. 그분은 어떤 분이냐?"

"부처님은 카필라성 정반왕의 태자로 태어나셨습니다. 그는 32상을 갖추고 전륜성왕의 자격을 갖추셨지만, 모든 세상사를 초월해 출가 수행의 길로 나섰습니다. 그가 왕위를 버리고 입산한 지 여섯 해,

부처님은 고행 끝에 드디어 참된 깨달음을 얻어 악마에게 항복받으셨습니다. 그분은 지금 왕사성 영축산에서 1200명의 제자들을 거느리고 계십니다."

제자에게 이런 말을 들은 파파리는 자신이 읽었던 바라문의 경서에 나온 내용을 생각했다. 그 책에도 부처님이 이 세상에 나타나실 때는 천지가 울린다고 했으니, 부처님이야말로 진정 거룩한 성자임에 틀림없다고 믿었다.

"좋다. 제자여, 네가 권하는 대로 부처님을 찾아 뵙도록 하겠다."

파파리는 곧 미륵 등 열여섯 명의 제자들을 불렀다.

"너희들은 지금 바로 왕사성 영축산으로 가서 부처님을 뵈어라. 그리고 우리 애기를 자세히 말씀드리고 그분이 받아주시면, 제자가 되도록 하여라. 그리고 한 사람은 돌아와 그 소식을 전해 다오."

미륵을 포함한 열여섯 명의 제자들은 왕사성 영축산으로 갔다. 길을 가다 보니, 부처님의 발자국이 남은 땅에는 천복륜상이 빛나고 있었다. 이를 발견한 그들은 길에서 한 수행자를 만나 물었다.

"이 발자국은 누구의 것입니까?"

"이 발자국은 부처님의 것입니다."

이 말을 들은 미륵의 일행은 마음 속에서 저절로 기쁜 마음이 솟구쳐 올라 발자국 주위를 따라 돌다가 존경에 사무쳐 그곳에 주저앉았다. 이 광경을 본 여인 한 사람이 이미 죽은 벌레 한 마리를 그 발자국 위에 놓고 말했다.

"이것을 보시오. 살아있는 모습을 이처럼 무참하게 짓밟은 부처님의 발자국에 무얼 그리 정신을 잃고 찬탄하고 있단 말인가?"

미륵의 일행이 자세히 살펴보니, 여인이 내미는 벌레는 자연히 목숨이 다한 벌레였다. 미륵은 그 여인에게 물었다.

"대체 당신은 무엇하는 사람이오?"

그 여인은 자신이 부처님의 제자라고 말했다. 그 말을 듣자 일행들은 부처님의 제자라고 말하면서도 저렇게 나쁜 사람이 있는가, 분개하면서 남은 길을 마저 걸었다. 마침내 그들은 부처님 계신 곳에 다다랐다. 그들은 사모하던 부처님을 뵙고, 여러가지 가르침을 받은 다음, 모두 출가해 부처님의 제자가 되었다. 그 중 한 사람이 다시 파파리에게 돌아가 사실대로 전했다. 이 사정을 들은 파파리는 그 역시 먼 길을 달려와 부처님께 귀의하고 제자가 되었다.

미륵은 여러 선배 대덕스님들을 모시고 열심히 수행정진했다. 그가 하루는 자금색의 빛나는 몸에다 금색 모단가사를 걸치고 거리에 나가 탁발하고 있을 때였다. 길을 지나는 사람들은 그 아름다운 미륵의 모습을 보고 찬탄만 할 뿐 한 사람도 공양을 드리지는 않았다. 그때 구슬을 만드는 기술자인 남자가 그 앞을 지나다가 미륵을 보고 말했다.

"그렇다면 번거로우시더라도 저희 집까지 가시지요."

구슬장이 기술자는 미륵을 자기의 집으로 안내해 정성껏 공양을 드렸다. 공양을 받은 미륵은 낭랑한 목소리로 그에게 가르침을 설했다. 구슬을 만드는 기술자는 자신이 일할 것도 잊고 미륵의 설법을 경청했다. 그때 어떤 부자가 자기 딸을 시집보내려 하고 있었다. 부자는 구슬 만드는 기술자를 찾아와, 구슬을 만들어주면 10만 금을 내겠다고 말했다. 그러나 구슬을 만드는 사나이는 미륵의 가르침에 취해 그 부자의 제안을 거들떠 보지도 않았다. 부자는 딸의 결혼 날짜가 점점 다가오는데도, 구슬 만드는 사나이가 꼼짝도 않고 있으므로, 화를 내며 그가 맡긴 구슬들을 도로 찾아가고 말았다. 이 모습을 본 구슬 만드는 사나이의 아내는 남편이 미륵의 법문을 듣느라 생업을 내팽개치자 성을 내며 남편에게 대들었다. 이런 소란스런 소동을 본 미륵은 구슬 만드는 사나이에게 물었다.

"그대는 나를 따라 정사로 갈 생각은 없느냐?"

미륵의 말을 들은 구슬 만드는 사나이는 서슴지 않고 따라 나섰다. 미륵은 구슬 만드는 사나이를 정사로 데리고 돌아와 대덕스님들께 계

　　　　　“다음 세상은 땅이 넓고 평탄하여 살기 좋은
　　　　　곳이 되리라. 그때 사람들을 다스리는 왕은
전륜성왕이다. 한 바라문의 집에서 자금색의 몸이
빛나는 미륵이란 아들이 태어날 것이다. 이 아이가
자라 출가하면 위없는 깨달음을 얻고, 96억의 사람들을
세 번 교화할 것이다.”

를 주십사고 청하고, 설법을 들려주었다. 교진여·목건련·아나율같은 뛰어난 존자들이 그 사나이를 위해 출가하여 수행한 사문의 공덕과 그들에게 공양하는 공덕의 힘에 대해 설법했다. 또 천안제일의 아나율 존자는 그 사나이의 과거세 인연을 설했다. 구슬 만드는 사나이는 기쁜 마음으로 그 설법을 들었다. 아나율의 설법이 끝나자 부처님이 말씀하셨다.

"너희들은 이 자리에서 과거세 이야기를 했으니, 나는 이제 다가올 미래세의 이야기를 하겠다. 이 다음 세상은 땅이 넓고 평탄하여 살기 좋은 곳이 되리라. 땅에는 하늘에서처럼 부드러운 풀이 자라고, 사람들의 수명은 8만 4천 세나 될 것이다. 그리고 그 키는 8척 장신에다 성질은 부드러워 십선을 닦을 것이다. 그때 사람들을 다스리는 왕은 전륜성왕이다. 그때 바라문의 집에는 자금색의 몸이 빛나는 미륵이란 아들이 태어날 것이다. 이 아이가 자라 출가하면, 위없는 깨달음을 얻고, 96억의 사람들을 세 번 교화할 것이다."

부처님의 이 말씀을 들은 미륵은 합장하고 청했다.

"부처님이시여, 저는 다음 세상에 미륵여래가 되고자 합니다."

미륵은 이렇게 발원했다. 그러자 부처님이 이렇게 말씀하셨다.

"다음 세상에서의 미륵여래는 바로 너이다. 그래서 첫번째, 두번째, 세번째, 이렇게 세 번에 걸쳐 모두 96억의 사람들을 너는 교화할 것이다."

부처님께서는 미륵에게 이런 수기를 주셨다. 그 자리에 모인 구슬 만드는 사나이와 더불어 많은 제자들도 이 말씀을 듣고 크게 믿음을 일으켜 참된 수행의 길로 나아갔다.

《현우경》제12

토론으로 설복시키다 • • • •

　부처님의 가르침은 마하가섭·아난·말전지·상나화수·우파굴다
에게 차례로 전하여졌다. 이 일을 오사전자(五師傳者)라고 한다. 그
중 우파굴다는 그 법을 다시 제다가에게 전하고 제다가는 미차가에게
전했다. 미차가는 불타난타에게 전하고 불타난다는 불타밀타에게 전
했다. 이 불타밀타는 그 덕이 뛰어나고, 수행정진에 허술함이 없이
모든 이에게 가르침을 펴고, 방편 또한 뛰어났다. 불타밀타는 그 중
에도 외도들의 그릇된 소견을 깨우치고 그들을 부처님의 올바른 가르
침으로 이끄는 데 큰 힘을 발휘했다. 따라서 그가 부처님 가르침의
심오한 뜻을 펼치면, 모든 사람들이 감복하여 불타밀타를 따르는 무
리가 구름처럼 많았다. 지금 하고자 하는 이야기도 바로 그런 일화
가운데 두 가지이다.

　많은 땅을 가진 아주 광대한 난라가 나라가 있었다. 그곳의 국왕은
재주가 뛰어나고 비상한 사람으로 학식과 덕망을 갖추었으나, 외도의
사견에 빠져 있었다. 그래서 불법을 업신여기며 부처님의 가르침을
항상 비방하였다. 그때 불타밀타는 스승 불타난타에게 불법을 전수받
고, 이렇게 생각했다. '이처럼 참되고, 뛰어난 진리의 가르침, 거룩한
부처님의 뜻을 어떻게 하면 세상에 두루 펼쳐 모든 중생들을 이롭게
할 수 있을까?'

　그래서 불타밀타는 이렇게 마음 먹었다. '지금 이 나라는 사견에 빠

진 국왕이 다스리고, 모든 백성들도 사견에 빠져 있다. 내가 국왕을 만나 그의 그릇된 견해를 바로 다스리자. 나무를 베면 그 줄기가 쓰러지고, 가지와 잎사귀, 꽃도 마침내 시들어 버리는 것처럼, 국왕에게 조복만 받을 수 있다면 이 나라는 부처님의 가르침을 펼 수 있으리라.' 이렇게 생각하고 불타밀타는 12년 동안 스스로 왕이 지나가는 길목에 서서 붉은 깃발을 들고 서 있었다. 오랜 세월 동안 불타밀타가 변함없이 서 있는 모습을 본 왕이 하루는 신하에게 물었다.

"내가 지나는 길목에서 저렇게 붉은 깃발을 들고 있는 사람은 대체 누구인가?"

신하는 불타밀타를 불러서 그 까닭을 물었다. 그 자리에서 불타밀타는 국왕에게 고했다.

"대왕이시여, 나는 현자로서 대왕과 담론하기를 바라고 있습니다. 그리고 대왕과 나 둘 중에서 누가 옳은 생각을 하고 있는지 밝혀 보고 싶습니다."

불법을 꺼려하는 국왕은 불타밀타의 말을 듣자 심히 불쾌했다.

"참으로 건방지기 짝이 없다. 이 자의 입이 함부로 지껄이지 못하도록 해야겠다."

왕은 나라 안에 포고령을 내렸다.

"여러 장자·바라문·거사 가운데 가장 총명하고 박식해 이론에 뛰어나고 언변이 좋은 사람은 모두 내가 있는 곳으로 오라. 그리고 여기 있는 한 사문과 대론하라."

그 말을 듣자 모든 외도들 가운데, 스스로 생각하기를 뛰어났다고 여기는 사람들이 다 모여들었다. 그들은 지혜롭고 변재가 뛰어나고, 천문과 지리에도 통달한 사람들이었다. 그들은 국왕이 있는 자리 앞에서 꽃자리를 펴고 엄숙하게 앉았다. 향을 피우고 꽃을 뿌려 그 자리는 화려하기 이를 데 없었다. 이렇게 자리가 정해지자 불타밀타는 법좌에 올라 외도들과 대론을 시작하였다. 그러나 지혜가 얕은 사람은 대론이 시작되자 마자 이내 몇 마디에 말문이 막히고, 제법 뛰어 나다고 하는 사람은 조금 더 대론이 진행되면서 물러설 수밖에 없었다. 국왕은 그 모습을 보자 한심하고 분한 생각이 들었다.

"그렇다면 이번엔 내가 불타밀타와 대론해 보자. 그의 콧대를 납작하게 하고야 말리라."

국왕은 기세등등하게 일어서 나왔다. 그 모습을 본 불타밀타는 이렇게 생각했다. '왕과 대론해 내가 이긴다면, 오히려 역효과가 나고 말 것이다.' 그래서 불타밀타는 국왕에게 이렇게 말했다.

"이제 시작하는 대론의 깊이에 대해서는 대왕께서 스스로 헤아려 주십시오."

그 말을 듣자 국왕은 이미 자신이 한 수 지고 있다는 사실을 깨달았다. 그는 깨끗하게 자신의 패배를 인정하고 사도의 그릇된 사견에서 벗어나 부처님의 가르침에 귀의했다.

불타밀타의 나라에 니건자(尼犍子)*가 있었다. 그는 변설과 지혜가 뛰어나고, 모든 세간의 학문에도 막힘이 없어 항상 불법을 비방했다. 불타밀타는 그 니건자를 교화시켜야겠다고 생각했다. 하루는 불타밀타가 아무 것도 모르는 얼굴로 그를 찾아갔다. 그리고는 니건자에게 제자로 받아달라고 청했다. 니건자는 쾌히 허락했다. 그리고 학문을 배우기 시작했는데, 니건자가 채 가르치기도 전에 불타밀타는 모두 알고 있는 것이었다. 하루는 니건자가 다른 날과 마찬가지로 불법을 욕하고 비방했다. 불타밀타는 이때를 놓치지 않고 니건자에게 말했다.

"니건자여, 그렇게 함부로 말하지 마십시오. 당신이 자꾸 그런 말을 한다면, 당신은 지옥의 고통에서 빠져 나올 수 없을 겁니다."

---

*니건자 / 인도에 있는 외도의 일파에 속함. 이 외도는 옷을 입지 않고 나체로 고행함. 특히 고행으로써 열반에 드는 것을 최상이라 함

그 말을 들은 니건자는 노여움이 치밀어 올랐다.

"내가 지옥에 떨어진다고? 건방진 놈이구나. 너같은 애숭이가 무엇을 안다고 감히 스승인 내게 그런 말을 겁도 없이 하느냐?"

그는 자신이 스승이라는 사실을 들먹이며, 그렇게 소리쳤다. 불타밀타는 굴하지 않고 의연하게 말했다.

"니건자여, 당신은 신용이 없습니다. 내 말이 믿기지 않는다면, 지금 당장 당신이 자랑하는 산수로 모든 것을 헤아려 보십시오. 그러면 자연히 알 수 있을 겁니다."

불타밀타의 말을 들은 니건자는 당황스럽고 마음이 혼란스러워 견딜 수 없었다. 그는 제자인 불타밀타의 앞이지만, 워낙 산수에는 자신이 있다고 스스로 믿고 있는지라 그는 산수로써 자신의 신상을 헤아려 보았다. 그러나 이게 웬일인가. 처음엔 자신만만하게 시작한 그의 얼굴이 시간이 흘러감에 따라 점점 심각해졌다. 급기야는 새파랗게 질리다가 마지막엔 두려움으로 온 몸을 부들부들 떨었다. 그는 그제서야 자신에게 학문을 배우겠다고 온 불타밀타가 거룩한 현자라는 사실을 깨달았다. 그는 자신의 방자함을 뉘우치며, 자리에서 일어나 불타밀타를 향해 업드려 절하며 이렇게 애원했다.

"제가 어리석기 짝이 없어 현자를 알아뵙지 못했습니다. 어떻게 하면 이 허물을 면할 수 있겠습니까?"

"니건자여, 땅에서 넘어진 사람은 땅을 딛고 일어서는 법이요. 당신이 부처님의 가르침에 귀의하고 그 법을 따른다면, 모든 허물은 사라질 것입니다."

그 말을 듣자 니건자는 자신이 이제까지 불법을 비방한 어리석은 행동을 뉘우쳤다. 그는 자신의 행동을 참회하며 믿음을 일으켰다. 그는 5백의 게송을 지어 부처님을 찬탄했다. 이 모습을 본 불타밀타는 니건자에게 말했다.

"당신은 이제 좋은 업연을 지었습니다. 죽고 난 다음 반드시 천상에 태어날 것입니다.”

확신을 가지고 하는 불타밀타의 말을 듣자 니건자는 기쁨을 누를 길 없었다. 그러나 약간은 불안스러운 마음으로 이렇게 물었다.

“내가 천상에 태어난다는 사실을 당신은 어떻게 알 수 있습니까?” 그러자 불타밀타는 말했다.

“나의 말이 의심스럽거든, 다시 산수로 이 문제를 풀어보십시오.”

니건자는 이번에도 산수로 자신의 일을 살펴보았다. 그러자 불타밀타의 말대로 자신의 죄가 다 소멸되었다는 것, 그래서 확실하게 천상에 태어날 수 있다는 것을 알았다. 니건자는 이제 얼굴이 환하게 밝아졌다. 그는 불타밀타를 향해 출가할 수 있게 해달라고 애원했다. 불타밀타는 니건자가 기뻐하는 모습을 보다가 천천히 입을 열었다.

“당신의 출가는 당신의 제자들과 의논한 뒤에 결정합시다.”

그 말을 들은 니건자는 정말 이치에 맞는 말이라고 생각했다. 그는 자신을 따르는 5백 명의 제자들에게 말했다.

“나는 이제 세상에서 가장 뛰어난 진리를 발견했다. 마음에 더없는 기쁨과 평안을 느껴 부처님께 귀의하고자 한다. 이제 너희들은 마음대로 다른 스승을 찾아가든지 말든지 자유롭게 떠나라.”

니건자의 말을 듣자 제자들은 이구동성으로 말했다.

“스승이여, 우리들은 스승을 하늘처럼 따랐습니다. 이제 스승께서 더욱 참다운 깨달음의 길로 나아가신다고 하니, 저희도 기꺼이 따르렵니다. 부디 물리치지 마시고 데려가 주십시오.”

그래서 니건자는 5백 명의 제자들과 함께 불법에 귀의했다. 그로부터 얼마 지나지 않아 니건자의 아름다운 명성은 천하에 떨쳤다. 그의 가르침을 받은 사람들의 수는 이루 헤아릴 수 없었다.

《부법장인연전》

엮은이 소개

宋知洪

전남 고흥에서 태어나 설악산 신흥사로 출가, 聲準 스님을 은사로 득도했다. 동국대 승가학과를 졸업 하고, 同대학 불교대학원을 수료했다. 조계종 제3 교구 본사 설악산 신흥사 주지를 거쳐 현재 낙산사 주지이다.

판권
본사소유

불교설화산책

●●●●●●●●●●●●●●●●

1992년 6월 10일 초판발행
2001년 4월 26일 4쇄발행
엮은이 / 宋知洪
펴낸이 / 김병무
펴낸곳 / 불교시대사
등록: 1991년 3월 20일, 제1-1188호
서울 종로구 관훈동 197-28
백상빌딩 13층
전화(02)730-2500
팩스(02)723-5961
www.buddhistbook.co.kr

●●●●●●●●●●●●●●●●

값 7,500원

＊잘못된 책은 바꾸어 드립니다.

읽기쉬운 경전시리즈 (전10권)

우리나라 불교에서 가장 널리 읽히는 친숙한 경전 30여 경을 내용에 따라 10권으로 나누어 묶은 '읽기쉬운 경전시리즈'. 누구나 읽기 쉬운 간결한 문장과 오랫동안 읽어도 부담스럽지 않는 시원한 편집이 자랑이다.

법회교재용 · 법보시용 · 선물용으로 절찬 발매중.
각권 값 3,500원, 전10권 35,000원

1. 법구경/사십이장경
　　불자들이 지켜야 할 진리의 가르침이 담긴 법구경은 시의 형식을 빌린 잠언집이고, 사십이장경은 여러 경전에서 소중한 가르침만을 뽑아 엮은 경전.

2. 옥야경/선생경/수마제녀경/식쟁인연경/아나빈저경
　　이 경전은 재가불자로서 부처님의 가르침을 어떻게 실천할 것인가, 그리고 부녀자의 도리 · 부부간의 예절 등 참된 인간의 도리를 설명하고 있다.

3. 금강경/승만경
　　금강경은 깨달음을 얻기 위해 반야의 지혜를 터득할 것을 가르친다. 또 승만경은 승만부인의 열 가지 서원을 통해 재가수행자들의 실천윤리를 설명하고 있다.

4. 유마힐소설경
　　대승불교의 재가주의를 실천하는 핵심 경전. 유마힐거사와 부처님 제자들과의 대화형식으로 이루어진 이 경전은 불이의 사상을 논리정연하게 제시한다.

5. 아미타경/무량수경/관무량수경
　　위의 세 경전은 정토삼부경으로 일컬어진다. 이 경들은 아미타부처님을 믿고 선근 공덕을 닦으면 모든 사람들이 극락세계에 왕생할 수 있음을 일러준다.

6. 미륵상생경/미륵하생경/미륵성불경
　　미륵삼부경을 한 군데 묶었다. 미래구세불인 미륵부처님이 성취할 용화세계의 아름다운 모습과, 그 국토에 태어나려면 십선업을 닦아야 함을 가르친다.

7. 부모은중경/우란분경/삼세인과경
　　불교의 대표적인 효경으로 꼽히는 경전모음. 재가신자나 출가수행자들이 효도를 실천할 때 부처님의 가르침을 바르게 실천하는 것이라고 강조한다.

8. 보현행원품/관세음보문품/범망경보살계본
　　보현행원품은 보현보살이 동체대비를 가르치는 화엄경의 한 장, 관세음보문품은 관세음보살이 중생구제를 서원하는 법화경의 한 장, 범망경보살계본은 보살들이 지켜야 할 계목설명.

9. 지장경/약사본원경/장수멸죄경
　　지옥중생들을 해탈케 하는 지장보살의 서원(지장경), 병고중생을 위해 십이대원을 세운 약사여래의 공덕(약사본원경), 그리고 불살생의 실천을 강조(장수멸죄경)하는 경전이다.

10. 조상공덕경/조탑공덕경/시등공덕경/욕불공덕경/우요불탑공덕경/제덕복전경
　　공덕경 모음집으로 좋은 일을 하는 공과 불도를 수행하는 덕을 찬탄하는 내용. 탑을 쌓고 불상을 조성하며 등공양을 올리는 공덕 등이 설명되어 있다.